François Ansermet / Pierre Magistretti
Die Individualität des Gehirns

Neurobiologie und Psychoanalyse

Aus dem Französischen
von Jürgen Schröder

Suhrkamp

Titel der Originalausgabe:
À chacun son cerveau.
Plasticité neuronale et inconscient,
erschienen 2004 bei Odile Jacob, Paris.
© Odile Jacob, Paris 2004

Bibliografische Information Der Deutschen Bibliothek
Die Deutsche Bibliothek verzeichnet diese Publikation
in der Deutschen Nationalbibliographie;
detaillierte bibliografische Daten sind im Internet
über HYPERLINK »http://dnb.ddb.de«
abrufbar.

Erste Auflage 2005
© der deutschen Ausgabe Suhrkamp Verlag
Frankfurt am Main 2005
Alle Rechte vorbehalten,
insbesondere das der Übersetzung, des öffentlichen Vortrags
sowie der Übertragung durch Rundfunk und Fernsehen,
auch einzelner Teile.
Kein Teil des Werkes darf in irgendeiner Form
(durch Fotografie, Mikrofilm oder andere Verfahren)
ohne schriftliche Genehmigung des Verlages reproduziert
oder unter Verwendung elektronischer Systeme
verarbeitet, vervielfältigt oder verbreitet werden.
Satz und Druck: Memminger MedienCentrum AG
Umschlag: Hermann Michels und Regina Göllner
Printed in Germany
Erste Auflage 2005
ISBN 3-518-58441-3

1 2 3 4 5 6 – 10 09 08 07 06 05

Inhalt

»Denn auch von jedem einzelnen Lebenden sagt man ja, daß es lebe und dasselbe sei, wie einer von Kindesbeinen an immer derselbe genannt wird, wenn er auch ein Greis geworden ist: und heißt doch immer derselbe, unerachtet er nie dasselbe an sich behält, sondern immer ein neuer wird und Altes verliert an Haaren, Fleisch, Knochen, Blut und dem ganzen Leibe; und nicht nur an dem Leibe allein, sondern auch an der Seele, die Gewöhnungen, Sitten, Meinungen, Begierden, Lust, Unlust, Furcht, hiervon behält nie jeder dasselbe an sich, sondern eins entsteht und das andere vergeht.«

PLATON, *Symposion*, 207d-208a

Dieses Buch entstand aus einer Begegnung. Eine Begegnung zweier Gebiete, Psychoanalyse und Neurowissenschaften. Auch aus einer Begegnung zweier Menschen: eines Neurobiologen, der eine persönliche Erfahrung mit der Psychoanalyse gemacht hatte, und eines Psychoanalytikers, der sich dafür interessiert, was andere Gebiete die Psychoanalyse lehren können. Eine Begegnung schließlich, die sich um eine gemeinsame Feststellung drehte: Die Erfahrung hinterläßt eine Spur. Diese Feststellung wurde durch die jüngsten Errungenschaften der Neurobiologie experimentell bestätigt, die eine Plastizität des Nervensystems nachweisen, welche die Speicherung der Erfahrung ermöglicht.[1] Diese Plastizität, von der man heute annimmt, daß sie den Mechanismen des Gedächtnisses und des Lernens[2] zugrunde liegt, ist für die Neurobiologie von grundlegender Bedeutung. Sie ermöglichte es, von einer starren Sicht des Nervensystems wegzukommen. Künftig geht man davon aus, daß die feinsten Elemente, die am Informationsübertragungsprozeß zwischen Neuronen beteiligt sind, nämlich die Synapsen, ständig in Abhängigkeit von der erlebten Erfahrung umgestaltet

---

1 Kandel, E. R., »Cellular Mechanisms of Learning and the Biological Basis of Individuality«, *Principles of Neural Science*, New York, McGraw-Hill, 2000, S. 1247-1289.
2 Malenka, R. C., »The Long-term Potential of LTP«, *Nature Reviews Neuroscience*, 4, 2003, S. 923-926.

werden. Die Mechanismen der Plastizität sind während des ganzen Lebens eines Individuums tätig und bestimmen auf entscheidende Weise seine Entwicklung.

Auch wenn die experimentellen Ergebnisse, die die Existenz dieser Plastizität belegen, noch jung sind, so ist doch die Hypothese selbst schon alt. Santiago Ramón y Cajal hatte sie schon vor mehr als einem Jahrhundert formuliert: »Die neuronalen Verbindungen sind also nicht endgültig und unveränderlich, da sozusagen versuchsweise Assoziationen geschaffen werden, die dazu bestimmt sind, fortzubestehen oder sich wieder aufzulösen, je nach unvorhergesehenen Umständen. Diese Tatsache beweist, beiläufig gesprochen, die große ursprüngliche Mobilität der Entwicklung der Nervenzelle.«[3] Freud selbst hatte deren Rolle für die Mechanismen des Lernens und des Gedächtnisses erfaßt.[4] Diese Hypothese wurde mehrmals in Augenschein genommen, insbesondere von Donald Hebb in den 1940er Jahren.[5] Mit anderen Worten, der begriffliche Boden war auf die experimentellen Ergebnisse vorbereitet. Der Nobelpreis für Medizin, der 2000 an Eric Kandel verliehen wurde, war ein prägender Augenblick, in

---

3 Ramón y Cajal, S., *Histologie du système nerveux de l'homme et des vertébrés*, Paris, A. Maloine, 1909-1911.
4 Freud, S., »Entwurf einer Psychologie« (1895), in: Freud, S., *Aus den Anfängen der Psychoanalyse*, Frankfurt/M., S. Fischer Verlag, 1962.
5 Hebb, D., *The Organization of Behavior*, New York, John Wiley & Sons, 1949.

dem die Bedeutung der Mechanismen der Plastizität in der modernen Neurobiologie anerkannt wurde.[6]

Die Vorstellung, daß die Erfahrung eine Spur hinterläßt, spielt für die Psychoanalyse ebenfalls eine zentrale Rolle, und zwar in Gestalt des Begriffs der Erinnerungsspur, die die Wahrnehmung und ihre verschiedenen Ebenen der Speicherung hinterlassen, seien sie nun bewußt oder unbewußt. Die Originalität von Freuds Hypothese bestand in der Annahme, daß es keine einmalige Aufzeichnung der Erfahrung gibt, sondern daß diese in verschiedenen Systemen umgeschrieben wird, bis sie schließlich in der Konstitution einer unbewußten psychischen Welt mündet. Damals handelte es sich für Freud nur um Intuitionen, die die Biologie nicht validieren konnte: »Die Mängel unserer Beschreibung würden wahrscheinlich verschwinden, wenn wir anstatt der psychologischen Termini schon die physiologischen oder chemischen einsetzen könnten [...]. Die Biologie ist wahrlich ein Reich der unbegrenzten Möglichkeiten, wir haben die überraschendsten Aufklärungen von ihr zu erwarten und können nicht erraten, welche Antworten sie auf die von uns gestellten Fragen einige Jahrzehnte später geben würde.«[7]

Sollten wir uns heute, am Beginn des 21. Jahrhunderts, auf einer Stufe der biologischen Erkenntnis be-

6 Kandel, E. R., »The Molecular Biology of Memory Storage: a Dialogue between Genes and Synapses«, *Science*, 294, 2001, S. 1030-1038.

7 Freud, S., »Jenseits des Lustprinzips«, (1920), *Gesammelte Werke*, Bd. 13, Frankfurt/M., S. Fischer Verlag, 1977, S. 65.

11

finden, die uns die von der Erfahrung erzeugte Spur zu objektivieren erlaubt, indem wir eine Brücke zwischen der psychischen Spur und der synaptischen Spur skizzieren, die sich im Nervensystem bildet?

Neurobiologisch betrachtet, handelt es sich um eine dynamische Spur. Sie unterliegt Veränderungen. Die Mechanismen, die für ihre Bildung verantwortlich sind, verleihen dem Nervensystem eine große Plastizität im ursprünglichen Sinn dieses Begriffs. Auf der Grundlage der Erfahrung bildet sich so eine innere Wirklichkeit, die aufgrund unserer ins Bewußtsein rufbaren Erinnerungen natürlich auch bewußt sein kann. Gleichfalls entstehen aber nicht abrufbare Aufzeichnungen, die dem Bereich des Unbewußten angehören. Eines der Hauptthemen dieses Buches besteht gerade darin, die Mechanismen, die diese innere unbewußte Wirklichkeit ermöglichen, und vor allem deren Auswirkung auf das Schicksal des Subjekts zu erforschen. Aus einer heuristischen Perspektive könnte man die Behauptung wagen, daß wir versucht haben, in groben Zügen ein Modell zu zeichnen, dessen Diskussion zwar noch aussteht, das jedoch dazu dient, die Biologie des Unbewußten zu fassen.

Spuren werden aufgezeichnet, assoziieren sich, verschwinden, verändern sich im Laufe des Lebens über den Umweg der Mechanismen der neuronalen Plastizität. Diese Spuren, die in das System der Synapsen eingeprägt werden, bestimmen auch die Beziehung des Subjekts zur Außenwelt. Sie haben also eine Wirkung auf sein Schicksal. Das ist ein wichtiger, hervorzuhebender Punkt, denn man könnte schließen, daß sich das Subjekt aufgrund der Tatsache der Plastizität ständig verändert und jeden Tag von einer *tabula rasa* ausgeht, auf der neue Spuren verzeichnet werden. So würde sich die Frage nach der Bewahrung der Identität des Subjekts im Laufe seiner Geschichte stellen. Schließlich implizieren die Mechanismen der Plastizität, wie die Neurobiologie sie beschreibt, die Bildung einer dauerhaften, wenn nicht gar permanenten Spur. Plastizität ist nicht gleichbedeutend mit einer ständigen Flexibilität[8] oder Anpassungsfähigkeit, die das Subjekt einem gewissen Determinismus und einem gewissen ihm eigentümlichen Schicksal entziehen würde.

Die Plastizität ist an der Entstehung der Individualität des Subjekts beteiligt. Jede unserer Erfahrungen ist einzigartig und hat eine einzigartige Wirkung. Gewiß bedeutet die Plastizität an sich eine Form von Determinismus, aber während sie diese Art von Determination des Subjekts realisiert, befreit sie es vom Determinismus der Gene. Wenn man die Erfahrung als Determinante für das Werden des Subjekts ins Spiel bringt, entfernt man sich von einem ausschließlichen genetischen Determinismus, der ohne weiteres das Schicksal des Subjekts bestimmen würde. Die Plastizität wäre also nicht mehr und nicht weniger als der Mechanismus, durch den jedes Subjekt und jedes Gehirn zu etwas Einzigartigem wer-

---

8 Siehe die Kritik von Catherine Malabou in: *Que faire de notre cerveau?*, Paris, Bayard, 2004.

den. So erklärt sich der Titel dieses Buches *Die Individualität des Gehirns*!

Wir hätten ihm auch folgenden Titel geben können: »Die Skulpturen des Unbewußten« mit Bezug
auf eine Skulptur, die 1930 von Alberto Giacometti
geschaffen wurde, nämlich *L'Heure des traces*, und
die auf eindringliche Weise das illustriert, was wir gerade gesagt haben. 1930 erklärt Giacometti, daß er
diese Art von Skulptur geschaffen hat, ohne sich zu
fragen, was sie bedeuten könnte, aber, so präzisiert er,
»nachdem der Gegenstand einmal geschaffen ist,
neige ich dazu, in ihm transformierte und verscho-
bene Bilder, Eindrücke, Tatsachen wiederzufinden,
die mich tief bewegt haben (oft ohne mein Wissen),
Formen, denen ich mich sehr nahe fühle, obwohl ich
häufig nicht in der Lage bin, sie zu identifizieren, was
sie für mich noch beunruhigender macht.«[9] Giacometti scheint diese Skulptur nahezu automatisch
geschaffen zu haben, im Ausgang von Teilen seines
Unbewußten. Seine Installation kann tatsächlich als
Metapher der inneren Wirklichkeit betrachtet werden, die sich von Spur zu Spur bildet, als wäre es beinahe eine Bastelei, bei der unvorhersehbare Elemente
nach dem Gutdünken der Erfahrungen des Subjekts
und seiner eigenen Reaktionen, die aus der Einzigar-

9 Giacometti, A., »Réponse à une enquête in *Minotaure*«, zitiert bei
Sylvester, D., *Giacometti*, Marseille, André Dimanche éditeur,
2001, S. 74. Der Abriß von Tate Modern in London, der die Skulptur *L'Heure des traces* beschreibt, weist darauf hin, daß diese
zerbrechliche Konstruktion die Geheimnisse des Unbewußten andeutet, indem sie Raum und Zeit, Erotik und Tod miteinander verbindet.

tigkeit seines Seelenlebens hervorgehen, miteinander kombiniert werden.

Das zweite große Argument, das wir in diesem Buch entwickeln, hat zum Inhalt, daß die Bildung dieser unbewußten inneren Wirklichkeit, die sich den Mechanismen der Plastizität verdankt, nicht ausschließlich ein psychisches Phänomen ist, sondern ebenfalls den Körper betrifft. In der Tat werden wir über die Tatsache sprechen, daß die von der Erfahrung erzeugten Spuren mit körperlichen Zuständen verbunden sind. Das Argument dafür ist, daß mit den Wahrnehmungen, die eine Spur im System der Synapsen hinterlassen, ein körperlicher Zustand verbunden ist. Diese Behauptung beruht auf einer ganzen Reihe von neueren Daten aus der neurobiologischen Literatur, die Antonio Damasio[10] kürzlich in der Theorie der somatischen Marker synthetisiert hat; sie führt außerdem zu den ersten Hypothesen über den Ursprung der Emotionen zurück, die von William James am Ende des 19. Jahrhunderts vorgeschlagen wurden.[11] Nach dieser Theorie ist die Wahrnehmung mit einem körperlichen Zustand verbunden; die Erinnerung an den körperlichen Zustand, der mit einer Wahrnehmung verbunden ist, trägt zur Erzeugung der Emotion bei. Die Wahrnehmung allein wäre dann vom emotionalen Standpunkt aus gesehen neutral. Wenn neuronale Systeme den körperlichen Zu-

---

10 Damasio, A. R., *Descartes' Irrtum. Fühlen, Denken und das menschliche Gehirn*, München, List, 1995.
11 James, W., *The Principles of Psychology* (1890), New York, Dover, 1950.

stand lesen oder wachrufen, der mit der Wahrnehmung oder mit den von ihr im System der Synapsen hinterlassenen Spuren verbunden ist, wäre das ein entscheidendes Element bei der subjektiven emotionalen Erfahrung. Wir werden den Begriff des Triebs, der von Freud als ein Grenzbegriff zwischen dem Somatischen und dem Seelischen[12] bestimmt wurde, im Lichte der somatischen Marker erneut in Augenschein nehmen. Das führt uns – über die Beziehung zwischen Wahrnehmung und Gefühl hinaus – dazu, die innere unbewußte Wirklichkeit mit den körperlichen Zuständen in Verbindung zu bringen, die mit den sie konstituierenden Elementen assoziiert sind.

Nach der Darstellung der biologischen Tatsache der Plastizität, der von ihr implizierten Konvergenz zwischen psychischer Spur und synaptischer Spur an der Schnittstelle zwischen dem Subjekt und dem Organismus, nach der Erläuterung ihrer Rolle beim Erscheinen der Individualität schlägt dieses Buch Hypothesen für ein Modell des Unbewußten vor, das die neuesten Befunde der Neurobiologie mit den grundlegenden Prinzipien der Psychoanalyse integriert.

---

12 Freud, S., »Triebe und Triebschicksale« (1915), *Gesammelte Werke*, Bd. 10, a. a. O., S. 214.

Kapitel 1
Der Eisbär und der Wal
Worum es bei der Plastizität geht

Am Ende seines Lebens trifft Freud folgende Feststellung: »Von dem, was wir unsere Psyche (Seelenleben) nennen, ist uns zweierlei bekannt, erstens das körperliche Organ und Schauplatz desselben, das Gehirn (Nervensystem), andererseits unsere Bewußtseinsakte [...]. Alles dazwischen ist uns unbekannt.«[1]

Hier haben wir die beiden Begriffe einer Auseinandersetzung, die sich einerseits auf die neurobiologische Wirklichkeit und andererseits auf die Produkte des Seelenlebens bezieht. Man muß wohl anerkennen, daß diese beiden Bereiche inkommensurable Eigenschaften haben. Ein Psychoanalytikerkollege verglich unser Vorhaben der Verbindung zwischen Neurowissenschaft und Psychoanalyse ironisch mit der unwahrscheinlichen Paarung von Eisbär und Wal. Irgendeine Brücke zwischen den beiden zu schlagen kann durchaus als ein unmöglicher, in jedem Fall gewagter Versuch erscheinen, als eine Quelle von Verwechslungen und Verirrungen, die nur dazu führen, daß hier und dort die erforderlichen Denkansätze für ihre jeweils gesonderte Erforschung verlorengehen. Die Erforschung des Gehirns und die der psychischen Tatsachen führen zu radikal ver-

---

1 Freud, S., »Abriß der Psychoanalyse« (1938), *Gesammelte Werke*, Bd. 17, a. a. O., S. 67.

schiedenen Fragen, die Forschungsfelder und Methoden ohne irgendeine Gemeinsamkeit einschließen. Wenn man insbesondere zum einen die Neurowissenschaften und zum anderen die Psychoanalyse betrachtet, stellt man fest, wie groß ihre Inkommensurabilität ist und daß sie nur zu verlieren hätten, wenn sie sich in einem vagen Synkretismus miteinander verbänden, der ihre Grundlagen vergessen machte.

Eine Entdeckung, die auf der einen Seite gemacht wird, ist nicht auch notwendigerweise eine Entdeckung für die andere, und man ist weit davon entfernt, die Beziehungen der Aufeinanderfolge und der Kausalität zwischen den organischen Prozessen und dem Seelenleben[2] zu kennen, was jedoch nicht ausschließt, daß beide in einem Gesamtphänomen miteinander verwoben sind. Eines Tages wird man über diese rätselhafte Verbindung Rechenschaft ablegen müssen, auf die Sganarelle auf seine Weise im *Don Juan* von Molière so vortrefflich hinweist: »Mein Vortrag will sagen, daß – Sie mögen behaupten, was Sie wollen – an dem Menschen etwas Wunderbares ist, das alle Gelehrten nicht erklären können. Ist es nicht wunderbar, daß ich, der ich hier stehe, in meinem Kopf etwas habe, das hundert verschiedene

2 Wie übrigens Freud schon bemerkt hat, dieses Mal ganz zu Beginn seines Werkes: »Die Kette der physiologischen Vorgänge im Nervensystem steht ja wahrscheinlich nicht im Verhältnis der Kausalität zu den psychischen Vorgängen.«, Freud, S., *Zur Auffassung der Aphasien*, (1891), Studienausgabe, Bd. III, Frankfurt/M., S. Fischer Verlag, 1975, S. 166.

Dinge in einem Augenblick denkt und meinen Körper alles machen läßt, was er will?«[3]

Bis vor kurzem wiederholte man zwischen den Neurowissenschaften und der Psychoanalyse ständig dasselbe Szenario: Einer der beiden Partner dieses unmöglichen Paares leugnete am Ende immer die Existenz des anderen und schloß ihn für einige Jahrzehnte aus. Das gab es auf beiden Seiten.[4] Bis auf seltene Ausnahmen landete man immer entweder in *Apriori*-Gewißheiten oder in spekulativen und verworrenen Debatten. Auf der einen Seite standen, um ein bißchen zu karikieren, selbstsichere und meistens reduktionistische Neurowissenschaftler, die eine biologische Ätiologie der Geisteskrankheiten anstrebten und nach einem heilenden Molekül suchten. Auf der anderen Seite gab es die Psychoanalytiker, die meistens die Neurowissenschaften ablehnten, um ihre eigenen Vorstellungen zu verteidigen, und zwar so sehr, daß sie sich auch in den Fallen des Reduktionismus verfingen, sich jedenfalls aber an die Spaltung anpaßten und Gefahr liefen, zu Obskurantisten zu werden.

Zwischen den Neurowissenschaften und der Psychoanalyse schien alles endgültig erstarrt zu sein, wobei es allerdings Pendeleffekte gab, die im Lauf der Zeit nacheinander die eine oder die andere Rich-

---

3 Molière, *Don Juan*, Akt III, Szene 1.
4 Insbesondere seitens der Neurowissenschaften wie Jacques-Alain Miller deutlich nachweist in: Etchegoyen, R.H., Miller, J.-A., *Silence brisé. Entretien sur le mouvement psychanalytique*, Paris, Seuil, 1996.

1) Lehre von den (Krankheits-) ursachen   19

tung begünstigten. Das Phänomen der neuronalen Plastizität – eine überraschende Tatsache, die aus neueren Befunden der experimentellen Biologie hervorgeht – bricht mit dieser Vorstellung und löst die Elemente dieses Gegensatzes vollständig auf, indem es dieses Paar auf neue Weise miteinander verbindet.

Das Phänomen der Plastizität zeigt, daß die Erfahrung eine Spur im Nervensystem hinterläßt, indem die Effektivität der Informationsübertragung auf der Ebene der feinsten Elemente des Systems verändert wird.[5] Das bedeutet, daß jenseits des Angeborenen, jenseits jeder Ausgangsgegebenheit, das durch die Erfahrung Erworbene eine Spur hinterläßt, die das Gewesene modifiziert. Die Verbindungen zwischen den Neuronen werden ständig durch die Erfahrung verändert,[6] und die Veränderungen sind sowohl strukturell als auch funktionell. Das Gehirn muß also als ein äußerst dynamisches Organ betrachtet werden, das in ständiger Beziehung zur Umgebung steht und ebenso zu den psychischen Tatsachen oder Akten des Subjekts.[7]

Die Plastizität begründet eine neue Sicht des Ge-

5 Morris, R. G. M. et al., »Elements of a Neurobiological Theory of the Hippocampus: The Role of Activity-dependent Synaptic Plasticity in Memory«, *Phil. Trans. R. Soc. Lond. B*, 358, 2003, 773-786; Kandel, E. R., »Psychotherapy and the Single Synapse: the Impact of Psychiatric Thought on Neurobiological Research«, *J. Neuropsychiatry Clin. Neurosci.*, 13, 2001, S. 290-300.

6 Blake, D. T., Byl, N. N., Merzenich, M., »Representation of the Hand in the Cerebral Cortex«, *Behavioral Brain Research*, 135, 2002, S. 179-184.

7 Kandel, E. R., »Psychotherapy and the Single Synapse: the Impact of Psychiatric Thought on Neurobiological Research«, a. a. O.

hirns. Dieses kann nicht mehr nur als starres Organ gesehen werden, das ein für allemal bestimmt und selbst wieder bestimmend ist. Es kann nicht mehr als eine bestimmte und unwandelbare Organisation von Neuronen betrachtet werden, deren Verbindungen am Ende der frühen Entwicklung endgültig niedergelegt wären, wodurch eine Art von Starrheit der Informationsverarbeitung eingerichtet werden würde. Die Plastizität beweist, daß das Nervensystem offen für Veränderungen und für den Zufall bleibt und daß es durch die Tatsache und die Möglichkeiten der Erfahrung moduliert werden kann, die das Gewesene immer verändern können.

Wir werden weiter unten auf die Frage zurückkommen, was als Erfahrung gelten soll. Halten wir für den Augenblick fest, daß die Tatsache der Plastizität die Einschätzung der Gehirnfunktion und ihrer Beziehungen zur Umgebung und zum Seelenleben beträchtlich wandelt.

Aus der Plastizität erhellt, daß jedes Individuum aufgrund der Gesamtheit der erlebten Erfahrungen sich als einzigartig und unvorhersagbar erweist, daß es über die Bedingtheiten, die seine genetische Ausstattung mit sich bringt, hinausreicht. Die universellen Gesetze, die von der Neurobiologie beschrieben werden, münden so unausweichlich in die Schaffung des Einzigartigen. Die Frage nach dem Subjekt als Ausnahme des Universalen wird von daher ebenso zentral für die Neurowissenschaften, wie sie es für die Psychoanalyse schon ist, und führt zu einem Punkt einer unerwarteten Begegnung zwischen zwei Protagonisten, die gewöhnlich Widersacher sind.

Das Phänomen der Plastizität bringt eine neue, den Organismus betreffende Dialektik ins Spiel. Im Gegensatz zu dem, was die übliche Vorstellung des genetischen Determinismus nahezulegen scheint, impliziert die Plastizität Verschiedenheit und Einzigartigkeit. Deshalb kann die Psychoanalyse die Neurowissenschaften nicht mehr verdunkeln und umgekehrt. So hat unser Paar nun die Aufgabe, seine Beziehungen neu zu überdenken. Sollte nicht das Subjekt der Psychoanalyse und das der Neurowissenschaften ein und dasselbe sein? Jedenfalls erfordert das Phänomen der Plastizität, daß das Subjekt der Psychoanalyse auf dem Gebiet der Neurowissenschaften selbst neu durchdacht wird. Wenn das Nervensystem in seiner Konstitution die Möglichkeit seiner Veränderung enthält und wenn das Subjekt während seiner Formung an seiner Bildung,[8] seiner Verwirklichung beteiligt ist, kurz, wenn man den Begriff der Plastizität zuläßt, kann man nicht umhin, die Frage nach dem Einzigartigen und folglich nach der Verschiedenartigkeit in das Gebiet der Neurowissenschaften einzuführen.

Der Begriff der Plastizität stellt den alten Gegensatz zwischen einer organischen Ätiologie und einer seelischen Ätiologie von Geistesstörungen in Frage. Die Tatsache der Plastizität verwandelt die Terme der Gleichung völlig, und zwar so sehr, daß man zu der

8 Siehe dazu die Ausführungen von Catherine Malabou, in: Malabou, C. (Hg.), *Plasticité*, Paris, L. Scheer, 2000.

Vorstellung einer psychischen Kausalität gelangt, die in der Lage ist, das Organische zu gestalten: Dieselbe Feststellung könnte man im Hinblick auf die Aktualität des Problems der Epigenese[9] treffen, und zwar in dem Moment, wo das Projekt der Entschlüsselung des menschlichen Genoms[2] zu einer zunehmend geschlosseneren Erkenntnis des genetischen Determinismus führt. Tatsächlich kann der Grad der Expression eines bestimmten Gens von den Besonderheiten der Erfahrung bestimmt werden, wodurch die Bedeutung epigenetischer Faktoren bei der Verwirklichung des genetischen Programms[10] unter Beweis gestellt wird. Bei der Operation der Gene gibt es nämlich Mechanismen, die die Aufgabe haben, der Erfahrung einen Platz einzuräumen, und die bei der Verwirklichung des genetischen Programms[11] ins Spiel kommen, als ob sich am Ende das Individuum als ein solches erweisen sollte, das eine genetische Determination dazu hat, nicht genetisch determiniert zu sein.

Plastizität und Epigenese sind übrigens miteinander verknüpft. Man denkt gewöhnlich, daß zwischen dem Genotyp und seiner phänotypischen Expression die Wirkung der Erfahrung und der Einfluß der Umgebung ansetzt, daß es sich also um eine Interaktion handelt, die die Expression des Genotyps modu-

9 Changeux, J.-P., *L'Homme de vérité*, Paris, Odile Jacob, 2002.
10 Kandel, E. R., »The Molecular Biology of Memory Storage: A Dialogue between Genes and Synapses«, a. a. O.
11 Cheung, V. G., Spielmann, R. S., »The Genetics of Variation in Gene Expression«, *Nature Genetics Supplement*, 32, 2002, S. 522-525.

1) Organismus entsteht durch Neubildungen aus Ungeformten

2) Summe aller Gene

23

liert (*Abb. 1.1*). Dennoch kann man die Dinge im Ausgang von der Plastizität in einem anderen Licht sehen, wonach man sich eher eine komplexe Integration zwischen einer genetischen Determination und einer Determination durch die Umgebung oder die Psyche vorstellt. Der Genotyp einerseits und die Erfahrung oder das Ereignis andererseits stellen zwei heterogene Dimensionen verschiedener Determinismen dar, die durch das Phänomen der Plastizität miteinander verschränkt werden. Der Begriff der Plastizität sollte deshalb den Begriff der Interaktion ersetzen. Die Plastizität verbindet in der Tat das Genom und die Umgebung auf derselben logischen Ebene (*Abb. 1.1*).

Das Modell der Plastizität gestattet eine neue Sicht auf die Ätiologie und die Pathogenese[1)] von psychischen Krankheiten, und zwar jenseits des Reduktionismus, der den gewöhnlichen Gegensatz zwischen dem Organischen und dem Psychischen impliziert. Es ist heute ganz klar, daß man die Erscheinung von Geisteskrankheiten nicht auf genetische Anomalien zurückführen kann, die nach dem Modell monogenetischer Krankheiten nur ein einziges Gen betreffen. Die monogenetischen Krankheiten stellen in Wirklichkeit nur 2 bis 3 % der Störungen dar, die man in der medizinischen Praxis, einschließlich der Psychiatrie, beobachtet.[12] Wir werden also davon

---

12 Schmith, V.D. et al. »Pharmacogenetics and Disease Genetics of Complex Diseases«, *Cell. Mol. Life Sci.*, 60 (8), 2003, S. 1636-1646; Guttmacher, A. E., Collins, F. S., »Welcome to the Genomic Era«, *New England Journal of Medicine*, 349, 2003, S. 996-998.

1) Entstehungs und Entwicklungsformen einer Krankheit

ausgehen, daß verschiedene Gene am Auftreten einer Geisteskrankheit bzw. genauer an der Disposition für ihr Erscheinen[13] beteiligt sind. Diesem Ansatz zufolge, der für die Genetik komplexer Merkmale kennzeichnend ist, würde das Erscheinen einer Krankheit also von einer Interaktion zwischen Genotyp und Umgebung abhängen, deren charakteristische Eigenschaften zum großen Teil noch bestimmt werden müssen. Obwohl dieser Ansatz eine Weiterentwicklung gegenüber einem einfachen genetischen Determinismus darstellt, bleibt er doch hinter dem Begriff der Plastizität zurück. Obwohl er aufgeklärt ist, bleibt er doch innerhalb des interaktionistischen Modells: Er ersetzt einen monogenetischen Determinismus durch eine polygenetische Disposition.

Der Begriff der Plastizität ermöglicht, die Modulation der Expression des Genotyps durch Umweltfaktoren über die Vorstellung der Interaktion hinaus kritisch zu betrachten. Wir haben es mit zwei parallelen, aber verschiedenen Determinismen zu tun: mit einem genetischen Determinismus, der sicher polygenetisch ist, und mit einem Determinismus der Umwelt oder der Psyche, die im Phänomen der Plastizität auf eigentümliche Weise miteinander verknüpft sind. Die genetische Determination hätte kein stär-

---

13 Mattay, V.S. et al., »Catechol o-methyltransferase val[158]-met Genotype and Individual Variation in the Brain Response to Amphetamine«, *PNAS*, 100, 10, 2003, S. 6186-6191; Insel, T.R., Collins, F.S., »Psychiatry in the Genomics Era«, *Am. J. Psychiatry*, 160: 4, 2003, S. 616-620.

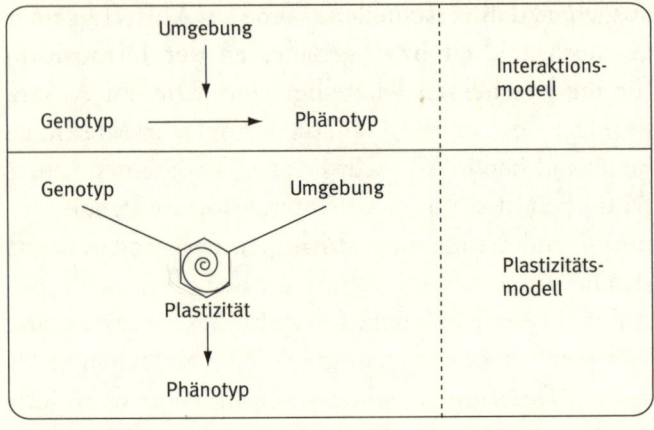

Abbildung 1.1: Das Modell der Plastizität als Alternative zur Vorstellung einer Modulation des Genotyps durch die Umgebung. Im Interaktionsmodell wird die Expression des Genotyps durch die Umgebung moduliert. Im Plastizitätsmodell stellen der Genotyp und die Umgebung zwei Achsen der Determination dar, die durch die Plastizität miteinander verbunden werden, um einen einzigartigen Phänotyp hervorzubringen.

keres Gewicht als die Determination durch die Umwelt oder die Psyche: im Gegenteil gäbe es zwei Determinationen, deren Struktur anhand des Phänomens der Plastizität begriffen werden muß.

Die Plastizität gestattet also, das Spektrum der möglichen Unterschiede bis zum Äußersten auszunutzen, indem dem Unvorhersehbaren sein gebührender Platz bei der Bildung der Individualität eingeräumt wird, wobei das Individuum als biologisch zur Freiheit bestimmt angesehen werden kann, d. h., um eine Ausnahme gegenüber dem Universalen zu verwirklichen, von dem es getragen wird.

Die Plastizität führt also zu einem neuen Paradigma und ermöglicht die Realisierung einer wissenschaftlichen Revolution im Sinne Kuhns.[14] Wenn ein Paradigma bis zu seinem äußersten Punkt getrieben wird – beispielsweise bis zur organischen Determination des Psychischen oder gar der genetischen Determination[15] des menschlichen Verhaltens –, erschöpft es sich Kuhn zufolge, bis es in einem Mißerfolg endet und so den Weg zu einer neuen Konzeption eröffnet. Es geht darum, diese entscheidende Etappe nicht zu verpassen. Die Psychoanalyse und die Neurowissenschaften sollten im Ausgang von den Schwierigkeiten in ihren eigenen Gebieten voneinander lernen, indem sie es unternehmen, das zu untersuchen, was ihrem Vorankommen Widerstand leistet. Für die Psychoanalyse hieße das, in die von Lacan eröffnete Richtung zu gehen, als er sich fragte, wie eine Wissenschaft aussähe, die die Psychoanalyse enthielte.[16] Für die Neurowissenschaften würde das bedeuten, in der Psychoanalyse die nötigen Anhaltspunkte zu finden, um sich im Erscheinen des Einzigartigen inmitten der von ihr entdeckten allgemeinen biologischen Mechanismen zu orientieren.

Wir schlagen daher vor, daß die Psychoanalyse durch den Begriff der Plastizität mit den Neurowis-

---

14 Kuhn, T. S., *Die Struktur wissenschaftlicher Revolutionen*, Frankfurt/M., Suhrkamp, 1967.
15 Atlan, H., *La Fin du »tout génétique«? Vers de nouveaux paradigmes en biologie*, Paris, INRA éditions, 1999.
16 Lacan, J., »Les quatre concepts fondamentaux de la psychanalyse«. Bearbeitete Zusammenfassung für das *Annuaire de l'École pratique des hautes études* (1965), Klappentext, *Le Séminaire, Livre XI* (1964), Paris, Seuil, 1973.

senschaften verknüpft werden soll. Obwohl dieser Begriff direkt aus der Biologie stammt, nimmt er doch auch auf dem Gebiet der Psychoanalyse einen Platz ein. Die Inkommensurabilität dieser beiden Gebiete wird dadurch jedoch nicht weniger dringlich. Zwischen den Neurowissenschaften und der Psychoanalyse gibt es keinen Synkretismus, keine Versöhnung, keine mögliche Synthese. Es gibt keine Rettung für das Denken, wenn man nicht zuerst die wesentlichen Unterschiede zwischen den Neurowissenschaften und der Psychoanalyse erkennt. Diese Unterschiede sind ein dynamischer Faktor, aus dem sich gemeinsam mit den Gesetzen der Biologie das Auftauchen des Subjekts ableiten läßt.

Wie soll man sich also von hier aus die Beziehung zwischen den Neurowissenschaften und der Psychoanalyse im Ausgang von der Tatsache der Plastizität vorstellen? Die Plastizität hebt ohne weiteres die Vorstellung einer absoluten Heterogenität sowie die einer unklaren Superposition auf (*Abb. 1.2*). Wenn man sagt, daß die Neurowissenschaften und die Psychoanalyse zwei heterogenen Ordnungen angehören, bedeutet das nicht, daß sie keine Beziehung zueinander haben. Das Phänomen der Plastizität ist einer solchen Betrachtungsweise wesentlich entgegengesetzt. Man könnte sogar die paradoxe Hypothese formulieren, daß die Neurowissenschaften und die Psychoanalyse sich ineinanderfügen, gerade weil sie inkommensurabel sind. Bleibt noch zu bestimmen, wie zwei heterogene Ordnungen ineinandergefügt werden können. Handelt es sich um eine Verei-

1) Unvergleichbarkeit
2) Vermischung verschiedener Religionen etc.

nigung zur Bildung eines Ganzen, oder gibt es nur eine Überschneidung zwischen zwei heterogenen Ordnungen, wo eine die andere beeinflußt und umgekehrt (*Abb. 1.2*)?

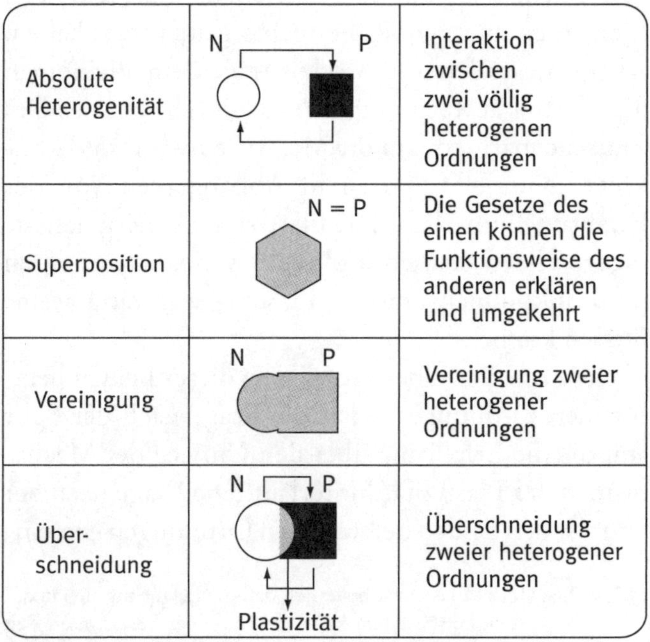

Absolute Heterogenität	N ☐ P	Interaktion zwischen zwei völlig heterogenen Ordnungen
Superposition	N = P	Die Gesetze des einen können die Funktionsweise des anderen erklären und umgekehrt
Vereinigung	N P	Vereinigung zweier heterogener Ordnungen
Überschneidung	N ☐ P Plastizität	Überschneidung zweier heterogener Ordnungen

Abbildung 1.2: Modelle der Beziehung zwischen Neurowissenschaften und Psychoanalyse

Vereinigung und Überschneidung lassen die Heterogenität der Begriffe unangetastet. Das Modell der Vereinigung impliziert eine Verfremdung der eigentümlichen Merkmale jeder Ordnung, was dazu führen würde, die Neurowissenschaften und die Psychoanalyse in einer undifferenzierten Gesamtheit verschwimmen zu lassen. Das Modell der Überschneidung gestattet im Gegensatz dazu, daß die Neurowissenschaften und die Psychoanalyse sich aufgrund der Tatsache der Plastizität miteinander verbinden, während es zugleich die Existenz von Elementen anerkennt, die nichts gemeinsam haben. Allein dieses letztere Modell trägt dem Phänomen der Plastizität Rechnung, wo das Psychische das Organische markiert, auf die Materie einwirkt und konkrete, materielle Spuren in Abhängigkeit von der Erfahrung hinterläßt. Die Plastizität beweist, daß die Neurowissenschaften und die Psychoanalyse, deren Maße inkommensurabel sind, sich gegenseitig beeinflussen können.[17]

Die Zone der Überschneidung dieser beiden heterogenen Ordnungen wirft die Frage nach der Spur auf, die die Erfahrung über den Umweg der Mechanismen der Plastizität hinterläßt. Die Frage nach der Spur ist den beiden heterogenen Ordnungen gemein-

---

17 Der Begriff der Plastizität bedeutet, daß die Erfahrung sich in das Nervensystem einschreiben kann. Ein zu einer bestimmten Zeit erlebtes Ereignis wird im Augenblick eingeprägt und kann durch die Zeit hindurch fortexistieren. Das Ereignis hinterläßt eine Spur, und zugleich wird die Zeit verkörpert. Aber diese Spur kann umgestaltet oder auf andere Weise wieder ins Spiel gebracht werden, indem sie sich mit anderen Spuren assoziiert. Über den biologischen Determinismus (neuronal oder genetisch) wie auch über den psychischen Determinismus hinaus bedeutet die Tatsache der Plastizität daher ein Subjekt, das aktiv an seinem Werden teilhat, einschließlich des Werdens seines Nervensystems! Auf diese Weise sieht man die Relevanz einer Behauptung von Lacan ein: »Es kommt darauf an zu begreifen, wie der Organismus in die Dialektik des Subjekts hineinkommt.« Lacan, J., »Position de l'inconscient« (1960, 1964), Écrits, Paris, Seuil, 1966, S. 849.

sam. Im Zentrum dieses Buches steht daher die enge Beziehung, die die synaptische und die psychische Spur miteinander verknüpft.

Kapitel 2
Diego und Haydn
Wahrnehmung und Erinnerungen

Stellen Sie sich einen Weihnachtsabend vor, wie Sie am Familientisch sitzen, den geschmückten Tannenbaum bewundern und einen Truthahn in Begleitung eines vorzüglichen Barolo 1990 kosten; im Hintergrund werden die Noten eines Haydn-Konzerts von herzlichen und beiläufigen Unterhaltungen überdeckt; Sie streicheln das weiche Fell von Diego, Ihrem Labrador, der gerade seinen unwahrscheinlichen Anteil am Festmahl erbettelt. Ihr Gehirn nimmt nahezu augenblicklich alle diese Informationen über die verschiedenen Modalitäten der Sinneswahrnehmung auf, Tastsinn, Gesichtssinn, Gehör, Geruch und Geschmack, und ermöglicht so die Wahrnehmung der von der Außenwelt kommenden Reize. Die Nervenimpulse galoppieren Ihre Nerven mit einer Geschwindigkeit von etwa 300 Stundenkilometern entlang. Von der Netzhaut, dem Trommelfell, der Haut, der Zunge oder der Nasenschleimhaut aus führen diese Empfindungsautobahnen, welche die Nervenfasern der Sinnessysteme sind, dem Gehirn in einigen Zehntelsekunden die von der äußeren Welt kommenden Informationen zu. Und es gibt außerdem viele andere: der Schmuck des Tannenbaums, die Textur und die Motive des Tischtuchs, der Geschmack und die Gewürze der anderen Speisen. Die Wahrnehmungen überfluten Ihr Gehirn.

Es geschieht aber auch noch etwas anderes: Dieser Weihnachtsabend ruft manche andere vergangene wach, die fröhlich oder traurig waren, und viele Erinnerungen an den diesjährigen Abend werden in Ihrem Gedächtnis verankert bleiben. Auf diese Weise enthüllt sich eine zweite Komponente der Funktion des Gehirns: Die Wahrnehmung kann eine Spur im Nervensystem hinterlassen und zur Erinnerung werden. Mit anderen Worten, die Wahrnehmung hinterläßt ein Zeichen, das in die Nervenbahnen eingraviert wird und das man mit dem Freudschen Begriff des Wahrnehmungszeichens identifizieren könnte.[1]

Die jüngsten Fortschritte der Neurobiologie ermöglichten die Aufklärung bestimmter molekularer und zellulärer Mechanismen, die für das Eingravieren dieser Spur verantwortlich sind, d. h., für die Bildung einer Erinnerung. Auf welche Weise hinterläßt die Wahrnehmung eine Spur, d. h., wie kann sich die erlebte Erfahrung in die Nervenbahnen einschreiben? Die Modalitäten dieses Eingravierens, und damit die Mechanismen des Gedächtnisses, beruhen auf einer wesentlichen Eigenschaft des Nervensystems: der neuronalen Plastizität. Worum handelt es sich dabei genau?

Das Gehirn wird manchmal als ein System aufgefaßt, das auf binäre Weise funktioniert – entweder wird Information in den Leitungsbahnen übertragen oder nicht – und dessen Grundbestandteile, die Neu-

1 Freud, S., »Brief 112 an Wilhelm Fließ vom 6. 12. 1896«, *Briefe an Wilhelm Fließ 1887-1904*, Frankfurt/M., S. Fischer Verlag, 1986, S. 218. Siehe auch Kapitel 5, »Synaptische und psychische Spur«.

1) aus 2 Einheiten / Teilen bestehend

ronen, wie Mikroschaltkreise organisiert sind, die wie bei einem Computer in Silizium eingraviert sind. Eine solche Sichtweise, die relativ grob und starr ist, entspricht nicht den experimentellen Befunden, die in jüngster Zeit gewonnen wurden: In unserem Gehirn wird die Information in Wirklichkeit von einer zur anderen Nervenzelle in sehr modulierter Form übertragen. In einer ersten Analogie können wir von einem Rheostat[1] sprechen – im Gegensatz also zu einer binären Kommunikation. Die neuronalen Schaltkreise haben sehr wenig mit den Mikroschaltkreisen zu tun, die auf unveränderliche Weise am Ende der Fertigungskette eingraviert werden (in einem biologischen Zusammenhang würde man sagen: am Ende der Entwicklung des Nervensystems). In der Tat finden wir hier einen Begriff wieder, den wir weiter oben angesprochen haben: den Begriff der Plastizität. Die Plastizität ist das Gegenteil von Starrheit. Bei den neuronalen Schaltkreisen handelt es sich um die Fähigkeit der Neuronen, die Wirksamkeit zu verändern, mit der sie Information übertragen.[2]

Welche Eigenschaft verleiht also diese neuronale Plastizität unserem Gehirn? Die Fähigkeit, Informationen, die aus unserer Umwelt stammen, auf dauerhafte Weise in den neuronalen Schaltkreisen zu speichern; die Fähigkeit, den erlebten Erfahrungen jedes Individuums zu ermöglichen, daß sie eine Spur in den neuronalen Schaltkreisen hinterlassen. Wir werden später sehen, daß der Begriff der Spur keine wi-

2 Bear, M. F., »Bidirectional Synaptic Plasticity: From Theory to Reality«, *Phil. Trans. R. Soc. Lond. B*, 358, 2003, S. 649-655.

1) mit veränderlichen Kontakten ausgerüsteter Apparat zur Regelung des elektrischen Widerstandes

derrechtliche Aneignung ist, auch nicht in biologischer Hinsicht, da es sich um molekulare und zelluläre Spuren handelt, die auf der Ebene der feinsten Mechanismen der Funktion von Nervenzellen hinterlassen werden.

Diese Mechanismen der neuronalen Plastizität wurden zwar insbesondere im Zusammenhang mit Lern- und Gedächtnisprozessen untersucht. Es ist jedoch legitim anzunehmen, daß sie auf jede von einem Individuum erlebte Erfahrung ausgedehnt werden können, und zwar insbesondere auf das, was die zeitgenössischen Neurowissenschaften das emotionale Gedächtnis nennen.[3]

Gehen wir nun von den Begriffen zum Stoff über, aus dem das Gehirn besteht. Dieser Übergang ist nicht einfach: Man stößt dabei auf die schon angesprochenen inkommensurablen Dimensionen zwischen Psychoanalyse und Neurowissenschaften. Es ist jedenfalls unvermeidlich, sich dieser Konfrontation zu stellen. Die Plastizität ist nämlich nicht nur ein Begriff, sondern eine biologische Wirklichkeit, die die Grundlage für die Vorstellung der Einmaligkeit des Subjekts bildet.

Die gegenwärtigen Schätzungen deuten darauf hin, daß unser Gehirn aus mehr als 100 Milliarden Neuronen besteht.[4] Diese geheimnisvollen Schmet-

---

3 LeDoux, J., *The Emotional Brain*, New York, Simon & Schuster, 1996.
4 Bear, M. F, Connors, B. W., Paradiso, M. A., *Neuroscience. Exploring the Brain*, Baltimore, Lippincott, Williams & Wilkins, 2001, 2. Aufl.

terlinge des Geistes, wie der spanische Neurobiologe Ramón y Cajal sie nannte, kommen in verschiedenen »Modellen« vor.[5] Mit Bezug auf ihre Form hören sie auf vielsagende Namen: Doppelbüschelneuron, Kandelaberneuron, sternförmiges Neuron, Pyramidenzelle, Bipolarzelle, Purkinjezelle (nach dem tschechischen Histologen, der diese Zellen im 19. Jahrhundert beschrieb), um nur einige Beispiele zu nennen.

Trotz ihrer Unterschiede in Form und Größe – manche Neuronen, wie die Motoneuronen, die die Muskeln der großen Zehen steuern, haben Fortsätze von mehr als einem Meter Länge, die vom Rückenmark bis zum Fuß reichen, während andere nur einige Millimeter weit projizieren – ist ihre Funktionsweise relativ einheitlich. Glücklicherweise übrigens für den Neurobiologen, denn wie sollte er hoffen können, das Gehirn zu erforschen, wenn jede der 100 Milliarden Nervenzellen individuellen Funktionsregeln gehorchen würde? Zum Glück können universale Mechanismen mit morphologischer Verschiedenartigkeit (beispielsweise bei der Form der Neuronen) und funktioneller Einmaligkeit (beispielsweise bei der Funktion jedes Neurons in einem Schaltkreis) koexistieren.

Von einem funktionellen Gesichtspunkt aus be-

---

5 »Wie der Entomologe, der nach bunten Schmetterlingen sucht, hat meine Aufmerksamkeit im Obstgarten der grauen Materie und ihrer zart und elegant geformten Zellen gejagt. Diese Zellen sind die geheimnisvollen Schmetterlinge der Seele, deren Flügelschläge uns eines Tages die Geheimnisse des Geistes enthüllen könnten.« Ramón y Cajal, *Recuerdos de mi vida. Historia de mi labor cientifica*, Madrid, Alianza Editorial, 1984, S. 98-99.

trachtet, besteht jedes Neuron aus drei Teilen: einer Rezeptorzone, den Dendriten, die Information von anderen Neuronen empfangen; einer Zone, die die empfangenen Informationen integriert, dem Zellkörper, und einem Teil, durch den es Signale zu den anderen Neuronen weiterleitet, dem Axon.

Die Mechanismen der Plastizität, die uns hier beschäftigen, konzentrieren sich auf die Kontakte zwischen den Neuronen, auf die Stellen, an denen der Informationsaustausch stattfindet. Diese Kontaktzone zwischen den Neuronen heißt Synapse: Sie umfaßt einen sogenannten präsynaptischen Teil, der sich am Ende des Axons befindet, und einen postsynaptischen Teil, der im allgemeinen einer spezialisierten Zone des Dendriten entspricht und dendritischer Dorn genannt wird (*Abb. 2.1*). Die dendritischen Dornen tragen ihren Namen zu Recht: Sie ähneln wirklich den Dornen eines Rosenstengels.

Jedes Neuron bildet etwa 10000 Synapsen mit anderen Neuronen: daraus ergeben sich eine Billiarde Kontaktstellen, zu denen die Information zwischen den Neuronen übertragen werden kann. Diese Zahlen sind schwindelerregend, und zwar um so mehr, als die Wirksamkeit, mit der die Information von einem Neuron zum anderen an jeder dieser Kontaktstellen (den Synapsen) übertragen wird, im Laufe des Lebens in Abhängigkeit von der Erfahrung variiert: Wir sind weit entfernt von der Vorstellung einer starren und binären Verschaltung.

Der präsynaptische Teil der Synapse enthält eine Art von Säckchen, die man Vesikel nennt und in denen sich Tausende von Molekülen ansammeln, die Neurotransmitter. Jedes Neuron enthält einen Hauptneurotransmitter und manchmal einen oder mehrere (selten mehr als drei) Neurotransmitter, die man als Nebentransmitter bezeichnen könnte. Die Neurotransmitter sind Moleküle, durch die die Neuronen ihre Signale übertragen: Sie werden freigesetzt, wenn die Axonendigung aktiviert wird und die Vesikel ihren Inhalt an Neurotransmittern in den synaptischen Spalt ausschütten, indem sie sich mit der präsynaptischen Membran durch stark regulierte Mechanismen vereinigen. Der synaptische Spalt ist ein winziger Raum von einigen Millionstel Millimetern, der die prä- und postsynaptische Seite voneinander trennt (*Abb. 2.2*).

Dieser einfache Überblick läßt schon eine erste Modulationsmöglichkeit, und damit Plastizität, der Informationsübertragung zwischen Neuronen erahnen, da ja unterschiedliche Mengen von Neurotransmittern freigesetzt werden können. Es ist in der Tat möglich, ein Neuron dauerhaft darauf zu konditionieren, daß es auf denselben Reiz mehr Neurotransmitter freisetzt.[6] Je nach Aktivationsgrad der präsynaptischen Endigung fusioniert eine unterschiedliche Anzahl von Vesikeln pro Zeiteinheit mit der präsynaptischen Membran. Wenn die Anzahl von Neurotransmittermolekülen pro Vesikel bezogen auf eine bestimmte präsynaptische Aktivierung relativ ein-

6 Bliss, T. V., Collingridge, G. L., Morris, R. G. M., »Long-term Potentiation: Enhancing Neuroscience for 30 Years«, *Philosophical Transactions of the Royal Society*, Nr. 1432, 2003.

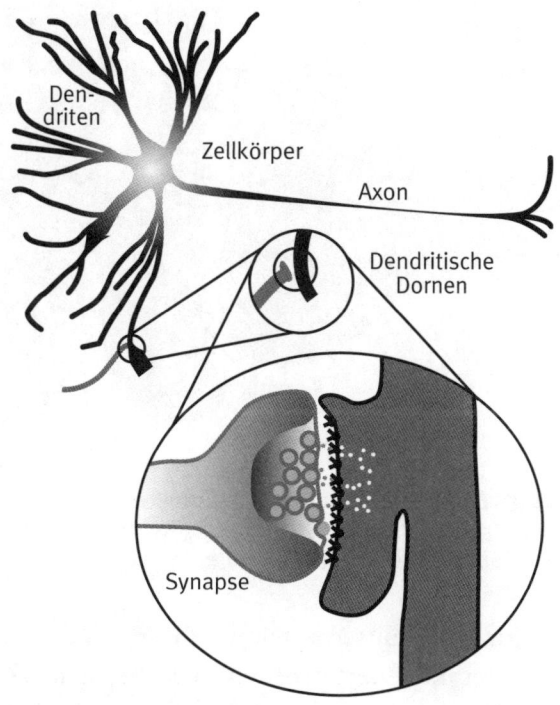

Abbildung 2.1: Struktur des Neurons

heitlich ist (einige Zehntausend), wird eine bestimmte Zahl von Neurotransmittermolekülen in den synaptischen Spalt ausgeschüttet und löst auf der postsynaptischen Seite eine bestimmte Reaktion aus. Im Sinne einer näherungsweisen Analogie kann man von einer Art präsynaptischem Rheostat sprechen. Ein Beispiel dafür ist das Gerät, das die Lichtintensität in einem Zimmer zu variieren gestattet.

Die Mechanismen, die die präsynaptische Endigung aktivieren, welche schließlich zur Freisetzung

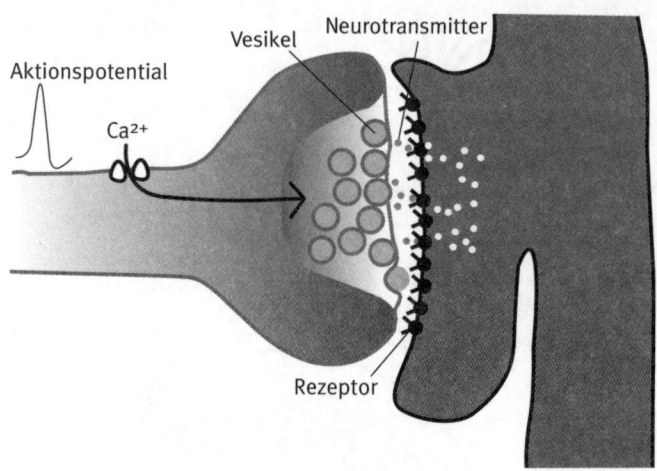

Abbildung 2.2: Freisetzung von Neurotransmittern aus der präsynaptischen Axonendigung: Die Neurotransmitter wirken an den Rezeptoren auf der postsynaptischen Seite.

von Neurotransmittermolekülen führt, sind im einzelnen charakterisiert worden. Wie bei jeder Zelle unseres Organismus gibt es eine elektrische Potentialdifferenz zwischen dem Inneren und der Außenseite des Neurons. Diese Differenz ist zwar äußerst gering; sie liegt im Bereich von 60 bis 90 Tausendstel Volt (Millivolt, mV). Sie ist jedoch ausreichend, um Ströme zu erzeugen. Zum besseren Verständnis denken wir an die beiden Pole einer elektrischen Batterie, die einen Strom zwischen dem positiven und dem negativen Pol erzeugen, wobei der Spannungsunterschied einige Volt beträgt. Aufgrund einer Festlegung ist das Innere des Neurons gegenüber der Außenseite negativ geladen. Diese Potentialdifferenz geht unter anderem auf eine ungleiche Verteilung von

Ionen zurück (Atome, die eine elektrische Ladung haben), die sich auf beiden Seiten der Zellmembran befinden. Während das extrazelluläre Milieu reich an Natrium und Kalzium ist, enthält das Zytoplasma viel Kalium. Die Bewegung der Ionen durch die Membran der Neuronen erzeugt Ströme. Wenn ein Neuron aktiviert ist, werden kurze Ströme, die auf die Bewegung von Natriumionen zurückgehen (also positive Ladungen), entlang des Axons ausgelöst und verleihen für kurze Zeit dem Inneren des Neurons eine positive Ladung: das Potential, das an der Membran anliegt, ändert sich daher von einem sehr negativen Wert, etwa −70 mV, zu einem sehr positiven Wert, der im allgemeinen bei +60 mV liegt. Man sagt dann, daß die Membran der Nervenzelle depolarisiert sei. Diese kurzfristige Änderung des Membranpotentials von etwa 130 mV, die sich entlang des Axons fortpflanzt, wird Aktionspotential genannt (*Abb. 2.3.*, unterer Teil).

Dieses Aktionspotential wird an der Verbindung zwischen dem Zellkörper und dem Anfangsstück des Axons erzeugt. Indem es sich fortpflanzt, dringt es in die Axonendigung ein, wo es den Eintritt von Kalzium in die Endigung begünstigt.

Die Erhöhung der Kalziumkonzentration, die darauf folgt, ist das Signal, das die Fusion der Vesikel mit der präsynaptischen Membran auslöst. Im allgemeinen gilt: Je höher die Konzentration an Kalzium, desto mehr steigt die Wahrscheinlichkeit, daß die Vesikel mit der präsynaptischen Membran fusionieren, und um so mehr Neurotransmittermoleküle

werden in den synaptischen Spalt freigesetzt. Hier
zeigt sich also eine weitere mögliche Ebene der Plastizität: Jeder Prozeß, der auf dauerhafte Weise die
Kalziumkonzentration modifiziert, die durch die
Aktivierung der präsynaptischen Endigung erreicht
wird, beeinflußt die Menge an freigesetztem Neurotransmitter.

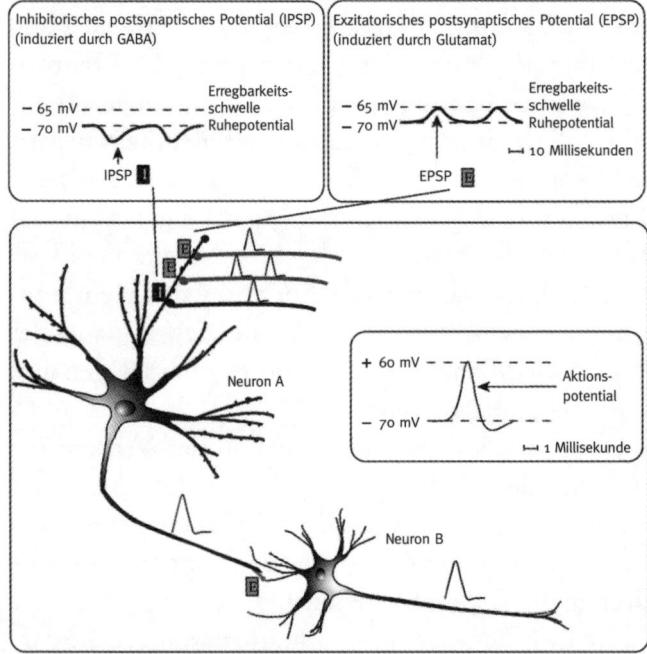

Abbildung 2.3: Signalmechanismen zwischen den Neuronen. Die
Neuronen kommunizieren untereinander durch elektrische Signale, die Aktionspotentiale, und durch chemische Signale, die
Neurotransmitter, beispielsweise Glutamat oder GABA. Letztere
machen das Zielneuron (im Schema Neuron B) erregbarer (EPSP)
oder weniger erregbar (IPSP).

Kommen wir nun zum zweiten Bestandteil der Synapse, zu ihrer postsynaptischen Seite, die gewöhnlich auf den dendritischen Dornen des Neurons lokalisiert ist, das die Information empfängt. Was geschieht nun, wenn die Neurotransmittermoleküle freigesetzt werden? Diese Moleküle werden auf sehr spezifische Weise von Rezeptoren erkannt, die auf der postsynaptischen Membran sitzen (oft wird die Analogie zwischen Schlüssel und Schloß für diese Art von Interaktion bemüht) (*Abb. 2.2*). Von den Rezeptoren, komplexen Molekülen, die in der Membran der Neuronen »schweben«, ist ein Teil dem synaptischen Spalt zugewendet und erkennt den Neurotransmitter, während ein anderer sich über die Dicke der Membran erstreckt (die unter einem Millionstel Millimeter liegt) und ins Innere der Zelle weist. Dadurch steht er in Kontakt mit dem intrazellulären Milieu, das man Zytoplasma nennt.

Wenn ein Neurotransmitter einen sogenannten ionotropen Rezeptor, d. h. eine der beiden großen Kategorien von Rezeptoren, aktiviert, dann ändert dieser seine Form (seine Gestalt) und erzeugt über seine ganze Erstreckung durch die Membran hindurch einen Kanal (der denjenigen Kanälen ähnlich ist, die für das Aktionspotential beschrieben wurden), der für einige Millisekunden das extrazelluläre Milieu mit dem Inneren der Zelle in Verbindung treten läßt. Diese zeitweise Öffnung ermöglicht die Entstehung eines elektrischen Stroms, d. h. Ladungen, die von Ionen getragen werden, die sich im extrazellulären Milieu befinden – Natrium und/oder Kalzium (positive Ladung) oder Chlor (negative Ladung) – und die das Potential des postsynaptischen Neurons entweder mehr in der positiven oder mehr in der negativen Richtung verändern. Daher haben die Neurotransmitter, die auf ionotrope Rezeptoren wirken, die Fähigkeit, ein Neuron entweder erregbarer zu machen (die Informationsübertragung wird dann erleichtert) oder weniger erregbar (wodurch dieses Neuron gewissermaßen abgeschaltet wird) (*Abb. 2.3*). Diese Wirkungen auf die Erregbarkeit können der Sitz einer Plastizität sein, die auf dauerhafte Weise die physiologische Wirkung eines Neurotransmitters verstärkt. Hauptsächlich zwei Neurotransmitter bewirken die Informationsübertragung an den Synapsen des Nervensystems: Glutamat, das die neuronale Erregbarkeit steigert, und Gamma-Amino-Buttersäure (GABA), das die neuronale Erregbarkeit reduziert.

Die Reaktion, die eine Depolarisation erzeugt, nennt man exzitatorisches postsynaptisches Potential (EPSP), und die hyperpolarisierende Reaktion heißt inhibitorisches postsynaptisches Potential (IPSP). Im Gegensatz zu den Aktionspotentialen, die eine Amplitude von 100 bis 150 mV haben, ist die Amplitude der synaptischen Potentiale schwach und beträgt nur einige Millivolt. Die beiden Neurotransmitter induzieren diese Art von Reaktion: Glutamat für die EPSP und Gamma-Amino-Buttersäure für die IPSP. Es ist wichtig zu wissen, daß die Synapsen, die entweder Glutamat oder GABA freisetzen, allein mehr als 90 % der Synapsen des Nervensystems darstellen (*Abb. 2.3*).

In der Folge integrieren die Neuronen die empfangenen EPSP und IPSP (jedes Neuron hat bis zu 10000 synaptische Kontakte, von denen nur ein Teil aktiv ist) durch relativ komplexe und subtile Integrationsmechanismen. Vereinfacht kann man jedoch sagen, daß beim Vorherrschen von EPSP ein Neuron A (*Abb. 2.3*) depolarisiert wird und Aktionspotentiale an seinem Axon ausgelöst werden; dadurch wird die Freisetzung von Neurotransmittern an der Axonendigung induziert, wodurch wiederum eine Reaktion (EPSP, IPSP) beim Neuron B ausgelöst wird. Wenn beispielsweise das Neuron A Glutamat freisetzt und ein EPSP im Neuron B erzeugt (*Abb. 2.3*), wird letzteres diese synaptischen Reaktionen integrieren. Wenn dagegen die IPSP vorherrschen, wird das Neuron B hyperpolarisiert und damit die Wahrscheinlichkeit herabgesetzt, daß Aktionspotentiale in seinem Axon ausgelöst werden: Das Neuron wird gehemmt, es wird gewissermaßen »abgeschaltet«. Fügen wir noch hinzu, daß, wenn mehrere Synapsen (beispielsweise erregende) an einem Neuron zugleich aktiv sind, die synaptischen Integrationsmechanismen die Wirkung haben, daß die an jeder Synapse erzeugten EPSP sich so summieren, daß ein integriertes EPSP von mehreren Vielfachen von zehn mV entsteht. In diesem Vorgang besteht die räumliche Summation (*Abb. 2.4*).

Außer den ionotropen Rezeptoren gibt es einen zweiten Rezeptortyp, die metabotropen. Diese Rezeptoren erkennen die Neurotransmitter auf ähnliche Weise wie die ionotropen Rezeptoren. Aller-

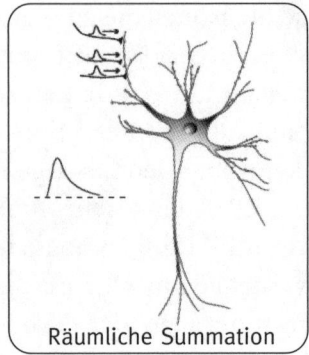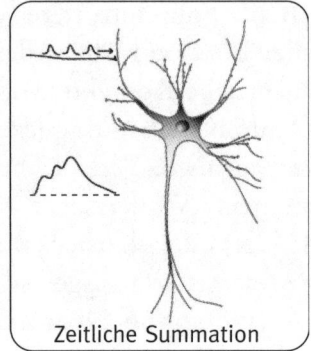

Räumliche Summation Zeitliche Summation

Abbildung 2.4: Synaptische Integration.
Die an mehreren Synapsen erzeugten postsynaptischen Potentiale (EPSP) summieren sich (räumliche Summation). Wenn mehrere postsynaptische Potentiale in einem bestimmten Zeitintervall (einige Hundertstel Sekunden) an einer einzigen Synapse erzeugt werden, summieren sie sich ebenfalls (zeitliche Summation).

dings erzeugen sie nach ihrer Interaktion mit den Neurotransmittern keinen Kanal, sondern aktivieren in der Membran befindliche Enzyme, die für die Bildung neuer Moleküle verantwortlich sind, welche sekundäre Botenstoffe genannt werden, im Gegensatz zu den Neurotransmittern, die die primären Botenstoffe für die Kommunikation zwischen Neuronen sind.

Diese sekundären Botenstoffe steuern verschiedene zelluläre Prozesse, die die Aktivität der postsynaptischen Neuronen modulieren. Zwei dieser zellulären Prozesse, die von den sekundären Botenstoffen moduliert werden, sind für die Analyse der Informationsübertragung zwischen den Neuronen und ihre Plastizität besonders relevant. Einerseits modifizieren bestimmte sekundäre Botenstoffe die Aktivität der ionotropen Rezeptoren: Insbesondere können sie die Dauer der von dem ionotropen Rezeptor erzeugten Kanalöffnung um einige Millisekunden verlängern, was zu einem Anstieg der Zahl von Ionen (also von Ladungen) führt, die durch den Kanal fließen, wodurch die Wirksamkeit des Einflusses eines Neurotransmitters erhöht wird. Andererseits mobilisieren bestimmte sekundäre Botenstoffe ionotrope Rezeptoren, die in der Nähe der Membran »in Reserve« stehen, und induzieren ihr Eintreten in diese Membran: Die Membran des postsynaptischen Neurons wird mit ionotropen Rezeptoren angereichert und reagiert stärker auf den von der präsynaptischen Endigung ausgeschütteten Neurotransmitter; im Falle eines exzitatorischen Neurotransmitters wird sein Einfluß auf die neuronale Erregbarkeit erhöht. Nun können die beschriebenen Mechanismen eine dauerhafte Wirkung haben und deshalb die Informationsübertragung an einer Synapse dauerhaft verändern. Das sind weitere Beispiele, die schließlich die Möglichkeit der Plastizität physiologischer Mechanismen unter Beweis stellen.

Wenn eine Synapse der Ort der Informationsübertragung zwischen Neuronen ist, dann ist also diese Informationsübertragung weder binär noch in ihrer Intensität konstant, sondern sie ist im Gegenteil äußerst modulierbar. Die experimentelle Forschung hat auf drei Stufen Regulationsmöglichkeiten entdeckt: Die erste liegt auf der präsynaptischen Ebene und die beiden anderen auf der postsynaptischen; sie betreffen die Freisetzung von Neurotransmittern an der Axonendigung (dieser Mechanismus hängt von der Kalziumkonzentration ab: je höher die Konzentration, desto mehr Neurotransmittermoleküle werden freigesetzt); sie betreffen aber auch die Aktivität und die Dichte der postsynaptischen ionotropen Rezeptoren, die durch sekundäre Botenstoffe moduliert werden. Diese Regulationsmechanismen stellen Bedingungen für die Plastizität durch dauerhafte Modifikationen der synaptischen Wirksamkeit her, die mit Lern- und Gedächtnisprozessen verknüpft sind, also mit der Bildung einer Spur im Nervensystem.[7]

Das Gehirn verfügt also über Mechanismen, die die Wahrnehmung der Außenwelt ermöglichen, und über andere, deren Bestandteile wir skizziert haben und die es gestatten, die Wahrnehmungen in das Nervensystem einzugravieren und Erinnerungen zu bilden. Wir haben die molekularen Mechanismen skizziert, die zur Bildung einer Spur beitragen, indem sie die Intensität der Informationsübertragung zwischen Neuronen an den Synapsen modulieren. Die Mechanismen, durch die eine Gesamtheit von Spuren eine Repräsentation bilden kann, zum Beispiel eine Erinnerung, werden im Kapitel 5 behandelt. Offensichtlich besteht das Schicksal der Wahrnehmungen nicht einzig und allein in der Bildung des Gedächtnisses oder im Lernen: Sie lösen motorische Reaktionen aus, die zu unserem Glück die meiste

7 Ebd.

Zeit angemessen sind. Wir wissen alle, was angesichts eines Weihnachtstruthahns zu tun ist, nämlich ihn aufzuschneiden und zu kosten! Dabei handelt es sich natürlich nicht um so eine motorische Reflexreaktion wie jene, die das Strecken des Beines auslöst, wenn der Arzt mit seinem Hämmerchen auf die Sehne des Quadrizeps unterhalb der Kniescheibe schlägt; die Mechanismen der synaptischen Plastizität haben zu einem motorischen Lernen geführt, das uns die Bewegungen ermöglicht, die zum Essen des Truthahns notwendig sind. Und zwar nicht auf irgendeine beliebige Weise: Der motorische Akt wird durch den kulturellen Kontext moduliert, d. h. durch die guten Tischsitten, die man uns beigebracht hat. Wir verhalten uns nicht wie ein Neandertaler vor einer rohen Wildschweinkeule; wir zerlegen sachkundig den Truthahnschenkel, indem wir uns des Bestecks nach einem wohletablierten Kode bedienen.

So verfügt das Gehirn über feine Mechanismen, um die Wahrnehmungen zu speichern und sie, wenn nötig, abzurufen, manchmal spontan wie im Fall des motorischen Lernens. Man könnte sagen, daß es sich in diesem Fall um ein *nicht bewußtes Gedächtnis* handelt, das von manchen prozedurales Gedächtnis[8] genannt wird: Es ist nicht notwendig, sich die verschiedenen Bewegungen bewußt vor Augen zu führen, die uns gestatten, einen Truthahnschenkel elegant zu verspeisen, da wir das automatisch tun. Wenn wir

8 Eichenbaum, H. B. et al., »Learning and Memory: Systems Analysis«, *Fundamental Neurosciences*, San Diego, Academic Press, 1999, S. 1455-1486.

dennoch die einzelnen Schritte explizit machen müssen, weil beispielsweise unsere Rolle als Eltern von uns verlangt, unser Kind gute Tischmanieren zu lehren, können wir uns die Bewegung in ihren kleinsten Einzelheiten mit großer Präzision in Erinnerung rufen. Auf dieselbe Weise spielt ein Golfprofi seinen Drive auf dem Parcours, ohne daran zu denken. Wenn er jedoch wieder beim Training ist, wird er seinem Schüler mit unendlicher Genauigkeit die kleinsten Subtilitäten des Golfschwungs beschreiben.

Wir haben hier absichtlich den Begriff des Nicht-Bewußten anstelle des Unbewußten gebraucht. Das ist eine überlegte Wahl; in der Literatur, die die Grenzen und Entsprechungen zwischen den Neurowissenschaften und der Psychoanalyse erforscht, behandelt man allzu oft das Nicht-Bewußte und das prozedurale Gedächtnis als Äquivalente des Unbewußten. Unserer Ansicht nach ist der Begriff des Unbewußten im Freudschen Sinne zu verstehen.[9] Die Freudsche Vorstellung des Unbewußten geht einher mit der Vorstellung einer Reihe völlig einzigartiger Spuren und Assoziationen, die dem Bewußtsein nicht unmittelbar zugänglich sind, es sei denn im

9 »Das Unbewußte ist der größere Kreis, der den kleineren des Bewußten in sich schließt; alles Bewußte hat eine unbewußte Vorstufe, während das Unbewußte auf dieser Stufe stehen bleiben und doch den vollen Wert einer psychischen Leistung beanspruchen kann. Das Unbewußte ist das eigentlich reale Psychische, uns nach seiner inneren Natur so unbekannt wie das Reale der Außenwelt, und uns durch die Daten des Bewußtseins ebenso unvollständig gegeben wie die Außenwelt durch die Angaben unserer Sinnesorgane.« Freud, S., »Die Traumdeutung« (1900), *Gesammelte Werke*, Bd. 2/3, a.a.O., S.617.

Traum, in Versprechern, im Vergessen, in Fehlleistungen und anderen Manifestationen des Unbewußten, deren Bedeutungen durch die Arbeit der Psychoanalyse enthüllt werden können.[10]

Die Identifikation des Unbewußten mit dem prozeduralen Gedächtnis scheint uns um so weniger gerechtfertigt, als die prozedural gespeicherten Erfahrungen sehr leicht ins Bewußtsein gerufen werden können wie im Beispiel des Golfprofis.

Auf den ersten Blick gestatten also die Systeme der Erinnerung einen Zugang zur Erfahrung, die in Form von Lernen oder Erinnerungen auf eine Weise gespeichert wurde, die eine bemerkenswerte Entsprechung mit dem ursprünglich Wahrgenommenen bewahrt. Durch die Mechanismen der synaptischen Plastizität, die die Bildung einer Spur im Nervensystem im Ausgang von der Wahrnehmung der Außenwelt ermöglichen, konstituiert sich eine innere Wirklichkeit, deren man sich bewußt ist oder die durch die Erinnerung ins Bewußtsein gerufen werden kann.

---

10 In diesem Sinne würde man auch die Behauptung Lacans zu verstehen haben, nach der die Phänomene, die aus dem Unbewußten auftauchen – die Gebilde des Unbewußten –, wie eine Sprache strukturiert sind; zur sprachlichen Strukturiertheit des Unbewußten siehe Lacan, J., »La Science et la vérité« (1966), in: *Écrits*, a. a. O., S. 868. Aus diesem Grunde wäre das Unbewußte den Prozessen des deklarativen Gedächtnisses ähnlicher als jenen des prozeduralen Gedächtnisses; bis auf den einen Unterschied, daß im Gegensatz zu Erinnerungen von Ereignissen und Dingen der äußeren Welt, die dem Bewußtsein durch einfache Erinnerung direkt zugänglich sind, das unbewußte deklarative Gedächtnis durch Assoziationsprozesse hindurchgeht, die von der psychoanalytischen Arbeit erleichtert werden.

Die Dinge liegen jedoch nicht so einfach. An diesem Weihnachtsabend geschieht noch etwas anderes. Plötzlich werden Sie von einer gewaltigen Traurigkeit übermannt. Sie werden von einem Gefühl der Entwertung gepackt, das immer eindringlicher wird, bis zum Überdruß. Sie verstehen nicht: Alles ist zu Ihrer Zufriedenheit da, die teure Gattin, die Geschenke, Diego, die Musik. Aber nichts bietet einen Halt. Alles dreht sich. Eine weitere Assoziationskette bemächtigt sich der gegenwärtigen Situation, die in Beziehung zu einer Angelegenheit aus der jüngsten Vergangenheit steht, welche eine schlechte Wendung genommen hat und bei der Sie den Eindruck hatten, betrogen worden zu sein. Ihr Blick verliert sich in der Ferne, während sie den gefüllten Truthahn mechanisch zerlegen. Ein Gedanke geht Ihnen durch den Kopf und stößt eine Reihe von Assoziationen an, die vom gefüllten Truthahn bis zu dem Dummen gehen, der Sie selbst sind![11] Auf diese Weise wurde ein banales Ereignis der gegenwärtigen Situation mit etwas anderem in Verbindung gebracht, und Sie finden sich in einer geistigen Welt wieder, die nichts mehr mit der gegenwärtigen Situation zu tun hat. Es gibt keine Entsprechung mehr zwischen der gegenwärtigen Wahrnehmung des Weihnachtstruthahns und der Tatsache, betrogen worden zu sein. Eine aktuelle Wahrnehmung läßt eine völlig andere

---

11 Die Assoziation ist hier an die französische Sprache gebunden: Sie besteht zwischen dem gefüllten Truthahn (»dinde à la farce«) und der Vorstellung, daß man selbst der Dumme bei einer Sache gewesen sei (»le dindon de la farce«) (A. d. Ü.).

Vorstellung zutage treten, die von der Innenwelt ausgeht. Dasselbe wahrgenommene Ding hat zuerst durch die Mechanismen des bewußten deklarativen Gedächtnisses Erinnerungen wachgerufen, die der Wirklichkeit der Situation entsprechen (beispielsweise die Weihnachtsfeiern Ihrer Kindheit). Aber dasselbe Ding, der Truthahn, hat über eine assoziative Verschiebung eine peinliche Situation aktiviert, die Sie eigentlich unter den gegenwärtigen Umständen fernhalten wollten.

Nun stehen Sie also in einem Konflikt zwischen der Gegenwart und der Vergangenheit. Aber dieser Konflikt gibt Ihnen auch die Möglichkeit, sich von ihm zu befreien, sich umzuwenden und sich, indem sie sie aufdecken, von dieser zwanghaften Verkettung zu befreien. Wir stoßen hier wieder auf die Vorstellung einer möglichen Modulation der Spur in dem Sinne, daß sie durch ihr Explizitmachen moduliert wird. Einmal mehr kann dadurch die analytische Arbeit erleichtert werden, die auf die Wirkungen der Assoziationen zwischen verschiedenen Spuren setzt, um deren Expression zu modifizieren.

Kapitel 3
Die Hemmung am Ufer des Trasimener Sees
Das Schicksal der Wahrnehmung

Im August 1897 bringt Freud gegenüber Wilhelm Fließ, seinem Hauptbriefpartner in jener Zeit, die Zweifel zum Ausdruck, die ihn bei seiner Neurosentheorie quälen.[1] Zwei Jahre sind seit der Veröffentlichung der *Studien über Hysterie*[2] mit seinem Kollegen Joseph Breuer vergangen. Dieses Werk hat den Weg zur Psychoanalyse eröffnet, indem es diese Form der Neurose auf eine traumatische Ätiologie zurückführte. In den meisten Fällen handelte es sich dabei um die Verführung durch einen Verwandten, die in der Vergangenheit stattgefunden hatte; die Erinnerung daran würde vom Bewußtsein ferngehalten und verdrängt werden, obwohl sie im Kern der Person aktiv bliebe, ohne daß diese darum wüßte und für die Bildung ihrer Symptome verantwortlich wäre. Diese würden die Stelle dessen einnehmen, woran sich das Subjekt nicht erinnern kann.

Freud setzt also auf die Sprache – die *talking cure*, nach einem Ausdruck seiner Patientin Anna O., einer jungen Hysterikerin, die zunächst von Breuer und dann von ihm behandelt wurde –, um das Trauma zum Bewußtsein zu bringen und das zu ermöglichen,

---

1 Freud, S., »Brief 136 an Wilhelm Fließ vom 14. 8. 1897«, a. a. O., S. 280.
2 Freud, S., Breuer, J., *Studien über Hysterie*, 5. Aufl, Frankfurt/M., Fischer Taschenbuch Verlag, 2003.

was er »Abreaktion des Traumas« nennt, d.h. eine Affektentladung, durch die sich das Subjekt von der Erregung befreien könnte, die sich unter dem Druck des vergessenen Ereignisses angesammelt hat. Die analytische Arbeit würde das Trauma offenbaren können; indem es bewußtgemacht wird, verliert es seine zwanghaften Wirkungen. Eine solche Auffassung ist an eine kathartische Vorstellung von der Behandlung nach dem Modell der Hypnose gebunden: Es genügt, den Gedächtnisverlust aufzuheben, das Ereignis bewußtzumachen, um sich von seinen Wirkungen zu befreien. Man weiß jedoch, daß die Behandlungen trotz des operationalen Charakters dieser Hypothese sich nicht als so wirksam erwiesen wie erwartet, und Freud muß wiederholt Enttäuschungen hinnehmen.

Davon wird er in jenem August 1897 gequält. Er schreibt an Fließ: »Es gärt in mir, ich bin mit nichts fertig«.[3] Von Zweifeln geplagt, sucht er nach einer Lösung. Aber er stößt auf etwas, das seine Arbeit lähmt, wobei er ahnt, daß er die Lösung in sich selbst suchen muß. So wird er zu seinem eigenen Patienten: »Der Hauptpatient, der mich beschäftigt, bin ich selbst.«[4] In diesem mißmutigen Zustand entschließt er sich, eine Maßnahme zu treffen, von der er weiß, daß sie angemessen ist. Er verschreibt sich eine Reise: ». . . [ich bin] sehr denkfaul und habe es hier nicht zustande gebracht, das Wühlen im Kopf und in den Ge-

---

3 Freud, S., »Brief 136 an Wilhelm Fließ vom 14. 8. 1897«, a.a.O., S. 280.
4 Freud, S., ebd.

fühlen zu ducken; dazu gehört erst Italien.«[5] Die Reiseroute steht fest. Er wird in Venedig beginnen und dann unter anderem durch San Gimignano, Siena, Perugia und Assisi kommen, also durch die Toskana und Umbrien.[6] Freud macht diese Reise in einem gleichmäßigen Rhythmus mit dem Ziel, schließlich in Rom anzulangen. Aber nun wird er am Ufer des Trasimener Sees das Opfer einer Hemmung. Er kann seine Reise nicht fortsetzen. Er ändert sein Vorhaben und entschließt sich überstürzt, nach Wien zurückzukehren.

Am Tag nach seiner Rückkehr schreibt Freud an Fließ jenen Brief, der in der Geschichte der Psychoanalyse künftig berühmt werden sollte, in dem er schreibt, daß er nicht mehr an seine *Neurotica* glaube.[7] Ein entscheidender Schritt ist getan. Freud gelangte dazu, die Positionen, die er bis dahin zur Ätiologie der Neurosen eingenommen hatte, einer radikalen Kritik zu unterziehen. Er verwirft sogar die Hypothese der Verführung. Es ist nicht notwendig, daß es ein wirkliches Ereignis gab, um eine Neurose hervorzurufen. Eine Phantasievorstellung des Subjekts kann schon hinreichend sein. Die Ätiologie der Neurosen verschiebt sich so von der traumatischen Wirklichkeit der Verführung hin zu einer Phantasievorstellung einer Verführung, die mit Wünschen

5 Freud, S., ebd.
6 Freud, S., »Brief 137 an Wilhelm Fließ vom 18. 8. 1897«, a. a. O., S. 282.
7 Freud, S., »Brief 139 an Wilhelm Fließ vom 21. 9. 1897«, a. a. O., S. 283.

einhergeht, welche Druck ausüben, während sie dem Bewußtsein fernbleiben. Innere Reize können das psychische Leben prägen, und zwar jenseits von jeder Wirklichkeit, ohne daß ein traumatisches Ereignis tatsächlich stattgefunden hätte. Eine Phantasievorstellung könnte ausreichen, die Symptome einer Neurose hervorzubringen. Die psychische Realität drängt die äußere Wirklichkeit in Freuds Vorstellung in den Hintergrund. Man sucht vergeblich um jeden Preis nach dem fraglichen Ereignis, um so mehr als es im Unbewußten »keinen Realitätsindex« gibt, selbst wenn die ersten Erfahrungen von wirklichen Ereignissen ausgingen, »so daß man die Wahrheit und die mit Affekt besetzte Fiktion nicht unterscheiden kann«.[8] Wenn man nach dem Ereignis sucht, kann es sein, daß man auf eine Phantasievorstellung stößt, die sich nach anderen Gesetzen als denen der Wirklichkeit gebildet hat: die Gesetze des unbewußten Begehrens.

Die Phantasievorstellung gibt der Wirklichkeit ihren Rahmen.[9] Sie trägt dazu bei, sie so zu konstituieren, wie das Subjekt sie erfaßt. Daher ist es unnötig, nach der vergessenen Erinnerung zu suchen – diese ist in der Phantasievorstellung in einer Form enthalten, die von psychischen Mechanismen umgestaltet wurde, welche jenen gleichen, die im Traum am Werk

8 Freud, S., ebd, S. 284.
9 »Die Phantasievorstellung gibt der Wirklichkeit ihren Rahmen«, Lacan, J., »Allocution sur les psychoses de l'enfant« (1967), in: *Autres écrits*, Paris, Seuil, 2001, S. 366.

sind.[10] Selbst bei den schwersten Störungen tritt die unbewußte Erinnerung nicht zutage, das erlebte Ereignis kommt nicht an die Oberfläche.[11] Das ist jedoch kein Grund, daß man sich nicht bemüht, nach ihm zu suchen, wie es sich unter dem Druck des unbewußten Begehrens offenbart. Daran hat sich übrigens Freud versucht, als er vom Trasimener See zurückkam und sehr aktiv seine Selbstanalyse betrieb. Bekanntlich bringt diese ihn im Ausgang von seiner eigenen Biographie auf den Weg des Ödipus.

Was ist also am Ufer des Trasimener Sees geschehen, aus welcher Quelle stammt die Hemmung, die ihn 80 Kilometer von Rom entfernt ergriffen hat? In der *Traumdeutung* erklärt er sich dazu: »Auf meiner letzten Italienreise, die mich unter anderem am Trasimener See vorbeiführte, fand ich endlich, nachdem ich den Tiber gesehen und schmerzlich bewegt achtzig Kilometer weit von Rom umgekehrt war, die Verstärkung auf, welche meine Sehnsucht nach der ewigen Stadt aus Jugendeindrücken bezieht.« Freud erinnert sich nämlich an Hannibal, der eine der Lieblingsgestalten in seiner Kindheit war. Dieser Karthager, ein semitischer Held, ist mit einem Ereignis aus Freuds Jugend assoziiert. Eines Tages, als er mit seinem Vater spazierengeht, erzählt dieser ihm von einer Demütigung, die er, Zeuge des damals herr-

10 »In der Regel freilich ist die Infantilszene im manifesten Trauminhalt nur durch eine Anspielung vertreten und muß durch Deutung aus dem Traum entwickelt werden.« Freud, S., »Die Traumdeutung« (1900), *Gesammelte Werke*, Bd. 2/3, a.a.O., S. 204.
11 Freud, S., »Brief 139 an Wilhelm Fließ vom 21. 9. 1897«, a.a.O., S. 284.

schenden antisemitischen Klimas, erlitten hatte. Der Vater war auf die Straße hinausgegangen, gutgekleidet und mit einer ganz neuen Pelzmütze. Ein Christ hatte seine Mütze in den Dreck geworfen und geschrien: »Jud, herunter vom Trottoir!« »Und was hast Du getan?«, fragt der junge Freud seinen Vater. Dieser erzählt ihm, daß er sich resigniert gefügt habe, daß er vom Bürgersteig heruntergetreten sei, um seine Mütze aufzuheben. Dieser Ausgang hat den kleinen Sigmund geprägt: Wie kann diese große und starke Persönlichkeit, die ihn an der Hand hielt, nur so mit sich umspringen lassen? Dieses Ereignis ist zur Erinnerung an die Herabsetzung der Vaterfigur geworden, und dieser Szene, die ihm mißfällt, setzt Freud eine andere entgegen, die mit seinen Gefühlen viel besser übereinstimmt: nämlich die, in der Hamilkar seinen Sohn Hannibal schwören läßt, daß er sich an den Römern rächen werde. Seitdem, so erzählt Freud, nimmt Hannibal in seinen Phantasievorstellungen einen großen Raum ein.[12]

Zur Zeit der Reise durch die Toskana und Umbrien verteidigt Freud gerade sein Dossier, um Professor zu werden, die akademischen Behörden des damaligen Wien sind jedoch vom Antisemitismus geprägt, und er muß Schritte zur Unterstützung seiner Bewerbung unternehmen, die für ihn einer Bloßstellung gleichen, wie sie sein Vater bei der Geschichte mit der Mütze erlebte. Die Phantasievorstellung seiner Identifikation mit Hannibal ist gewiß unbewußt

12 Freud, S., »Die Traumdeutung«, a. a. O., S. 201 ff.

im Spiel, als Freud wie der Held seiner Kindheit sich im September 1897 am Ufer des Trasimener Sees befindet. Wie Hannibal gestattet er sich nicht, bis nach Rom zu gehen, er erlaubt sich nicht, den Vater zu rächen, d. h. auch, über das hinauszugehen, was der Vater vermocht hat, und ihn zu übertrumpfen. Da er unbewußt eine Niederlage erleidet, kehrt er um und nach Wien zurück, um dort die Behauptung aufzustellen, daß die unbewußte Determination des Seelenlebens die Wirklichkeit der Tatsachen bis zu einem bestimmten Grad in den Hintergrund drängen kann. Zumindest bemerkt er das später, als er auf diese Hemmung in seiner Selbstanalyse zurückkommt, die im Nachweis der unbewußten übermächtigen Liebesgefühle gegenüber der Mutter und der Rivalität mit dem Vater mündet, welche sich ihm auf eindringliche Weise am Beispiel von König Ödipus und von Hamlet offenbaren.

Es geht hier nicht darum, den Fortgang dieser Entdeckung in Freuds Selbstanalyse wiederaufzunehmen, sondern eher darum, diese Entwicklungen für den Nachweis zu verwenden, bis zu welchem Grad sich die erlebte Erfahrung in den langen Reihen ihrer psychischen Einprägung verlieren und verwandeln kann. Wenn die Erfahrung wirklich eine Spur hinterläßt, kann diese mehrmals auf verschiedene Weise umgeschrieben werden, und sie kann auch von einem ihrer letzten Zielpunkte her in einem bestimmten Augenblick für das Subjekt bestimmend werden. Die Anekdote führt uns also dazu, zwischen der äußeren und der psychischen Realität zu unterscheiden, indem man sich nach der Beziehung – oder vielleicht auch der Nicht-Beziehung – zwischen der Erfahrung und der von ihr im Nervensystem hinterlassenen Spur fragt und überdies nach ihrer psychischen Wirkung.

Beziehung oder Nicht-Beziehung? Wie die Geschichte der Hemmung am Ufer des Trasimener Sees tatsächlich zeigt, ist diese Frage komplex: Die Erfahrung verliert sich in den Assoziationen, die sie hervorbringt, und zwar durch die Mechanismen, die sie aufzeichnen. Die von den Mechanismen der Plastizität aufgezeichnete Spur kann Gegenstand zahlreicher Umgestaltungen sein, sich mit anderen Spuren assoziieren und so das Subjekt von dem Ereignis entfernen, das wirklich stattgefunden hat. Diese Assoziationsmechanismen haben zur Folge, daß die psychische Realität über die Erfahrungen hinausgeht, die die ursprünglichen Spuren verursacht haben.

Mit anderen Worten, die Erfahrung wird durch eine Gesamtheit von Spuren ersetzt, die sich assoziieren und kombinieren. Das System wird so komplex, daß es sich in Form neuer Reize organisiert: Eine psychische Wirklichkeit gewinnt die Oberhand über die äußere Wirklichkeit, die nun, wie Freud schreibt, im Grunde »unerkennbar« wird.[13]

Wir sind also mit einem Paradox konfrontiert: Die Mechanismen, die die Aufzeichnung der Erfahrung ermöglichen, sind genau diejenigen, die einen von der

13 »Das Reale wird immer »unerkennbar« bleiben.«, Freud, S., »Abriß der Psychoanalyse« (1938), *Gesammelte Werke*, Bd. 17, a. a. O., S. 127.

Erfahrung trennen. Man findet eine Spur, aber man findet nicht die Erfahrung wieder – und zwar um so weniger als diese Spur mit anderen Spuren rekombiniert wird gemäß neuen Gesetzen, die dem Seelenleben eigentümlich sind. Selbst wenn am Anfang, wie Freud sagt, die Wahrnehmung steht, wird sie doch durch die Aufzeichnung für den neuronalen Apparat zu einem Reiz einer anderen Ordnung, und auf diese Weise verliert sich die Erfahrung als solche von einer Umgestaltung zur anderen durch die Mechanismen der synaptischen Plastizität, selbst wenn sie dauerhafte Spuren hervorgebracht hat.

Es scheint hier also einen gewissen Widerspruch in der psychoanalytischen Theorie im Hinblick auf das Problem der Wahrnehmung zu geben. Einerseits soll für Freud gelten, wie wir schon erwähnt haben: »Alle Vorstellungen stammen von Wahrnehmungen.«[14] Aber andererseits machen die Prozesse des Seelenlebens und der Aufzeichnung »die Entdeckung eines ursprünglichen Zusammenhangs unmöglich«.[15] Nach einer Reihe von Kombinationen wird die Erfahrung als solche unzugänglich.

Durch Prozesse der Assoziation, der Verschmelzung, der Verzerrung, der Modifikation, der Fragmentierung wird die Erfahrung mehrmals umgeschrieben. Sie nimmt eine neue Form an, beispielsweise die einer Phantasievorstellung. Wie Freud schreibt, bil-

14 Freud, S., »Die Verneinung« (1925), *Gesammelte Werke*, Bd. 14, a. a. O., S. 14.
15 Freud, S., »Manuskript M vom 25. 5. 1897«, *Briefe an Wilhelm Fließ 1887-1904*, a. a. O., S. 264.

den sich die Phantasievorstellungen durch »Verschmelzung und Entstellung«[16] und enden bei einer Verfälschung der Szene, die tatsächlich stattgefunden hat, und zwar unter Mißachtung zeitlicher Verhältnisse. Über die tatsächliche Erfahrung hinaus können auch bestimmte unbenutzte Fragmente der Wirklichkeit in diese Kombination eingefügt werden. Von einer Aufzeichnung zur anderen, von einer Spur zur anderen findet man nicht mehr die erlebte Erfahrung, sondern eine Reihe von Phantasievorstellungen, die fortan das psychische Leben als solches bestimmen.

Wenn bestimmte Szenen zugänglich bleiben, so wird doch der größte Teil verdrängt und verändert mittels »vorgelegter Phantasien«.[17] Die »leichter verdrängten kommen zuerst nur unvollständig zum Vorschein wegen der Assoziation mit den schwer verdrängten« Szenen,[18] wobei sie durch die Phantasievorstellungen verwischt werden, die sich auf dieser Grundlage bilden. Kurz, alles wird von der Phantasievorstellung, die erlebte Ereignisse, Erzählungen vergangener Tatsachen und vom Subjekt selbst wahrgenommene Dinge kombiniert, in Beschlag genommen.[19] Obwohl die Erfahrung und die Phantasievorstellung auf gewisse Weise verbunden bleiben, ist doch die Phantasievorstellung zu einer neuen Quelle des Seelenlebens geworden. Die Kontingenz des Er-

16 Freud, S., ebd., S. 263.
17 Freud, S., ebd., S. 262.
18 Freud, S., ebd., S. 262.
19 Freud, S., ebd., S. 263.

eignisses verfängt sich in den Reihen seiner Aufzeichnung, um eine Phantasievorstellung zu bilden.
Der Zusammenhang mit dem Ereignis ist künftig unzugänglich: Der Rückgang von der Phantasievorstellung zum Ereignis ist unmöglich geworden.

Unserer Ansicht nach vollzieht sich die Aufzeichnung, das Umschreiben und die Assoziation der von
der Erfahrung hinterlassenen Spuren durch die Mechanismen der synaptischen Plastizität. Die berüchtigte Erfahrung, die eine Spur hinterläßt, ist nicht
mehr allein das äußere Ereignis, sondern auch das
von den Mechanismen der Plastizität auf- und umge-
schriebene Ereignis. Wir sind weit entfernt vom
wahrgenommenen Ereignis. Das stellt auch Freud in
seiner Untersuchung zur Ätiologie der Hysterie sowie bei seiner Selbstanalyse fest: Die Erfahrung kann
nicht wieder aufgefunden werden, »so daß das Ge-
heimnis der Jugenderlebnisse auch im verworrensten
Delirium sich nicht verrät«.[20] Statt dessen kommen
eine ganze Reihe von Assoziationen einer anderen
Ordnung ins Spiel – von der Mütze des Vaters und
Hannibal über das Bewerbungsdossier des Profes-
sors bis zum Trasimener See, um unsere Anekdote
wiederaufzunehmen. Man sieht, bis zu welchem
Grad es unmöglich geworden ist, im psychischen Leben eine direkte Verbindung mit der Wahrnehmung
wiederherzustellen. Die ätiologische Rolle des Ereignisses kann nur erneut in Frage gestellt werden.

So versteht es sich, daß Freud seine *Neurotica* auf-

---

20 Freud, S., »Brief 139 an Wilhelm Fließ vom 21. 9. 1897«, a. a. O.,
S. 284.

gegeben hat. Anstatt nach einer Ätiologie der Tatsachen für die Neurosen zu suchen, wird Freud dazu geführt, sich für die Welt der Phantasievorstellung zu interessieren, für dieses »Zwischenreich«,[21] in dem die Erfahrung auf neue Weise umgeschrieben wird. Nach seiner Auffassung speist die Phantasievorstellung das Bewußtsein genauso wie die Wahrnehmungen und bestimmt dabei die psychischen Akte und die Handlungen des Subjekts.[22] Ein Teil der psychischen Aktivität wird dadurch von der äußeren Wirklichkeit getrennt. Sie bleibt unabhängig von ihr und unterliegt anderen Gesetzen. Die »Schaffung von Phantasievorstellungen«[23] führt zu einer neuen Erregung des neuronalen Apparats, der an die Stelle der äußeren Erregung tritt. Das beiläufige Ereignis kann also auch innerlich sein, eine Art von innerpsychischer Wahrnehmung, die man berücksichtigen muß, wenn man einen Entwurf des Wesens eines psychischen Ereignisses machen will, von dieser berüchtigten Erfahrung, von der wir ausgegangen sind und die die Organisation des Nervensystems durch ihre Spur prägt.

21 Freud, S., »Schlußwort der Onaniediskussion« (1912), *Gesammelte Werke*, Bd. 8, a. a. O., S. 342.
22 Wie Freud beispielsweise schreibt: »Alle Angstsymptome (Phobien) sind aus Phantasien so abgeleitet.« Freud, S., »Manuskript M vom 31. 5. 1897«, a. a. O., S. 264.
23 Freud, S., »Formulierungen über die zwei Prinzipien des psychischen Geschehens« (1911), *Gesammelte Werke*, Bd. 8, a. a. O., S. 230 ff.

Kapitel 4
Die Seeschnecke, die Ratte und der Mensch
Von der Erfahrung zur Spur

Es gibt einen einfachen Organismus, eine Meeres-
schnecke, die sich glücklich in den Gewässern Kali-
forniens tummelt und der wir viel für das Verständnis
der molekularen Mechanismen der synaptischen Plastizität verdanken, die mit Prozessen des Lernens
und des Gedächtnisses zu tun haben, *Aplysia californica* (*Abb. 4.1.A*). Die grundlegenden Arbeiten über
die synaptische Plastizität bei diesem einfachen biologischen Modell wurden schon vor etwa vierzig Jahren gemacht,[1] sie illustrieren jedoch auf bewunderns-
werte Weise die wesentlichen Prinzipien, die selbst
einem einfachen Lernprozeß gestatten, eine Spur in
den Synapsen zu hinterlassen. Wir lernen also gewissermaßen das Alphabet der synaptischen Plastizität,
von der wir ständig sprechen.

Das Nervensystem der Aplysia besteht aus etwa
tausend großen Neuronen, ein Glücksfall für die
Neurobiologen, die leicht Elektroden in diese Zellen
einpflanzen können. Trotz ihrer begrenzten Zahl von
Neuronen und eines beschränkten Verhaltensreper-
toires ist Aplysia zu bestimmten einfachen und quan-
tifizierbaren Formen des Lernens in der Lage, die anderen höher entwickelten Arten einschließlich des

1 Kandel, E.R., »The Molecular Biology of Memory Storage«,
a.a.O.

Menschen gemein sind. Insbesondere ist es möglich, bei Aplysia eine Form des assoziativen Lernens nachzuweisen.

Wie der Name schon andeutet, versteht man unter assoziativem Lernen die Fähigkeit des Individuums, Assoziationen zwischen Ereignissen herzustellen. Beispielsweise haben wir alle gelernt, daß man bei einer grünen Ampel losfährt und daß man anhalten muß, wenn die Ampel auf Rot schaltet. In diesem Fall assoziiert man einen bestimmten visuellen Reiz, eine Farbe, mit einer Reaktion der Willkürmotorik. Aber das assoziative Lernen umfaßt auch ausgefeiltere Formen, insbesondere das klassische und das instrumentelle Konditionieren. Beim klassischen Konditionieren, das von dem russischen Physiologen Iwan Pawlow[2] beschrieben und untersucht wurde, assoziiert das Subjekt einen Reiz, der physiologisch eine meßbare Reaktion auslöst – im Falle des Pawlowschen Hundes löst die angebotene Nahrung den Speichelfluß aus –, mit einem anderen Reiz, der an sich neutral ist, beispielsweise mit einem Glockenton. Wenn man im Laufe von Konditionierungsversuchen systematisch den Glockenton mit der Präsentation von Nahrung verbindet, wird der Hund schon beim Glockenton Speichel absondern, auch wenn keine Nahrung da ist. Das Tier hat gelernt, einen unbedingten Reiz (UR), d. h. einen Reiz (die Präsentation von Nahrung), der ohne Konditionierung eine

---

2 Pawlow, I. P., *Conditioned Reflexes: An Investigation of the Physiological Activity of the Cerebral Cortex* (1927), London, Oxford University Press.

Reaktion (den Speichelfluß) auslöst, mit einem bedingten Reiz (BR), d. h. mit einem Reiz (dem Glockenton), der eine Reaktion (den Speichelfluß) nach einer Konditionierung, also einem Lernprozeß, auslöst, zu assoziieren.

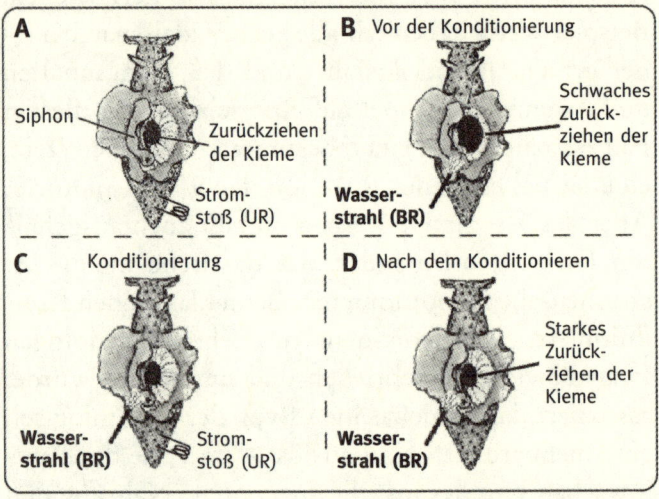

Abbildung 4.1: Konditionierung von Aplysia californica (verändert nach Anm. 1).

Die Aufeinanderfolge von UR und BR ist für diese Form des Lernens entscheidend: Damit es zu einer Konditionierung kommt, muß BR immer einige Sekunden UR vorausgehen. Der Glockenton muß also zuverlässig die Präsentation der Nahrung vorhersagen. Wenn BR auf UR folgt oder wenn er ihm zu lange, etwa 30 Sekunden, vorausgeht, findet keine Konditionierung statt. In gewisser Weise muß es eine zeitliche Koinzidenz zwischen diesen beiden Reizen geben, damit es zu einer Konditionierung kommt. Diese Vorstellung einer zeitlichen Koinzidenz ist wesentlich. Wir werden sehen, daß sie ebenso eine Entsprechung auf der Ebene der zellulären und molekularen Mechanismen der synaptischen Plastizität hat wie überraschenderweise im Freudschen Modell des Erlebens von Befriedigung.[3]

Kehren wir nun zur Seeschnecke zurück. Eine Form des klassischen Konditionierens besteht bei Aplysia in einem Stromstoß auf ihren Schwanz (der unbedingte Reiz, UR) (*Abb. 4.1*) und dem reflexarti-

---

3 Nach Freud gelangt ein alleingelassener, hilfloser Säugling in einen Zustand der Hilflosigkeit. (Vgl. Freud, S., »Das Befriedigungserlebnis«, *Aus den Anfängen der Psychoanalyse*, a. a. O., S. 325-327; vgl. auch Freud, S., »Hemmung, Symptom und Angst« (1926), *Gesammelte Werke*, Bd. 14, Kap. VII, a. a. O., S. 168). Beispielsweise führt das Erleben der Hungerempfindung zu einer immer stärkeren inneren Spannung, die mit Unlust verbunden ist. Der Zustand der Hilflosigkeit, der sich daraus ergibt, kann nicht durch eine Handlung des Kindes selbst gelindert werden, denn es hat noch nicht die sensomotorischen Kompetenzen, um sich allein zu ernähren. Seine einzige mögliche Handlung besteht im Schreien. Die andere Person, normalerweise seine Mutter, reagiert auf sein Schreien mit ihrer Brust, indem sie es stillt und nährt. So bildet sich eine Assoziation zwischen dem Schreien und dem Stillen durch die andere Person. Damit diese Assoziation eine Spur hinterläßt, ist es notwendig, daß das Schreien und die spezifische Handlung des *Nebenmenschen* in einer Gleichzeitigkeit koinzidieren, die Freud immer wieder betont (vgl. Freud, S., »Das Befriedigungserlebnis«, a. a. O.). Das erinnert an das Pawlowsche Konditionieren, auch wenn der bedingte Reiz (der Glockenton) aus der Außenwelt kommt, während es für den Säugling die innere Wirklichkeit, die Hungerempfindung ist, die das Schreien auslöst. Diese gleichzeitige, koinzidente Assoziation zweier Reize, eines inneren (Hilflosigkeit) und eines äußeren (die spezifische Handlung der Nahrungsversorgung durch den anderen), hinterläßt eine Spur, eine Aufzeichnung, die zweifellos eine synaptische Grundlage hat.

gen Zurückziehen der Kieme (Reaktion); der bedingte Reiz (BR) wird durch einen mäßigen Wasserstrahl auf den Siphon des Weichtieres dargestellt, der sich auf dem Rücken der Seeschnecke befindet. Ohne Konditionierung löst dieser Wasserstrahl wie jeder BR nur eine sehr schwache Reflexreaktion des Zurückziehens der Kieme aus (*Abb. 4.1.B*). Dagegen reagiert die Aplysia nach einigen Konditionierungsdurchgängen, in deren Verlauf man gemäß dem Pawlowschen Verfahren dem UR (Stromstoß) einen BR (Wasserstrahl) vorausschickt (*Abb. 4.1.C*), mit einem massiven Zurückziehen der Kieme auf die alleinige Anwendung eines Wasserstrahls auf den Siphon (*Abb. 4.1.D*).

Was sind nun die neuronalen Mechanismen, die die Herstellung dieser Assoziation und damit das Lernen ermöglichen? Um sie zu verstehen, untersuchen wir die Synapsen, die die Information in diesem einfachen neuronalen Schaltkreis übertragen. Zunächst wird ein sensorisches Neuron durch den Wasserstrahl (BR) auf den Siphon gereizt: Es bildet eine Synapse mit einem Motoneuron, das das Zurückziehen des Kiemenmuskels steuert. Die Mechanismen der Informationsübertragung (vgl. Kapitel 2) sind natürlich in diesem Schaltkreis wirksam,[4] aber ein

---

4 So löst die Reizung des Siphons Aktionspotentiale entlang des Axons des sensorischen Neurons aus, welches an seiner Endigung in Abhängigkeit von Kalzium einen Neurotransmitter ausschüttet, der seinerseits postsynaptische Potentiale beim Motoneuron auslöst. Die Depolarisierung des Motoneurons erzeugt Aktionspotentiale in seinem Axon, die, wenn sie die Endigung des Axons erreichen, die Freisetzung von Neurotransmitter verursachen. Die Wir-

drittes Neuron, das wir modulierendes Neuron nennen wollen, spielt ebenfalls eine Rolle: Sein Axon bildet eine Synapse auf der präsynaptischen Endigung des sensorischen Neurons und setzt einen Neurotransmitter, Serotonin, frei, wenn der unbedingte Reiz (UR) verabreicht wird (Stromstoß).[5]

Die Serotoninrezeptoren sind vom metabotropen Typ; ihre Aktivierung führt an der präsynaptischen Endigung zur Bildung eines sekundären Botenstoffs, dem zyklischen AMP, das wie jeder sekundäre Botenstoff die Aktivität der Ionenkanäle modifizieren kann. An der präsynaptischen Endigung des sensorischen Neurons wird die Aktivität eines Kaliumkanals modifiziert, wodurch die Endigung depolarisiert wird. Wenn der bedingte Reiz (der Wasserstrahl auf den Siphon) einige Millisekunden dem UR (Stromstoß) vorausgeht, wirkt sich der Einfluß des von dem modulierenden Neuron freigesetzten Serotonins auf eine Endigung aus, in der gerade ein Aktionspotential stattfindet und wo folglich die Konzentration an Kalzium erhöht ist. Nun produziert die Aktivierung der Serotoninrezeptoren in Gegenwart von Kalzium viel mehr zyklisches AMP, was dazu führt, daß die präsynaptische Endigung stärker depolarisiert und folglich mehr Neurotransmitter freigesetzt wird, was

kung des letzteren auf den Muskel besteht im Fall des BR in einer sehr schwachen Kontraktion.

5 Castelluci, V. F., Kandel, E. R., »A Quantal Analysis of the Synaptic Depression Underlying Habituation of the Gill-withdrawal Reflex in Aplysia«, *Proceedings of the National Academy of Sciences*, USA 77, 1974, S. 7492-7496.

dann über das Motoneuron eine sehr starke Muskel-
kontraktion zur Folge hat.

Zusammenfassend können wir sagen, daß die Assoziation der beiden Ereignisse – Stromstoß und mä-
ßige Reizung des Siphons – nach einem genauen Plan
(der BR darf höchstens 500 Millisekunden vor dem
UR auftreten) auf der zellulären Ebene die Bedingungen für eine Koinzidenz von gesteigerter Produktion
von zyklischem AMP und Kalzium in der präsynaptischen Endigung des sensorischen Neurons schafft.
Diese Koinzidenz erhöht die Freisetzung von Neurotransmitter und macht die synaptische Übertragung dadurch wirksamer. Nach einigen Konditionierungsdurchgängen wird diese Veränderung der
synaptischen Wirksamkeit dauerhaft, und das Tier
zieht den Kiemenmuskel als Reaktion auf den BR, die
Reizung des Siphons durch einen Wasserstrahl, massiv zusammen. Dieser hatte vor der Konditionierung
eine sehr geringe Wirkung. Das Tier hat ein einfaches
Verhalten gelernt: Eine Art von Gedächtnis hat sich
gebildet.[6]

Betrachten wir nun eine Form von synaptischer
Plastizität in einem neuronalen Schaltkreis, der an
Verhaltensweisen beteiligt ist, die dem Verhalten des
Menschen ähnlicher sind. Schließlich gehören die
Reizung des Siphons und das Zurückziehen der Kie-
menmuskeln nicht wirklich zum Repertoire des
Menschen! Eine bestimmte Art von Verhaltensexpe-

6 Carew, T.J., Sahley, C.L., »Invertebrate Learning and Memory:
from Behavior to Molecules«, *Annual Review of Neuroscience*, 9,
1986, S. 435-487.

riment bei der Laborratte wird uns von Nutzen sein und uns eine Verbindung zu dem herzustellen gestatten, was wir beim assoziativen Lernen der Seeschnecke gesehen haben. Die Anordnung des fraglichen Experiments ist tatsächlich sehr ähnlich: Ein Ton einer bestimmten Frequenz wird unmittelbar vor der Verabreichung eines schwachen, aber für das Tier unangenehmen Stromstoßes dargeboten. Nach einigen Durchgängen assoziiert die Ratte die beiden Ereignisse miteinander und entwickelt eine Vermeidungsstrategie gegenüber dem dargebotenen Ton in völliger Abwesenheit eines Stromstoßes: Die Ratte hat gelernt, daß der Ton das Erscheinen einer unangenehmen Empfindung vorhersagt. Diese Assoziation ist sehr spezifisch, denn die Ratte reagiert nicht auf diese Weise, wenn ein Ton einer anderen Frequenz dargeboten wird.[7]

Mit Hilfe von Mikroelektroden, die in Hirnregionen implantiert werden, welche an der sensorischen Informationsverarbeitung und -speicherung beteiligt sind, wird die Neuronenaktivität während der Lernphase aufgezeichnet, insbesondere in der Hippocampusregion, von der man vor allem durch Ablationsexperimente nachgewiesen hat, daß sie für Gedächtnisprozesse wesentlich ist. Zu Beginn der Konditionierungsdurchgänge reagieren die Neuronen des Hippocampus nicht auf den Ton. Wenn das Tier jedoch das Vermeidungsverhalten während der bloßen Darbietung des Tons erlernt hat, verzeichnen

7 Weinberger, N. M., »Specific Long-term Memory Traces in Primary Auditory Cortex«, *Neuroscience*, 5, 4, 2004, S. 279-290.

die Elektroden eine stoßweise, anhaltende Aktivität bei jeder Darbietung des Tons, selbst bei völliger Abwesenheit eines Stromstoßes. Die Ratte hat gelernt, den Ton mit dem Stromstoß zu assoziieren, und man findet eine Spur dieses Lernens in der synaptischen Aktivität der Neuronen des Hippocampus, und zwar in Form eine neuen Aktivität, die vor der Konditionierung nicht existierte.

Noch verblüffender ist die Tatsache, daß dieses synaptische »Gedächtnis« dauerhaft ist (wie das Gedächtnis für das Verhalten, d. h. die Vermeidungsstrategie bei der Darbietung des Tons): Die Darbietung des Tons allein löst noch lange nach den Lerndurchgängen Pulse von neuronaler Aktivität aus.

Um die Bildung dieser synaptischen Spur, die das Lernen hinterläßt, genauer zu beschreiben, ändern wir nochmals die Anordnung des Experiments: Statt dem Tier äußere Reize (z. B. einen Ton) darzubieten und die neuronale Aktivität zu messen, entscheidet man sich, mit Hilfe einer weiteren Elektrode direkt die Schaltkreise des Hippocampus zu messen. Mit dieser Anordnung ist es möglich, den Schaltkreis zu »konditionieren«, indem man einen Reiz hoher Frequenz darbietet – beispielsweise hundert Reize pro Sekunde. Im Anschluß an diese Konditionierung stellt man fest, daß die Zielneuronen viel intensiver auf nachfolgende Reize reagieren, die die Spontanaktivität dieses neuronalen Schaltkreises nachahmen. Die Informationsübertragung auf der Ebene der Synapsen wurde erleichtert und die synaptische Übertragung potenziert; diese Potenzierung kann bis zu mehreren Wochen oder sogar mehrere Monate andauern (daher stammt der Name »Langzeitpotenzierung« (LTP, *long term potentiation*) (*Abb. 4.2*).[8]

Diese anfänglichen Experimente, die am Tier (der Ratte) durchgeführt wurden, haben also nachgewiesen, daß durch eine einfache Reizung, die zwar besondere Merkmale aufweist (kurz und mit hoher Frequenz), ein neuronaler Schaltkreis »konditioniert« und dadurch die Wirksamkeit der synaptischen Übertragung dauerhaft erhöht werden kann (LTP). Die Ratte ist jedoch keine Seeschnecke, die große Neuronen besitzt, und es ist unmöglich, bei der Ratte intrazelluläre Ableitungen wie bei der Seeschnecke durchzuführen. Umgekehrt bietet der Hippocampus der Ratte einen besonderen experimentellen Vorteil: Aufgrund seiner einfachen Architektur ist es möglich, feine Schnitte dieser Region zu präparieren, in denen die Organisation der synaptischen Schaltkreise erhalten bleibt (*Abb. 4.2*). Diese Schnitte können für mehrere Stunden am Leben erhalten, die neuronalen Schaltkreise gereizt und die synaptische Aktivität (einschließlich der Änderungen ihrer Wirksamkeit) untersucht werden. Insbesondere ist es möglich, die präsynaptischen Axone zu reizen, indem man Aktionspotentiale auslöst und die Reaktionen[9] an den postsynaptischen Neuronen mißt

8 Bliss, T. V. P., Collingridge, G. L., Morris, R. G. M., »Long-term Potentiation: Enhancing Neuroscience for 30 Years«, a. a. O.; Bliss, T. V. P., Collingridge, G. L., »A Synaptic Model of Memory: Longterm Potentiation in the Hippocampus«, *Nature*, 361, 1993, S. 31-39.
9 Ebd.

(*Abb. 4.2*). Die Amplituden dieser Reaktionen werden nach einer Testreizung zunächst gemessen, dann werden die Axone durch einen hochfrequenten Reiz »konditioniert« (etwa fünfzig Reize bei einer Frequenz von 100 pro Sekunde), und schließlich werden die Reaktionen an den Zielneuronen erneut gemessen. Man stellt so eine bedeutende Erhöhung der postsynaptischen Reaktionen und die Bildung einer Langzeitpotenzierung (LTP) fest. Die synaptische Wirksamkeit dieses hippocampischen Schaltkreises wurde dauerhaft modifiziert und eine synaptische Spur gespeichert.

Gleichwohl beobachtet man die Modifikationen der synaptischen Wirksamkeit, die die LTP ausmachen, bei ein und demselben Neuron nur bei denjenigen Afferenzen, die durch die hochfrequente Reizung konditioniert wurden. Es handelt sich also nicht um eine allgemeine Modifikation der Erregbarkeit des postsynaptischen Neurons – wenn das der Fall wäre, würden alle Synapsen eines Neurons durch eine konditionierende Reizung der einen oder anderen seiner Afferenzen in ihrer Wirksamkeit erhöht werden. Es handelt sich also um ein Phänomen, das räumlich auf die konditionierten Synapsen begrenzt ist.

Was geschieht nun genauer, wenn man einen intensiven Reiz auf ein Axonbündel anwendet (was der Fall ist, wenn man mit hoher Frequenz einen Schaltkreis des Hippocampus reizt, um die LTP zu induzieren)? Zunächst produziert jedes Axon mehrere Aktionspotentiale, die ein EPSP am postsynaptischen

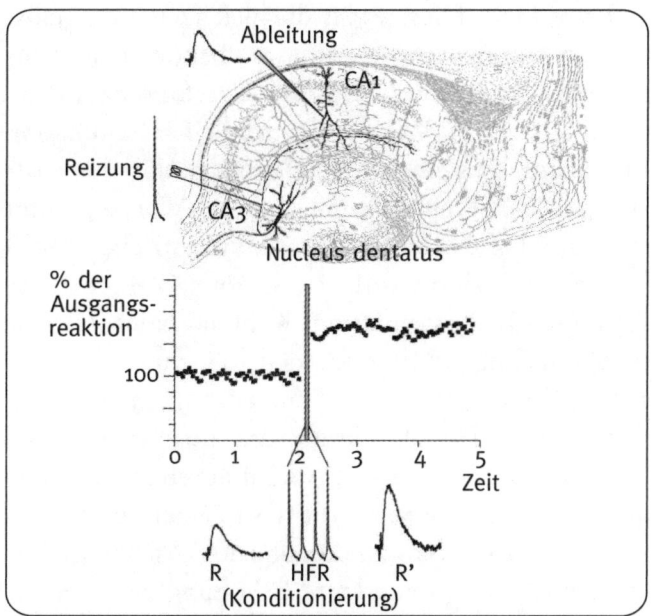

Abbildung 4.2: Modell der synaptischen Plastizität: die Langzeitpotenzierung (LTP) im Hippocampus. Im Anschluß an eine hochfrequente Reizung (HFR) ist die Reaktion des postsynaptischen Neurons beträchtlich erhöht (R → R').

Neuron erzeugen, indem sie die Freisetzung von Neurotransmitter seitens der präsynaptischen Endigung verursachen. Die von jedem Aktionspotential erzeugten EPSP summieren sich und führen zu einer starken Depolarisation des postsynaptischen Neurons, was man zeitliche Summation nennt (*Abb. 2.2*). Darüber hinaus enthält das für die Induktion einer LTP gereizte Bündel mehrere Axone; die hochfrequente Reizung aktiviert also mehrere Axonendigungen gleichzeitig und induziert auf diese Weise mehrere EPSP. Diese EPSP, die gleichzeitig ausgelöst werden, summieren sich – dieses Phänomen der synaptischen Integration wird räumliche Summation genannt (*Abb. 2.2*). Wie bei der zeitlichen Summation ist das Ergebnis eine starke Depolarisation des postsynaptischen Neurons; mit anderen Worten, damit eine dauerhafte Modifikation der synaptischen Wirksamkeit induziert wird, ist es nötig, daß mehrere EPSP (zeitliche Summation) während eines Zeitfensters von einigen Millisekunden an mehreren Synapsen stattfinden (räumliche Summation), und so zu einer starken Depolarisation des postsynaptischen Neurons führen. Genau das wird durch die hochfrequente Reizung bewirkt, die das LTP generiert.[10]

Kommen wir nun zu den physiologischen Bedingungen, die eine dauerhafte Erhöhung der synaptischen Wirksamkeit induzieren, die mit der Bildung einer Erinnerungsspur verbunden ist, und betrachten wir noch einmal den Fall unserer Ratte, die gelernt hat, einen Ton bestimmter Frequenz (Reiz 1) mit einer elektrischen Entladung (Reiz 2) zu assoziieren und so ein Vermeidungsverhalten auszulösen. Wie bei den anderen Formen des assoziativen Lernens verlangt der Versuchsplan, daß der Reiz 1 regelmäßig für ein kurzes Zeitintervall (maximal 500 Millisekunden) dem Reiz 2 vorausgeht. Jeder der beiden Reize aktiviert spezifische Schaltkreise im Hippocampus. Nehmen wir an, daß bestimmte Axone jedes der bei-

10 Markram, H., Lubke, J., Frotscher, M., Sakmann, B., »Regulation of Synaptic Efficacy by Coincidence of Postsynaptic APs and EPSPs«, *Science*, 275, 1997, S. 213-215.

den Schaltkreise auf ein postsynaptisches Neuron konvergieren: Die Synapsen, die sie mit letzterem bilden, werden gleichzeitig aktiviert sein, wenn die beiden Reize dem Versuchsplan entsprechend dargeboten werden. Diese *zeitliche Koinzidenz, die mit einer räumlichen Koinzidenz einhergeht*, erzeugt faktisch eine starke Depolarisation des postsynaptischen Neurons, die viel größer ist, als wenn die Axone nur von einem einzigen Reiz (z. B. Reiz 1) aktiviert werden würden. Die Assoziation von zwei Reizen innerhalb eines begrenzten Zeitfensters – das bei jeder Form des assoziativen Lernens oder Konditionierens unumgänglich ist – stellt nun, und zwar hier auf physiologische Weise, die Bedingungen für eine dauerhafte Potenzierung der synaptischen Übertragung bereit. Donald Hebb, der kanadische Psychologe, der als erster die grundlegenden Begriffe der synaptischen Plastizität als zelluläre Basis der Mechanismen des Gedächtnisses in Form einer Vermutung formuliert hat, schrieb: »Neuronen, die gleichzeitig aktiv sind, stellen Assoziationen untereinander her (*neurons that fire together wire together*).«[11]

Zusammenfassend läßt sich sagen, daß das Neuron, auf dem die Signale (Aktionspotentiale) konvergieren, die in denjenigen Schaltkreisen erzeugt werden, die von Reizen aktiviert werden, welche von assoziierten Ereignissen kommen, wie ein »Koinzidenzdetektor«[12] funktionieren. Was ist der entspre-

11 Hebb, D. O., *The Organization of Behavior*, a. a. O.
12 Markram, H., Lubke, J., Frotscher, M., Sakmann, B., »Regulation

chende molekulare Mechanismus? Auch hier haben die jüngsten Fortschritte der experimentellen Neurowissenschaften eine Erklärung ermöglicht, die vielleicht nicht die einzige ist. Sie schließt die Funktion von Glutamatrezeptoren ein, dem wichtigsten Neurotransmitter des Nervensystems, der insbesondere an den Synapsen des Hippocampus freigesetzt wird, die der synaptischen Plastizität vom Typ der LTP unterliegen. Mehrere Unterarten von Glutamatrezeptoren wurden nachgewiesen. An der synaptischen Plastizität sind vor allem zwei beteiligt: Rezeptoren vom Typ AMPA und solche vom Typ NMDA – diese beiden Akronyme bezeichnen pharmakologische Verbindungen, die selektiv auf die eine oder andere Unterart von Rezeptor wirken, während Glutamat offensichtlich auf beide wirkt.

Die AMPA- und NMDA-Rezeptoren sind von der ionotropen Art (siehe Kapitel 2), d. h., daß die Bindung des Neurotransmitters an den Rezeptor die zeitweise Öffnung (einige Millisekunden lang) eines Kanals auslöst, die die Bewegung von Ionen durch die Membran ermöglicht.

Bei den AMPA-Rezeptoren handelt es sich dabei um Natriumionen, also um positive Ladungen. Durch diesen Prozeß wird das Membranpotential des postsynaptischen Neurons weniger negativ, wodurch ein EPSP erzeugt wird. Das postsynaptische Neuron wird also jedesmal depolarisiert, wenn Glutamat an die AMPA-Rezeptoren gebunden wird.

of Synaptic Efficacy by Coincidence of Postsynaptic Aps and EPSPs«, a. a. O.

Diese Depolarisation, die gleichwohl mäßig ist, wird beobachtet, wenn ein neuronaler Schaltkreis von einem physiologischen Reiz aktiviert wird (Reiz 1 in unserem Beispiel).

Die NMDA-Rezeptoren haben eine Reihe von Eigenschaften, die sie eindeutig von den AMPA-Rezeptoren unterscheiden. Zunächst löst die Bindung von Glutamat nicht automatisch die Öffnung eines Membrankanals aus, obwohl es sich um einen Rezeptor des ionotropen Typs handelt. Eine weitere Bedingung muß erfüllt sein: Das Neuron, auf dem sich der NMDA-Rezeptor befindet, muß vorher depolarisiert worden sein. Wenn diese Depolarisation fehlt, ist der Kanal, der wesentlich zum NMDA-Rezeptor gehört, gewissermaßen mit Magnesiumionen »verkorkt«. Die Depolarisation läßt den »Magnesiumkorken knallen«, was den Kanal durchlässig werden läßt. Ein weiterer Unterschied zwischen den AMPA- und den NMDA-Rezeptoren besteht in folgendem: Der Kanal ist nicht nur für Natrium durchlässig, sondern auch für Kalzium. Wie wir aber weiter unten sehen werden, stellt das Kalzium nicht nur positive Ladungen bereit, die einen Beitrag zur Verstärkung des EPSP leisten, sondern fungiert auch als intrazelluläres Signal, das Prozesse auslöst, die für die langfristige Realisierung der synaptischen Plastizität wesentlich sind.

Damit also die NMDA-Rezeptoren aktiv sind, müssen zwei Ereignisse gleichzeitig stattfinden: Glutamat muß an die Rezeptoren gebunden werden, und das Neuron, auf dem sich die NMDA-Rezeptoren befinden, muß depolarisiert sein.[13] Das geschieht beispielsweise, wenn zwei neuronale Leitungen, die auf dasselbe Neuron konvergieren, gleichzeitig während eines begrenzten Zeitfensters aktiv sind. Diese zeitliche Koinzidenz, die mit einer räumlichen Koinzidenz der aktivierten Axone einhergeht und die eine starke Depolarisation des postsynaptischen Neurons erzeugt, wird also den NMDA-Rezeptor von der Magnesium-Blockade befreien. Der NMDA-Rezeptor kann so durch das in der Synapse vorhandene Glutamat aktiviert werden und ein massives Einströmen von Kalzium in das postsynaptische Neuron verursachen. Der NMDA-Rezeptor ist also ein molekularer Operator, der für das gleichzeitige Auftreten einer starken postsynaptischen Depolarisation und der Aktivität präsynaptischer Elemente empfindlich ist. Der NMDA-Rezeptor spielt also die Rolle eines »Koinzidenzdetektors«: Koinzidenz in der Aktivität konvergenter Schaltkreise und Koinzidenz zwischen Aktivitäten von prä- und postsynaptischen Elementen.

Die massive Erhöhung der Kalzium-Konzentration hat mehrere Auswirkungen, von denen einige sich nur über einen kurzen Zeitraum erstrecken (Minuten), andere jedoch längerfristig sind (Stunden, Tage, Monate). Kurzfristig aktiviert das Kalzium ein wirksames Protein, das auf den barbarischen Namen Kalzium-Kalmodulin-Kinase II hört und mindestens zwei Mechanismen in Gang setzt, die eine erhöhte

13 Ebd.

Empfindlichkeit für Glutamat beim postsynaptischen Neuron zum Ziel haben. Der erste besteht in einer Phosphorylierung der AMPA-Rezeptoren, die sich auf dem postsynaptischen Neuron befinden. Die Phosphorylierung, die in der Anhängung einer Phosphatgruppe an ein Protein besteht, führt in diesem besonderen Fall zur Erhöhung der Sensibilität des AMPA-Rezeptors für Glutamat. Der zweite Effekt besteht darin, daß neue AMPA-Rezeptoren in die Membran eingefügt werden. Auf diese Weise werden die Synapsen, die bei einem LTP-Versuchsplan oder durch die gleichzeitige Aktivierung konvergenter Afferenzen aktiviert werden, mit AMPA-Rezeptoren angereichert, die für Glutamat empfindlicher sind. Bei nachfolgenden Reizungen erzeugt dann dieselbe Menge Glutamat aus diesem Grund an diesen Synapsen eine stärkere Reaktion, ein größeres EPSP, und die Informationsübertragung wird erleichtert.

Es gibt aber auch umgekehrte Mechanismen der Plastizität, nämlich diejenigen, die zu einer Senkung der synaptischen Wirksamkeit führen, deren experimentelles Paradigma die Langzeitdepression (LTD, *long term depression*) ist. Die LTD, an der auch Kalzium beteiligt zu sein scheint, und zwar in Form von intrazellulären Konzentrationserhöhungen, die deutlich geringer sind als bei der LTP, kann in denselben Schaltkreisen des Hippocampus induziert werden, die auch der LTP unterliegen, und zwar durch niederfrequente Reize (beispielsweise 5 anstatt 100 Reize pro Sekunde). Diese Reizanordnung depolarisiert das postsynaptische Neuron weniger stark. Die

Magnesium-Blockade des NMDA-Rezeptors wird dann nur teilweise aufgehoben: Wenig Kalzium strömt in das postsynaptische Neuron, und dies zudem mit einer anderen Bewegungscharakteristik. Zusammenfassend könnte man sagen, daß mit Bezug auf die Modalität des Einströmens von Kalzium in das postsynaptische Neuron die LTP eine massive Ozeanwelle produziert, während die LTD kleine Teichwellen verursacht! Der geringe Anstieg von Kalzium, der durch den Versuchsplan der LTD hervorgebracht wird, aktiviert andere Enzyme – die Phosphatasen –, deren Wirkung auf die AMPA-Rezeptoren derjenigen, die durch die Kalzium-Kalmodulin-Kinase II vermittelt wird, genau entgegengesetzt ist: Verringerung der Empfindlichkeit für Glutamat und Senkung der Anzahl der in der Membran befindlichen AMPA-Rezeptoren. Das Ergebnis ist also eine weitere Form von neuronaler Plastizität, die sich in einer Verringerung der synaptischen Wirksamkeit manifestiert.[14]

Dies sind nun die experimentellen Befunde, die der Vorstellung der neuronalen Plastizität Gestalt verleihen, der Tatsache, daß bestimmte Reize, die aus der Außenwelt kommen, im Nervensystem eine Spur in Form einer Modifikation der synaptischen Wirksamkeit hinterlassen. Es scheint völlig legitim zu sein, von einer Spur zu sprechen, und zwar nicht nur im Sinne der molekularen Mechanismen, sondern auch im Sinne einer Spur in der Struktur der Synapsen

14 Bear, M.F., »Bidirectional Synaptic Plasticity: From Theory to Reality«, a.a.O.

selbst. Genauere Analysen, die mit Hilfe von mikroskopischen Techniken durchgeführt wurden, die die synaptischen Kontakte in verschiedenen experimentellen Präparaten, einschließlich des lebenden Tieres, zu visualisieren gestatten, haben solche strukturellen Modifikationen nachgewiesen. Erinnern wir uns: Die Kontakte zwischen einem Axon und einem postsynaptischen Neuron finden im wesentlichen an den dendritischen Dornen statt. Bei Versuchsanordnungen, die eine synaptische Bahnung induzieren, stellt man eine strukturelle Modifikation der Kontakte zwischen den Axonen und den postsynaptischen Neuronen fest, die sich in einer Verdopplung der dendritischen Dornen manifestiert. Der Aufnahmebereich des postsynaptischen Neurons wird dadurch beträchtlich erweitert[15] (*Abb. 4.3*).

Dieses Phänomen, das sich im Zusammenspiel mit den anderen molekularen Mechanismen, die wir besprochen haben, ergibt – gesteigerte Empfindlichkeit der AMPA-Rezeptoren, begleitet von der Einfügung neuer Rezeptoren in die Membran –, trägt zur Steigerung der Wirksamkeit der Informationsübertragung an den gebahnten Synapsen bei.

Wenn die Erfahrung wirklich eine Spur im Nervensystem hinterläßt, so bleibt eine grundlegende Frage übrig: Damit diese funktionellen und struktu-

15 Lüscher, C., Nicoll, R. A., Malenka, R. C., Muller, D., »Synaptic Plasticity and Dynamic Modulation of the Postsynaptic Membrane«, *Nature Neuroscience*, 3, 6, Juni 2000, S. 545-550; Bonhoeffer, T., Yuste, R., »Spine Motility. Phenomenology, Mechanisms and Function«, *Neuron*, 12, 35 (6), September 2002, S. 1019-1027.

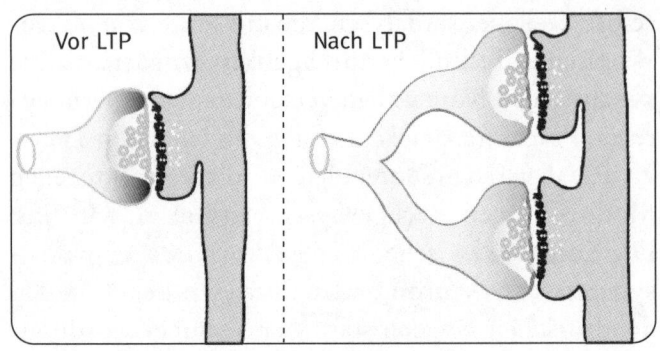

Abbildung 4.3: Verdopplung der dendritischen Dornen bei der synaptischen Plastizität. Man könnte sagen, daß durch strukturelle Modifikationen der Synapsen buchstäblich eine Spur ins Nervensystem eingeprägt wird.

rellen Modifikationen etwas mit der Bildung von Erinnerungsspuren zu tun haben, also mit Erinnerungen und Lernergebnissen, die mehrere Jahre erhalten bleiben, muß man postulieren, daß sie ohne weiteres permanent oder zumindest dauerhaft sind. Das ist aber nicht der Fall! Insbesondere sind die kalziumabhängigen Mechanismen der Phosphorylierung, die an den Erscheinungen der Plastizität beteiligt sind, im Prinzip schnell reversibel – in einigen Minuten oder allerhöchstens einigen Stunden. Außerdem haben die Rezeptor- und Enzymmoleküle – AMPA oder Kalzium-Kalmodulin-Kinase II, um nur diese zu nennen – eine Lebensdauer, die auf einige Tage oder Wochen beschränkt ist. Wie jedes Protein werden sie abgebaut und ständig ersetzt. Die bislang beschriebenen Mechanismen sind wesentlich dafür, die Mechanismen der synaptischen Plastizität *anzusto-*

ßen oder die Bildung von Modifikationen zu gestatten, die dem Kurzzeitgedächtnis zugrunde liegen. Andere Mechanismen kommen jedoch beim Langzeitgedächtnis ins Spiel, was uns veranlaßt, einen sehr kurzen Umweg über die Molekularbiologie und insbesondere über die Kontrollmechanismen unserer Gene zu nehmen.

Das menschliche Genom, das inzwischen sequenziert wurde,[16] enthält etwa 30000 Gene, von denen die Hälfte eine spezifische Expression im Gehirn hat.[17] »Expression« ist ein Schlüsselbegriff für das Verständnis der molekularen Mechanismen der langfristigen synaptischen Plastizität. Das genetische Material, das in Form von Desoxyribonukleinsäure niedergelegt ist, besser bekannt unter seinem Akronym DNS, ist in seiner Gesamtheit im Kern der Körperzellen des Menschen enthalten. Mit anderen Worten, die DNS-Sequenzen der 30000 Gene des menschlichen Genoms sind in jeder Zelle des menschlichen Körpers vorhanden. Die Tatsache des Vorhandenseins bedeutet nicht notwendig, daß jedes Gen in Form eines kodierten Proteins in jeder Zelle exprimiert ist. Beispielsweise hat das Gen, das für das Pigmentprotein kodiert, das die Iris unserer Augen färbt, in den Zellen des Nervensystems keine Expression, obwohl es wie jedes andere Gen auch in der DNS im Kern der Nervenzellen vorhanden ist. Die

16 Guttmacher, A. E., Collins, F. S., »Welcome to the Genomic Era«, a. a. O.
17 Insel, T. R., Collins F. S., »Psychiatry in the Genomics Era«, *Am. J. Psychiatry*, 160 (4), 2003, S. 616-620.

Gene werden nämlich auf selektive Weise entsprechend den Zelltypen *exprimiert*. Übrigens variiert der Grad, mit dem ein Gen von einer Zelle exprimiert werden kann unter dem Einfluß von regulierenden Bestandteilen, die sich in der DNS befinden und die Promotoren genannt werden. Das Bild des Rheostats ist auch hier wieder hilfreich: Wenn ein Promotor aktiv ist, wird die Produktion eines Proteins auf der Basis des Gens, das für dieses Protein kodiert, angeregt. Mit anderen Worten, die Grade, mit denen eine Zelle ein Protein exprimiert, liegen nicht fest; im Lauf der Zeit unterliegen sie Variationen. Es gibt also etwas, das man eine Plastizität in der Genexpression nennen könnte. Wenn die Promotoren die Schlösser sind, die die Türen der Genexpression öffnen, dann sind die Schlüssel kleine Moleküle, die Transkriptionsfaktoren genannt werden und die sich auf sehr spezifische Weise an die DNS-Sequenzen binden, die die Promotoren repräsentieren. Einer dieser Transkriptionsfaktoren wurde wegen seiner Rolle bei der Bildung der langfristigen Plastizität besonders untersucht: CREB (*Cyclic AMP Responsive Element Binding Protein*). Wir wollen diesen barbarischen Ausdruck in aller Ruhe auseinandernehmen und das herausziehen, was für ein Verständnis von CREB unbedingt notwendig ist. Beginnen wir mit »*Cyclic AMP*«. Wir haben in Kapitel 2 gesehen, daß es sich um einen »sekundären Botenstoff« handelt, d. h. um ein Molekül, das im Innern einer Zelle auf ein extrazelluläres Signal hin gebildet wird, beispielsweise einen Neurotransmitter – den primären Botenstoff –, der mit einem Membranrezeptor interagiert. Fahren wir fort: »*Responsive Element Binding Protein*«: Es handelt sich um ein Protein, das sich an ein reagierendes Element bindet. Wo befindet sich dieses reagierende Element? Auf der DNS. Ein Protein, das sich an die DNS bindet? Erinnert Sie das an etwas? Ja, natürlich: Es handelt sich um die Definition des Transkriptionsfaktors selbst! CREB ist also nichts anderes als ein Transkriptionsfaktor. Wenn er von zyklischem AMP aktiviert wird, bindet er sich an eine DNS-Sequenz, die CRE genannt wird (*Cyclic AMP Responsive Element*) und aktiviert so die Expression eines bestimmten Gens, und damit eines bestimmten Proteins. Erinnern wir uns daran, daß im Ausgang von der DNS durch den Mechanismus der Transkription RNS (Ribonuklein-säure) gebildet wird. Darauf folgt der Schritt der Translation, die im Ausgang von der RNS zur Proteinsynthese führt.

Aber inwiefern, werden Sie sagen, sind diese subtilen molekularen Mechanismen, die zur Steuerung der Proteinsynthese führen, am Langzeitgedächtnis beteiligt? Gehen wir etwa vierzig Jahre zurück zur Zeit der Beatles oder Elvis Presleys: *Yellow Submarine*, *Love me Tender* . . . Diese Melodien haben der Zeit widerstanden. Für diejenigen, die wie wir in den 1960er Jahren Jugendliche waren, sind sie zweifellos in den Systemen des Langzeitgedächtnisses verankert geblieben . . . Aus dieser Zeit stammen auch die Experimente, die gezeigt haben, daß die Injektion von Substanzen ins Gehirn, die die Proteinsynthese hemmen, die Festigung des langfristigen Lernens beträchtlich hemmt. Diese Experimente waren sicherlich »unvollkommen«, deuteten jedoch indirekt auf die Rolle der Regulation der Genexpression bei den Prozessen, die am Langzeitgedächtnis beteiligt sind. Analog dazu ist die langfristige Erhaltung der LTP stark gehemmt, wenn die Mechanismen der Transkription und der Translation blockiert sind . . .

Man kann also sagen, daß die synaptische Plastizität sich zu ihrer Einleitung und Realisierung auf die Modifikation oder die Mobilisierung von existierenden Proteinen stützt (beispielsweise auf die Phosphorylierung von Kanälen oder die Mobilisierung von Rezeptoren). Dagegen scheint die Synthese neuer Proteine über den Umweg subtiler Mechanismen, die die Genexpression steuern, für ihre langfristige Festigung wesentlich zu sein.[18]

Sind jedoch die synaptischen Kontakte die einzigen Elemente, die an der neuronalen Plastizität beteiligt sind? Verdoppeln sich nur die dendritischen Dornen? Schließlich hätte man sich vorstellen können, daß während des Lernens neue Neuronen gebildet werden könnten; dadurch würde die Kommunikation zwischen den Neuronen potenziert werden. Eine solche Behauptung wäre bis vor sieben oder acht Jahren undogmatisch gewesen. Sagte man damals nicht, daß jedes Individuum mit einem bestimmten »Kapital« an Neuronen geboren wird, das sich im Laufe der Existenz nur verringert? Eine traurige Perspektive. Die Karten haben sich geändert: Es

18 Lamprecht, R., LeDoux, J., »Structural Plasticity and Memory«, *Nature Reviews Neuroscience*, 5, 2004, S. 45-54.

handelt sich um die Neurogenese. So stellt das erwachsene Gehirn ständig neue Neuronen im Ausgang von Stammzellen her; es handelt sich um wenig differenzierte Zellen, die sich unter dem Einfluß verschiedener Faktoren zu Neuronen differenzieren können.[19] Einer dieser Faktoren ist ... das Lernen.[20] Sogar körperliches Training regt die Neurogenese[21] an, deren Mechanismen besonders gut am Hippocampus untersucht wurden. Die Frage, die heute noch offen ist, besteht darin, wie die neu erzeugten Neuronen sich an die schon vorhandenen Neuronen »anschließen« und welche Rolle sie bei der Herstellung neuer Erinnerungsspuren spielen.

Die Mechanismen der Plastizität, die an die Erfahrung gebunden sind, sind nicht das Erbteil der Neuronen. Es gibt nämlich andere Arten von Zellen im Gehirn: Insbesondere handelt es sich um Gliazellen, von denen es fünf- bis zehnmal so viele wie Neuronen gibt. Ein bestimmter Typ von Gliazelle, die Astrozyten, umgeben mit ihren Fortsätzen nahezu alle Synapsen. So nehmen die Astrozyten Glucose von Gefäßen auf, die das Gehirn durchbluten, und stellen auf Nachfrage den Neuronen »Brennstoff«

19 Kempermann, G., Wiskott, L., Gage, F. H., »Functional Significance of Adult Neurogenesis«, *Current Opinion in Neurobiology*, 14, 2004, S. 186-191.
20 Shors, T. J., Miesegaes, G., Beylin, A., Zhao, M., Rydel, T., Gould, E., »Neurogenesis in the Adult is Involved in the Formation of Traces of Memories«, *Nature*, 410, 2001, S. 372-376.
21 Van Praag, H., Christie, B. R., Sejnowski, T. J., Gage, F. H., »Running Enhances Neurogenesis, Learning, and Long-term Potentiation in Mice«, *Proc. Natl. Acad. Sci.*, 96, 23, 1999, S. 13427-13431.

zur Verfügung.[22] Bei Lernvorgängen der Feinmoto-
rik, die vor allem neuronale Schaltkreise des Klein-
hirns in Anspruch nehmen, wurde gezeigt, daß nicht
nur die Zahl der synaptischen Kontakte steigt, sondern daß auch die Astrozyten an den Mechanismen
der Plastizität durch eine beträchtliche Erhöhung der
Oberfläche ihrer Fortsätze, die die Synapsen umgeben, beteiligt sind.[23] Die Plastizität scheint also ebensogut eine Angelegenheit der Gliazellen wie der
Neuronen zu sein.

Am Ende sehen wir, daß die von der Erfahrung hin-
terlassene Spur mit strukturellen und funktionellen
Modifikationen der Synapsen und ihrer Wirksamkeit
verbunden ist. Was letztere betrifft, beginnen wir
heute die subtilsten zellulären und molekularen Mechanismen zu verstehen. Andere Mechanismen werden nach und nach aufgeklärt, wie beispielsweise die
Neurogenese oder die Rolle der Gliazellen.

22 Magistretti, P., Pellerin, L., Rothman, D.L., Shulman, R.G.,
»Energy on Demand«, Science, 283, 5401, 1999, S. 496-497.
23 Jones, T.A., Greenough, W.T., »Behavioral Experience-dependent Plasticity of Glial-neuronal Interactions«, in: The Tripartite
Synapse Glia in Synaptic Transmission, Oxford, Oxford University Press, 2002, S. 248-265.

Kapitel 5
Das Vergessen des Namens »Signorelli«
Synaptische und psychische Spur

Der Mechanismus scheint ganz einfach zu sein: Die Erfahrung hinterläßt eine Spur im Netz der Synapsen. Die Mechanismen der Plastizität sind für diese synaptische Spur verantwortlich. Im Klartext heißt das, daß die Informationsübertragung zwischen Neuronen an den gebahnten Synapsen wirksamer ist, und zwar weil entweder eine größere Menge an Neurotransmittern (Glutamat) an den präsynaptischen Endigungen ausgeschüttet wird oder die Mechanismen, die den postsynaptischen Reaktionen zugrunde liegen, wirksamer sind und dadurch die postsynaptischen Neuronen stärker reagieren lassen. Die Mechanismen der synaptischen Bahnung sind, wie wir gesehen haben, auf eine oder mehrere Synapsen bei jedem Neuron beschränkt. Tatsächlich wird nämlich nicht die Reaktion der 10000 Synapsen, die an einem Neuron anliegen, durch die LTP potenziert: Nur diejenigen Synapsen, bei denen Konvergenz und gleichzeitige Aktivierung die Mechanismen der Plastizität ins Spiel kommen ließen, sind betroffen.

Nun stellt sich folgende Frage: Wie gelangt man von einigen Dutzend, hundert oder gar tausend Synapsen, die während einer Erfahrung gebahnt wurden, zur Repräsentation dieser Erfahrung? Um unser Beispiel des Weihnachtsabends wiederaufzunehmen, das weiter oben erwähnt wurde (Kapitel 2): Wie wird die

Repräsentation des Weihnachtsbaums dem Netz der gebahnten Synapsen eingeprägt? Die Antwort auf diese Frage steht bei weitem nicht fest. Die Befunde, die die Skizze einer Antwort ermöglichen, sind noch fragmentarisch, und ihre Integration in operative Modelle sind wesentlich hypothetischer Natur. Wir wollen trotzdem versuchen, die Modelle zu beschreiben, die die neuronalen Grundlagen von Repräsentationen aufklären könnten. Diese Beschreibung wird vielleicht eher den Charakter einer Analogie haben, anstatt die Tatsachen selbst abzubilden.

Jede der 100 Milliarden Nervenzellen, aus denen unser Gehirn besteht, ist mit anderen Nervenzellen durch ungefähr 10000 Synapsen verbunden.[1] Hundert Milliarden Neuronen mal 10000 Synapsen ergeben eine Million Milliarden Synapsen (10^{15}): Das ist eine ganze Menge! Stellen wir uns vor, daß die Bahnung von 1000 Synapsen während der Assoziation zwischen einem Objekt und einem Ereignis stattgefunden hätte, etwa zwischen einem Weihnachtsbaum und den Weihnachtsfestlichkeiten. Diese Assoziation wird regelmäßig wiederholt, nämlich jedes Jahr am Ende des Monats Dezember, und dadurch gefestigt. Wir wissen nun, daß die Wiederholung einer Assoziation und selbst das einfache Bewußtmachen dieser Assoziation die Wirkung haben, daß die Erinnerung sich festigt.[2] Wir postulieren also, daß die Bahnung

1 Bear, M. F. Connors, B. W., Paradiso, M. A., *Neuroscience. Exploring the Brain*, a. a. O.
2 Squire, L. R., Stark, C. E. L., Clark, R. E., »The Medial Temporal Lobe«, *Annu. Rev. Neurosci.*, 27, 2004, S. 279-306.

von 10^3 der 10^{15} Synapsen der Repräsentation eines Objekts/Ereignisses entspricht, einer Erfahrung des Weihnachtsbaums. Wenn man jede der 10^{15} Synapsen numerieren würde, könnte man sich beispielsweise vorstellen, daß die Synapsen 15, 27, 145, 1890, 100238 etc. gebahnt wurden, bis wir die Summe von 1000 Synapsen aus der Gesamtheit von 10^{15} erreichen, um das Bild des Weihnachtsbaums zu »kodieren«. Auch wenn diese Hypothese nicht erklärt, wie das Bild entsteht und visualisiert wird, so liefert sie doch ein Modell der Kodierung eines Gegenstands oder einer Erfahrung in Form eines einzigartigen Musters synaptischer Bahnungen einer bestimmten Anzahl von Synapsen. Für einen anderen Gegenstand bzw. eine andere Erfahrung könnte ein anderes einzigartiges Muster synaptischer Bahnungen als neuronales Substrat der Repräsentation dienen. Die Möglichkeiten sind praktisch unbegrenzt, so wie unsere Erfahrungen!

Bestimmte neurobiologische Theorien der neuronalen Substrate von Repräsentationen schlagen vor, daß es Mengen von Neuronen gibt, bei denen spezifische synaptische Bahnungen stattfinden. Im Gefolge von Hebbs Hypothesen über Neuronenverbände[3] haben zahlreiche Arbeiten ein Modell der Struktur neuronaler Repräsentationen vorgeschlagen, die Teilen der äußeren Wirklichkeit entspricht.[4] Eine Ver-

3 Hebb, D.O., *The Organization of Behavior*, a.a.O.
4 McNaughton, B.L., »Long-term Potentiation, Cooperativity and Hebb's Cell Assemblies: A Personal History«, *Phil. Trans. R. Soc. Lond.* B, 358, 2003, S. 629-634.

sion dieser Theorie aus jüngerer Zeit, die auf Beobachtungen des visuellen Systems beruht, wurde von Wolf Singer vorgeschlagen: Demnach gäbe es dynamische Assoziationen auf der Ebene von Neuronenverbänden, die eine Menge besonderer Merkmale eines Gegenstands oder einer Erfahrung bestimmen. Mit anderen Worten, diese »Metarepräsentationen« wären durch die dynamische und zeitweise Assoziation von Neuronen konstituiert, die in funktionell kohärenten Verbänden organisiert sind.[5] Die synchrone, einige Millisekunden dauernde Aktivierung dieser Verbände würde in Beziehung zu besonderen Repräsentationen von Teilen der äußeren Wirklichkeit stehen. Aus dieser Vorstellung einer Synchronisierung der Aktivität dieser Neuronenverbände würde sich ergeben, daß die Mechanismen der Aufmerksamkeit diese Synchronisierung und damit die Repräsentation erleichtern würden.[6] Mit anderen Worten, die Repräsentation der äußeren Wirklichkeit wäre gewissermaßen in die gebahnten und verteilten Netze von Synapsen, die vorübergehend reaktiviert werden können, wie eine Landkarte eingezeichnet. Es gäbe also, um das Paradox etwas weiter zu treiben, keine Repräsentation, keine Erinnerung, die in einer

5 Singer, W., »Consciousness and the Structure of Neuronal Representations«, *Phil. Trans. R. Soc. Lond.* B, 353, 1998, S. 1829-1840; ders., »Synchrony, oscillations and relational codes«, in: Chalupa, L. M., Werner, J. S. (Hg.), *The Visual Neurosciences*, Bd. 2, Cambridge, MA, MIT Press, 2004, S. 1665-1668; Edelman, G. M., *Göttliche Luft, vernichtendes Feuer*, München, Piper, 1995.
6 Fuster, J. M., »Cortical Dynamics of Memory«, *Int. Jour. of Psychophysiology*, 35, 2000, S. 155-164.

einzelnen Synapse niedergelegt wäre, sondern ein Netz von gebahnten Synapsen, die dynamisch aktiviert werden, wobei diese synchrone Aktivierung einer Repräsentation einer spezifischen Erfahrung der Außenwelt entspräche.

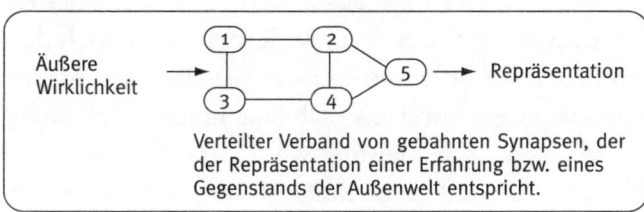

Abbildung 5.1: Verteilter Verband gebahnter Synapsen, die einer Metarepräsentation entsprechen.

Betrachten wir ein anderes Bild: Ein Wolkenkratzer bei Nacht, die Büros sind leer, die Fassade ist dunkel. Plötzlich wird ein Fenster nach dem anderen erleuchtet. Kleine erleuchtete Rechtecke durchbrechen die Finsternis. Zunächst scheint der Prozeß zufällig zu sein. Allmählich jedoch, da immer mehr Lichter aufleuchten, zeichnet sich eine Form ab und wird präziser. Plötzlich ist er da: Ein von Hunderten kleiner Lichter auf die Fassade des Wolkenkratzers gezeichneter Weihnachtsbaum erscheint; eine präzise Kodierung im Beleuchtungsmuster bestimmt einen Gegenstand, der einen Weihnachtsbaum repräsentiert. Natürlich »zeichnen« die gebahnten Synapsen im Gehirn keinen Weihnachtsbaum, wenn die Erinnerung im Bewußtsein erscheint. Dagegen ist es wahrscheinlich, daß ein Muster synchroner und präziser synaptischer Aktivität aktiviert wird, wenn die

Erinnerung an einen Weihnachtsbaum auftritt: Es gibt eine synaptische Kodierung der Repräsentation.

Anhand dieser synaptischen Mechanismen läßt sich einsehen, wie sich eine psychische Spur oder Repräsentation eines Gegenstands/Ereignisses oder einer Erfahrung bilden könnte. Kann man jedoch diesen Prozeß auf die unbewußten psychischen Spuren generalisieren, durch die sich eine innere unbewußte Wirklichkeit wie beispielsweise das Szenario der Phantasievorstellungen konstituieren würde, dessen Erforschung im Zentrum des psychoanalytischen Ansatzes steht?

Kehren wir zu Freuds Brief an Fließ vom 6. Dezember 1896[7] zurück, in dem Freud das Schema des psychischen Apparats erstmals skizziert. Auf der einen Seite des Schemas steht die Wahrnehmung; auf der anderen das Bewußtsein. Zwischen den beiden gibt es eine ganze Reihe von aufeinanderfolgenden Transkriptionen in Form von Erinnerungsspuren, die für Freud die unbewußten und vorbewußten Systeme bilden und die man als auf die synaptische Plastizität gegründete Gedächtnissysteme betrachten kann.

Zuerst findet also eine Wahrnehmung statt. Die erste Aufzeichnung, die erste Spur dieser Wahrnehmung ist Freud zufolge das Wahrnehmungszeichen (Wz), das gemäß der zeitlichen Koinzidenz (Gleichzeitigkeit) gebildet wird und zu »gleichzeitigen As-

---

7 Freud, S., »Brief 112 an Wilhelm Fließ vom 6. 12. 1896«, a.a.O., S. 217.

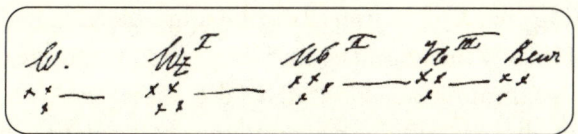

Abbildung 5.2: Freuds Schema in seinem Brief vom 6. 12. 1896, wo
er folgendes postuliert: eine erste Aufzeichnung (Spur), das Wahrnehmungszeichen (WZ) und sein Schicksal in Form von weiteren
Umschreibungen, die durch die verschiedenen Systeme des Unbewußten (Ub), dann des Vorbewußten (Vb) und schließlich des Bewußtseins erfolgen.

soziationen« führt.[8] Weiter oben haben wir gesehen
(Kapitel 4), daß die Koinzidenz von Reizen für die
Bildung einer dauerhaften Modifikation der synapti-
schen Wirksamkeit, d. h. einer synaptischen Spur, not-

8 Freud meint, daß das Wahrnehmungszeichen gar nicht in der Lage
ist, unbewußt zu werden. Dennoch kann man sich fragen, warum er
das in dieser ersten Formulierung behauptet. Die Frage ist um so
dringender, als das Modell des psychischen Apparats, das er in seiner zweiten Topik konstruiert (zu den verschiedenen Modellen des
psychischen Apparats siehe: Lacan, J., *Das Ich in der Theorie
Freuds und in der Technik der Psychoanalyse* (1954-1955), Olten
und Freiburg, Walter-Verlag, 1980, S. 138-256), enthält ein System
»Wahrnehmung-Bewußtsein« (W-B), das eine direkte Aufzeichnung der Wahrnehmung beinhaltet, die dem Bewußtsein zugänglich ist, auch wenn eines seiner Ziele die parallele unbewußte Aufzeichnung ist. Dieses zweite Ziel wird heute durch experimentelle
Befunde bestätigt, die die Verarbeitung der Sinnesmodalitäten
durch subkortikale Netze nachweisen, insbesondere Projektionen
vom Thalamus zur Amygdala, die auch eine nicht bewußte Verarbeitung der sensorischen Information beinhalten, wie vor allem die
Arbeiten von Joseph LeDoux gezeigt haben (vgl. LeDoux, J., *The
Emotional Brain*, a. a. O.). Die Beziehungen zwischen Wahrnehmung, Bewußtsein und Entscheidung und den Spuren, die in den
dem Bewußtsein nicht zugänglichen Systemen aufgezeichnet werden, werden im einzelnen im Kapitel 13 behandelt.

wendig ist. Wir hätten also zunächst die Erfahrung und ihre Wahrnehmung und dann Freud zufolge das Wahrnehmungszeichen, d. h. die erste psychische Spur, die man in Korrespondenz zur synaptischen Spur setzen kann (*Abb. 5.3*).

Aufgrund eines Ansatzes, der aus einer Gegenüberstellung der Psychoanalyse und der allgemeinen Sprachwissenschaft hervorgegangen ist, hat Lacan auf eindringliche Weise immer wieder betont, daß man dem Wahrnehmungszeichen seinen wahren Namen geben müsse, nämlich den des Signifikanten.[9] Wenn man dieser Logik folgt, würde der Signifikant einer Modifikation der synaptischen Wirksamkeit (bestimmter Synapsen) entsprechen, und zwar im Hinblick auf eine einzigartige, erlebte Erfahrung, die das Signifikat wäre. Wir können daher die Modifikation der synaptischen Wirksamkeit (die synaptische Spur im Sinne der Neurobiologie), das Wahrnehmungszeichen (die psychische Spur im Sinne Freuds) und den Signifikanten (im Sinne Lacans) auf dieselbe Ebene stellen. Diese drei Begriffe (Wahrnehmungszeichen, synaptische Spur und Signifikant) würden

---

9 »Wir aber können den *Wahrnehmungszeichen* sofort ihren richtigen Namen geben: Es sind *Signifikanten*.« Lacan, J., *Die vier Grundbegriffe der Psychoanalyse* (1964), 4. Aufl., Weinheim, Quadriga, 1996, S. 52.
Diese Angleichung des Wahrnehmungszeichens an den Signifikanten steht übrigens nicht allein. Zitieren wir noch als weiteres Beispiel: »Aber vergessen Sie nicht, wir haben es mit dem System der *Wahrnehmungszeichen* zu tun, d. h. mit dem ersten System von Signifikanten, mit der ursprünglichen Synchronie des Signifikantensystems.« Lacan, J., *Die Ethik der Psychoanalyse*, Weinheim, Quadriga, 1996, S. 82.

dann einem Signifikat entsprechen, das nichts anderes als die Wahrnehmung der Erfahrung der äußeren Wirklichkeit ist.

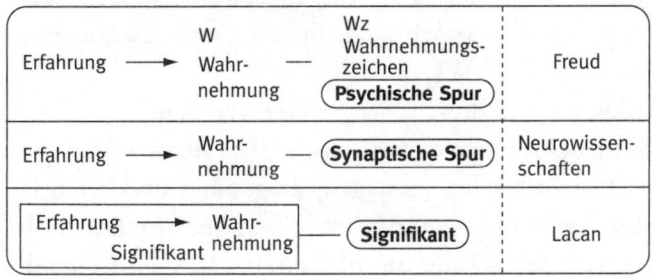

Abbildung 5.3: Konvergenz zwischen den Begriffen der psychischen Spur, der synaptischen Spur und des Signifikanten.

In der Sprachwissenschaft ist ein Signifikant eine Folge von Buchstaben, die in Beziehung zu einem Signifikat steht, sei es nun ein Gegenstand oder ein Ereignis (Erfahrung). Mit anderen Worten, ein Signifikant im sprachwissenschaftlichen Sinn ist direkt mit einem Signifikat assoziiert, das in der Erfahrung selbst besteht. Wenn nun dieser Signifikant der synaptischen Spur entspricht, wenn der Begriff der synaptischen Spur sich durch das Modell des synaptischen Bahnungsmusters darstellen läßt, das der Repräsentation einer Erfahrung entspricht (erinnern Sie sich an die Lichter des Wolkenkratzers), und wenn wir schließlich diese Überlegung weiter verfolgen und die Entsprechung zwischen Signifikant und synaptischer Spur beim Wort nehmen, dann ist es nicht ausgeschlossen, daß das Muster der synaptischen Bahnung (die Nummern der aktivierten Synapsen) das Äquivalent einer Folge von Buchstaben ist, die einen Signifikanten ausmachen.

Erfahrung und Sprache wären so an dieser grundlegenden Schnittstelle, die das Wahrnehmungszeichen oder die synaptische Spur ist, miteinander verbunden.

Wenn wir diesen Weg weiterverfolgen, wird das Wahrnehmungszeichen, das in der synaptischen Spur materialisiert ist, zum grundlegenden und wichtigsten Verbindungspunkt zwischen der Sprache in ihrer Gliederung der Signifikanten und dem Lebendigen. An dieser Stelle zeigt sich die ganze Bedeutung dessen, was die Eigentümlichkeit des Menschen als sprechendes Wesen ausmacht, d. h. als eines Wesens, das dem Signifikanten unterworfen ist, der über eine einfache Kodesprache hinausgeht.

Betrachten wir die Freudsche Konstruktion und richten wir unser Interesse nun auf das Schicksal des Wahrnehmungszeichens. Freud meint, daß dieses in weiteren Systemen umgeschrieben werden kann und so zu späteren Umschreibungen innerhalb des Unbewußten führt. Wenn diese Umschreibungen durch Mechanismen der synaptischen Plastizität erfolgen und entsprechend weitere Assoziationen eingerichtet werden – nach Freud »vielleicht entsprechend bestimmter Kausalbeziehungen«[10] –, stellen sie gewissermaßen sekundäre Spuren dar, die sich ihrerseits

---

10 Freud, S., »Brief 112 an Wilhelm Fließ vom 6. 12. 1896«, a. a. O., S. 218. Im Kapitel 14 werden wir der Frage nachgehen, was die Natur dieser Kausalität sein könnte.

untereinander assoziieren, um neue Spuren zu bilden.

Auf diese Weise wird der Schaltkreis zwischen Wahrnehmung, Gedächtnis und Bewußtsein mehrmals neu gespeist, und zwar entweder direkt von der Wahrnehmung oder von ihrer Reaktivierung durch die sukzessiven Umschreibungen des Wahrnehmungszeichens. Die wahrgenommene und dann aufgezeichnete Erfahrung wird so durch ein ganzes Spiel von Verbindungen und Assoziationen umgebildet und verformt. Dieser Prozeß führt zu etwas, was man im Sinne der Entgegensetzung von Wahrnehmung und äußerer Wirklichkeit etwas paradox »innerpsychische Wahrnehmung«[11] nennen könnte, d. h. eine innere unbewußte Wirklichkeit, die die Rolle einer Afferenz einnimmt und sich des Bewußtseinspols des psychischen Apparats bemächtigt.[12]

Für die Kombinationen von Aufzeichnungen und Umschreibungen gibt es keine Grenze. Betrachten wir beispielsweise eine Reihe von Wörtern, die mit der Episode der von Freud erlebten Hemmung am Ufer des Trasimener Sees assoziiert sind (siehe Kapitel 3), wie z. B. Trasimeno, Hannibal, Rom, Reise. Jeder dieser Signifikanten (jede dieser Buchstabenfolgen) ist mit einem Signifikat assoziiert, mit einer bestimmten äußeren Wirklichkeit, die dem Subjekt eigentümlich ist. Die Gesamtheit dieser Folge von Signifikanten kann aber auch ein neues Signifikat wachrufen – beispielsweise eine Kindheitserinnerung

11 Lacan, J., *Die Ethik der Psychoanalyse*, a.a.O., S.63.
12 Siehe Kapitel 9.

oder vielleicht auch eine Phantasievorstellung, die diese Art der Assoziation beinhaltet. Mit anderen Worten, diese Signifikanten – denen jeweils eine synaptische Spur entspricht (insofern diese Begriffe gespeichert wurden) – sind mit Signifikaten in der Wirklichkeit der Außenwelt assoziiert, aber zugleich kann jeder dieser Signifikanten mit anderen Signifikanten assoziiert werden, die von denselben Mechanismen produziert werden – Mütze, Bürgersteig, Jude –, um durch den Kontext zu neuen Signifikaten zu führen – beispielsweise zur Demütigung des Vaters oder zur akademischen Bloßstellung.[13] Ein solcher Assoziationsmechanismus zwischen Signifikanten, d. h. der Assoziation von (psychischen und synaptischen) Spuren, kann an der Bildung einer Phantasievorstellung im Unbewußten beteiligt sein – in diesem besonderen Fall konzentriert sie sich auf die Stellung des Sohnes gegenüber dem Vater –, und zwar in Abhängigkeit von verschiedenen Erfahrungen, die besonders belegt sind. Die Phantasievorstellung entsteht also, wie Freud im *Manuskript M* nahelegt, durch »eine unbewußte Zusammenfügung von Erlebnissen und Gehörtem nach gewissen Tendenzen«.[14] Im Ausgang von einem Signifikanten, der in der Wirklichkeit zu einem bestimmten Signifikat in Beziehung steht, kann durch die Assoziation mit anderen Signifikanten im Unbewußten ein neues Signifikat entstehen.

13 Hierin zeigt sich deutlich die Zäsur zwischen der äußeren Wirklichkeit und der unbewußten inneren Wirklichkeit!
14 Freud, S., »Manuskript M vom 25. 5. 1897«, a. a. O., S. 263.

Bleibt noch die Frage nach der Aufzeichnung. Auf der bewußten und kognitiven Ebene repräsentiert die Folge von Wörtern und Buchstaben zuverlässig die erlebte Erfahrung. Dagegen kann sich dieselbe Folge von Wörtern und Buchstaben auf der Ebene des Unbewußten mit anderen Spuren (anderen Signifikanten) assoziieren und sich zu einer Verkettung von Signifikanten organisieren, die einem neuen Signifikat entspricht, das nichts mehr mit dem in der Wirklichkeit wahrgenommenen Ereignis zu tun hat und das den eigentlichen Ort des Lebens der Phantasievorstellungen ausmacht. Dieses Leben stellt zugleich einen neuen Einfluß auf die Organisation des neuronalen Netzes dar. Mit anderen Worten, ein Signifikant, d. h. die synaptische Spur einer Erfahrung, kann mit anderen Signifikanten assoziiert werden, die aus anderen Erfahrungen hervorgegangen sind, und in einem neuen Signifikat resultieren, das nichts mehr mit den ursprünglich aufgezeichneten Signifikaten zu tun hat (*Abb. 5.4*).

Wenn die Metarepräsentation (siehe *Abb. 5.1*) einer Erfahrung nach der Theorie der Neuronenverbände der Herstellung einer synchronen Resonanz einer ganzen Reihe von Synapsen entspricht, an denen eine Bahnung stattfindet, dann wird eine Spur aufgezeichnet. Man könnte also die von den Wahrnehmungen hinterlassenen Spuren, die jeweils einem Signifikat der äußeren Wirklichkeit entsprechen, in eine Reihe von Spuren zerlegen, die in arbiträr repräsentierenden Neuronenverbänden aufgezeichnet und assoziiert sind. In unserem Schema (*Abb. 5.5*)

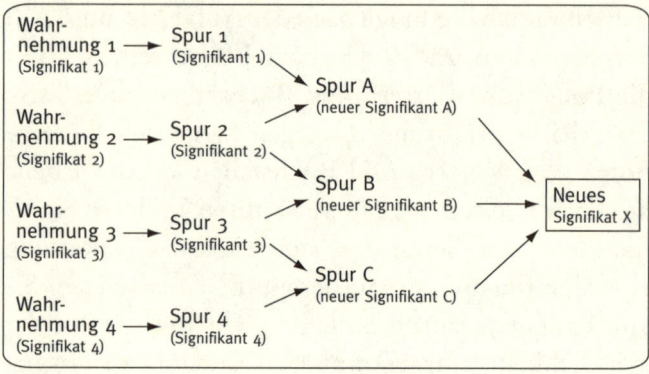

Abbildung 5.4: Jede Wahrnehmung (1, 2, 3, 4 . . .) wird in Form einer synaptischen Spur (oder eines Signifikanten 1, 2, 3, 4 . . .) aufgezeichnet. Bei diesem ersten Schritt entspricht jeder Signifikant einem Signifikat der äußeren Wirklichkeit. Durch die Mechanismen der synaptischen Plastizität können die primären Signifikanten miteinander assoziiert werden und in Form von neuen Spuren (oder Signifikanten A, B, C . . .) niedergelegt werden, die über den Umweg einer Kette von Signifikanten ein neues Signifikat X produzieren, das keine Entsprechung mit den Signifikaten der äußeren Wirklichkeit haben muß.

sind sie durch gefüllte Quadrate für die Spur 1, leere Quadrate für die Spur 2, leere Dreiecke für die Spur 3 und Kreise für die Spur 4 dargestellt. Durch die Mechanismen der Assoziation bilden sich neue Neuronenverbände, die aus der Assoziation dieser primären Spuren hervorgegangen sind und neue Signifikanten erzeugen – beispielsweise den Signifikanten A, der hier aus der Assoziation von Teilen der Spur 1 und der Spur 2 gebildet ist, was schematisch durch zwei gefüllte Quadrate und ein offenes Quadrat dargestellt wird. Dieser Prozeß kann auf andere Assoziationen von Spuren ausgedehnt werden, wodurch neue Signifikanten entstehen. Diese Kette von Signifikanten führt zu weiteren Assoziationen, die durch den Neuronenverband repräsentiert werden, der das neue Signifikat X darstellt.

Diese neuen Signifikanten sind unserer Ansicht nach Elemente des Szenarios von Phantasievorstellungen, die der inneren unbewußten Wirklichkeit jedes Subjekts angehören. Dieses Szenario kann mit der Furcht vor der äußeren Wirklichkeit interagieren, sie dadurch für das Subjekt rätselhaft werden lassen und sich seines Bewußtseins bemächtigen. Solche Kurzschlüsse gibt es im psychischen Leben häufig. Ein schlagendes Beispiel liefert Freud selbst mit Bezug auf das Vergessen des Namens »Signorelli«, worüber er in *Die Psychopathologie des Alltagslebens* berichtet.[15]

Freud reist also im Zug von Ragusa in Dalmatien zu einer Station in der Herzegowina. Unterwegs kommt das Gespräch mit seinem Abteilnachbarn auf Italien. Freud fragt diesen Mann, ob er schon in Orvieto gewesen sei und ob er die berühmten Fresken von . . . besucht habe! Freud erinnert sich nicht mehr an den Namen. Zwei Namen von Malern kommen ihm in den Sinn, nämlich Botticelli und Boltraffio. Es gelingt ihm jedoch nicht, sich an den Namen des Malers zu erinnern, der diese Fresken geschaffen hat (Signorelli).

15 Freud, S., »Vergessen von Eigennamen«, *Zur Psychopathologie des Alltagslebens* (1901), *Gesammelte Werke*, Bd. 4, a. a. O., S. 5-12. Siehe auch Freud, S., »Zum psychischen Mechanismus der Vergeßlichkeit« (1898), *Gesammelte Werke*, Bd. 1, a. a. O., S. 519-527.

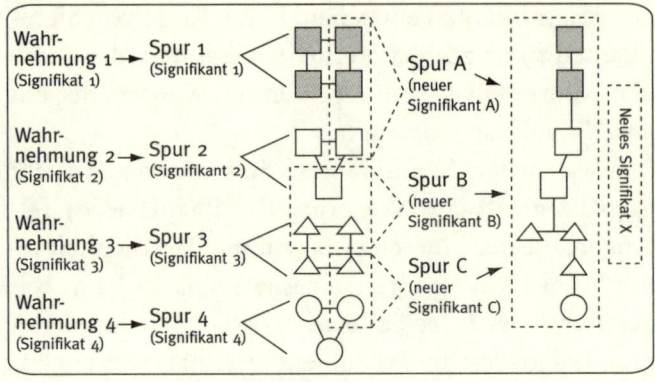

Abbildung 5.5: Schematische Darstellung der Assoziationen und weiterer Verknüpfungen zwischen bestimmten Teilen der ursprünglichen Spuren, die dadurch neue Verbände bilden, welche neuen Signifikanten entsprechen, deren Kombination ein neues Signifikat X (Metarepräsentation) ausmacht, das keine direkte Beziehung mehr mit den Signifikaten der äußeren Wirklichkeit hat, die in die ursprünglichen Spuren eingeprägt worden sind.

Freud führt dieses Vergessen auf die Wirkung einer Störung zurück, die vom Thema der vorhergehenden Unterhaltung ausging. Er hatte nämlich mit seinem Reisegefährten über die Sitten der Türken gesprochen, die in Bosnien und der Herzegowina leben. Ein Berufskollege hatte ihm gesagt, daß diese Leute volles Vertrauen in die Medizin hätten und angesichts des Todes völlig resigniert wären. Wenn man die Pflicht hat, ihnen anzukündigen, daß der Zustand einer nahestehenden Person hoffnungslos ist, antworten sie: »Herr, was ist da zu sagen? Ich weiß, wenn er zu retten wäre, hättest du ihn gerettet.«

Als er diese Geschichte erzählte, hatte Freud die Absicht, eine andere Anekdote anzuschließen, die ihm in Erinnerung war. Dieselben Türken aus Bosnien und der Herzegowina legen der sexuellen Lust einen außerordentlichen Wert bei. Wenn sie an sexuellen Störungen leiden, werden sie von einer Verzweiflung erfaßt, die in einem einzigartigen Gegensatz zu ihrer Resignation angesichts des Todes steht. Einer dieser Kranken erzählte eines Tages: »Du weißt doch, Herr, daß, wenn das nicht mehr funktioniert, das Leben keinen Wert mehr hat.« Freud hat jedoch Abstand davon genommen, dieses Thema gegenüber seinem Reisegefährten anzuschneiden. Gleichzeitig kam ihm durch Assoziation eine Idee in den Sinn, an die er nicht denken wollte. Er erinnerte sich, daß er vor einigen Wochen während eines kurzen Aufenthalts in Trafoi die Nachricht erhalten hatte, daß einer seiner Kranken, der ihm viel Verdruß bereitet hatte, sich selbst umgebracht hatte, weil er an einer unheilbaren sexuellen Störung litt. Unter dem Einfluß dieser Erinnerung brachte Freud den Namen der Stadt, in der er sich aufhielt, Trafoi, mit Boltraffio in Verbindung.

Auf diese Weise betrachtet, erscheint das Vergessen des Namens »Signorelli« nicht mehr wie ein zufälliges Ereignis. Freud erkennt darin die Wirkung von psychischen Motiven. Er erkennt, daß er etwas anderes als den Namen des Malers vergessen wollte; er wollte etwas vergessen, das mit dem Tod und der Sexualität zu tun hatte: den Selbstmord seines Patienten, der an Impotenz litt.

Die Ersetzung des Namens »Signorelli« vollzog sich wie durch eine Verschiebung entlang einer Reihe von anderen Namen, und zwar ohne Bezug auf den Sinn oder die akustische Abgrenzung der Silben. Die Assoziationskette – Signor, Herr, Herzegowina, Bosnien, Botticelli, Boltraffio und schließlich Trafoi – findet einen Sinn in einer anderen, unbewußten Szene. Diese andere Szene macht keinen Gebrauch von dem Wort als solchem, sondern nur von Fragmenten oder gar nur einigen Buchstaben – beispielsweise das »Bo« von »Bosnien«, das im »Bo« von Boltraffio wieder erscheint und das sich mit der Stadt Trafoi verbindet.

Die Funktion des Signifikanten gewinnt in diesem Beispiel die Oberhand über die des Signifikats. Freud will den Tod seines Patienten vergessen, vergißt aber in Wirklichkeit den Namen des Malers. Das Vergessen betrifft etwas anderes als das, was man vergessen

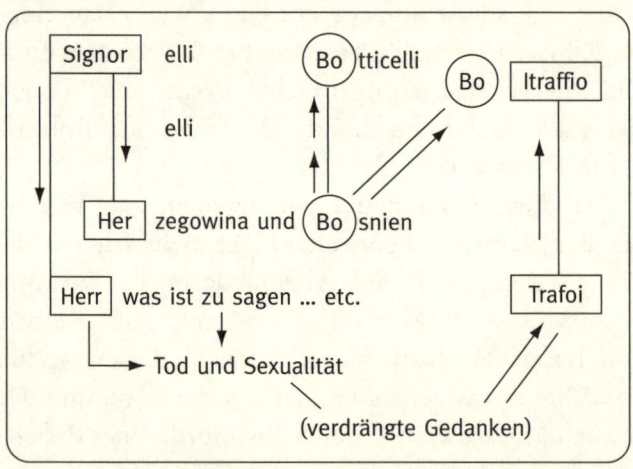

Abbildung 5.6: Von Freud vorgeschlagenes Schema, um den Mechanismus der Assoziationen aufzuklären, durch den sich das Vergessen des Namens »Signorelli« ereignete.

wollte. Der Signifikant, und sogar der Buchstabe, sprengen so die Problematik der Bedeutung, wenn man die Existenz jener anderen Szene des Unbewußten annimmt.

Wenn also das Gehirn wahrnimmt und Reize, die von der Außenwelt ausgehen, in Form von Spuren aufzeichnet, was zur Bildung einer psychischen Spur führt, dann kann es eine Entsprechung zwischen der Spur (dem Signifikanten) und der äußeren Wirklichkeit (dem Signifikat) geben, wobei der Signifikant dem Signifikat korrespondiert. Diese Entsprechung, die bewußter Natur ist und auf kognitiven Prozessen beruht, stellt die Grundlage dafür dar, daß wir uns an mehreren Punkten in der Wirklichkeit verankern können. Dagegen kann die ursprüngliche Aufzeichnung durch das Spiel sukzessiver Umschreibungen den Bereich des Bewußtseins verlassen und zu einem konstitutiven Bestandteil der psychischen Wirklichkeit in Form einer unbewußten Repräsentation werden. Der erste Teil des Prozesses entspricht der Aufzeichnung äußerer Wahrnehmungen in neuronalen Schaltkreisen durch die Mechanismen der Plastizität, der zweite Teil besteht in der Tatsache einer neuen Umschreibung, die ohne direkten Bezug zur äußeren Wirklichkeit aufgezeichnet wird und die ein erzeugtes Element einer psychischen Wirklichkeit darstellt, das von der äußeren Wirklichkeit abgeschnitten ist.[16]

16 Auf diese Weise kann die äußere Wirklichkeit als solche unzugänglich werden, was mit dem übereinstimmt, was Freud über die für immer unerkennbare Wirklichkeit sagt. Freud, S., »Abriß der Psychoanalyse« (1938), *Gesammelte Werke*, Bd. 17, a. a. O., S. 127.

Die erste Phase ist im Prinzip bewußt; sie liegt dem Lernen und der Bildung bewußter und abrufbarer Erinnerungen zugrunde; die zweite trägt aufgrund der Konstruktion von Phantasievorstellungen zur Bildung einer inneren unbewußten Wirklichkeit bei. Wenn wir zu Freuds Beispiel zurückkehren, so führt der Druck dessen, was er über den Tod seines Patienten nicht wissen will, zu einer Reihe von Assoziationen, die ihm dieses Wissen vorenthalten, während zugleich eine Verbindung über den Umweg einer Verkettung von Signifikanten bewahrt wird.[17]

Es bleibt jedoch die Frage, was diese Assoziationen von Signifikanten steuert und wie die Spuren sich miteinander assoziieren können, um neue Spuren hervorzubringen.

---

17 Die Traumdeutung erfolgt notwendigerweise durch die Berücksichtigung jener Ketten von Signifikanten, die keine konventionelle Beziehung zu den Signifikaten haben, sondern die manchmal den Rückgang von der psychischen Wirklichkeit zur erlebten Erfahrung gestatten, die der Wirklichkeit entspricht, und zwar über die Konstruktion und Dekonstruktion einer inneren unbewußten Wirklichkeit.

Kapitel 6
Claire und der Papst
Wahrnehmungen und Emotionen

Stellen wir uns vor, Sie erinnerten sich an eine Landschaft, die Ihnen teuer ist und deren Evokation Sie in einen Zustand großer Ausgeglichenheit versetzt, beispielsweise das Bild jener schönen, grünenden toskanischen Hügel, wo Zypressen, Olivenbäume und Weinberge ein weiches, grünes Tuch bis zum Horizont weben. Ausgerüstet mit dieser Erinnerung und dem Eindruck, den sie Ihnen verschafft, werden wir versuchen, die Gehirnprozesse, die zur Bildung von Repräsentationen wachgerufen werden – die entweder bewußt erinnert werden können oder als Phantasievorstellungen unbewußt sind –, mit somatischen Zuständen in Verbindung zu bringen, die zu der Emotion gehören, die mit diesen Repräsentationen verbunden ist. Was für eine Rolle soll der Körper bei alldem spielen, fragen Sie? Eine größere, als es zunächst den Anschein hat.

Unser Gehirn verfügt in jedem Moment über verschiedene Informationsquellen. Zunächst gibt es die Wahrnehmung der äußeren Wirklichkeit, die die sensorischen Systeme aktiviert (den Tastsinn, den Gesichtssinn, das Gehör etc.) und damit eine Information für das Bewußtsein bereitstellt. Diese äußere Reizung kann jedoch auch die innere unbewußte Realität aktivieren, die sich mittels der jedem Subjekt eigentümlichen Mechanismen der Plastizität gebildet hat, und zwar über die von diesem Subjekt erlebte äußere Wirklichkeit hinaus. Diese innere unbewußte Realität, die sich in Szenarien von Phantasievorstellungen organisieren kann, ordnet auf neue und andere Weise die Repräsentationen an, die aus der Wahrnehmung behalten worden sind, und zwar ohne direkten Bezug zu den Reizen der äußeren Wirklichkeit. Diese Repräsentationen können also durch eine Reizung ins Bewußtsein gerufen werden, die von der Außenwelt kommt und »unmittelbar« erlebt wird. Schließlich können sie durch einen willkürlichen oder unwillkürlichen Prozeß ohne relevante äußere Reizung reaktiviert werden.

Stellen wir uns vor, daß Sie bei einem Ihrer Bekannten ein Zimmer betreten. Sie betrachten die Möbel, die Nippsachen, die Gemälde. Sie riechen den Duft der Rosen, die in einer großen Vase in der Mitte des Tisches stehen. Sie hören die Töne eines Klaviers, auf dem jemand im Nebenzimmer spielt. Nun bleibt die Zeit stehen, Sie haben ein augenblickliches Bild der Situation, das sich dank Ihrer sensorischen Systeme konkretisiert. Aber nun wird auch eine Reihe von Bildern, die in Ihren Gedächtnissystemen gespeichert ist, reaktiviert und in Ihr Bewußtsein gerufen. Die Gemälde im Zimmer erinnern Sie an eine Ausstellung, die Sie kürzlich besucht haben. Die Rosen erinnern Sie an eine Liebschaft aus Ihrer Jugend . . . Sie erinnern Sie an Claire, daran, wie schön sie war und wie sehr sie Rosen liebte! Daran knüpft sich das Bild der Piazza di Spagna in Rom, wo Sie ein zärtliches Wochenende mit Claire verbracht haben.

Rom, Michelangelo, der Vatikan, der Papst … Der Papst ist schwer krank, die Parkinsonsche Krankheit: Das führt zur Erinnerung an den letzten Antrag auf Mittel, den Sie bis Mittwoch stellen müssen und der sich auf eine neue Hypothese bezüglich der Mechanismen neurodegenerativer Krankheiten wie die Parkinsonsche Krankheit bezieht … Die Bilder beschleunigen sich schon in Ihrem Geist, als plötzlich die Gattin Ihres Freundes das Zimmer betritt: »Guten Tag, wie geht es dir?« Sie kommen in die Gegenwart zurück; augenblicklich sind Ihre sensorischen Systeme wieder aktiv – Gesichtssinn, Gehör, Geruchssinn. Erneut sind Sie in unmittelbarem Kontakt mit der Sie umgebenden Welt. Unser Leben ist in gewissem Sinne ein ständiges Kommen und Gehen zwischen dem Augenblick (wo die primären sensorischen Systeme aktiv sind) und dem Aufrufen von Vorstellungen (wo die Gedächtnissysteme aktiv sind). Sie können diese Mechanismen, die die Folge von Repräsentationen aktivieren, auch willentlich ohne äußere Reizung auslösen. Genau das haben wir getan, indem wir die vorangehenden Zeilen schrieben …

Das Aufrufen von Vorstellungen ist jedoch noch nicht alles. Die Wahrnehmung und das Ins-Bewußtsein-Rufen von Vorstellungen wird noch von einem anderen Phänomen begleitet, nämlich von den beteiligten Emotionen, von Empfindungen, die parallel zu ihrer Repräsentation in Form dessen bewahrt werden, was Antonio Damasio[1] die somatischen Marker

1 Damasio, A. R., *Descartes' Irrtum*, a. a. O., S. 227-273.

nennt – gewissermaßen ein Gedächtnis des Körpers. Wenn Sie das Bild Ihrer ehemaligen Freundin Claire und des wonnevollen Wochenendes in Rom wachrufen, ist mit diesen Bildern ein sehr angenehmes Gefühl verbunden; man könnte dieses Gefühl als eine Emotion charakterisieren, die Emotion der Liebe. Umgekehrt, wenn das Bild der Verzögerung der Antragstellung auf Subvention wieder auftaucht, werden Sie von einem Gefühl der Angst überwältigt, von einer allgemeinen unangenehmen Spannung.

Indem Sie entweder das angenehme Gefühl empfinden, das mit dem Bild von Claire verbunden ist, oder das ganz und gar unangenehme, das dem Antrag auf finanzielle Mittel entspricht, werden Sie bemerken, wenn Sie aufmerksam sind, daß das Bild auch mit mehr oder weniger wahrnehmbaren Empfindungen Ihres Körpers assoziiert ist. Das Bild von Claire wird wahrscheinlich eine starke Empfindung in Bauchnähe hervorrufen, die mit der Emotion verknüpft ist, oder gar in Ihren Genitalien. Wenn Sie Ihren Blutdruck oder den Herzrhythmus messen würden, könnten Sie eine Erhöhung feststellen. Genauso ist das Gefühl der Angst, das mit der Erinnerung an die Frist für die Antragstellung auf Subvention verbunden ist, von somatischen Manifestationen begleitet: etwa erhöhtem Herzrhythmus und Ausdünstung der Haut. Wir sind uns der somatischen Zustände oftmals nicht bewußt, die entweder mit dem Wachrufen einer Vorstellung oder mit einer Wahrnehmung assoziiert sind. Man kann jedoch darauf wetten, daß, wenn Claire plötzlich in dem Zimmer erscheinen würde, ihr Anblick noch stärkere somatische Reaktionen hervorrufen würde als diejenigen, die durch die Vorstellung ihres Bildes aktiviert werden. Der englische Philosoph David Hume behauptete, daß die Bilder, die wir uns durch die Erinnerung zu Bewußtsein bringen, »schwächer« sind als diejenigen, die unmittelbar von der Wahrnehmung erzeugt werden.[2] Dasselbe könnte für die assoziierten somatischen Reaktionen gelten.

Es gibt also somatische Zustände, die mit einer Wahrnehmung oder einer Vorstellung assoziiert sind. Der amerikanische Psychologe William James hatte schon am Ende des 19. Jahrhunderts einen für die damalige Zeit sehr provokanten Standpunkt vertreten. Ein aus der Außenwelt kommender Reiz würde durch die Aktivierung des betreffenden sensorischen Systems nicht nur eine Wahrnehmung auslösen, sondern sei auch mit einer somatischen Reaktion verbunden (z. B. Änderung des Herzrhythmus), und das gleichzeitige Auftreten eines äußeren Reizes und eines assoziierten somatischen Zustands sei gerade die Grundlage für die Wahrnehmung einer Emotion. James gibt einige sehr sprechende Beispiele: »Welche Empfindung der Angst würde übrigbleiben, wenn man weder den beschleunigten Herzschlag noch den kurzen Atem, noch die zitternden Lippen, noch die schwachen Glieder, noch ein Übelkeitsgefühl im Bauch spüren könnte? Für mich ist eine solche Vorstellung unmöglich: Können wir uns den Zorn ohne

2 Damasio, A. R., ebd.

Kochen in der Brust, ohne Rötung des Gesichts, ohne Weitung der Nasenflügel, ohne Zucken der Kieferknochen, ohne angedeutete lebhafte Bewegungen und statt dessen schlaffe Muskeln, eine ruhige Atmung und ein sanftmütiges Gesicht vorstellen?«[3]

Stellen wir uns nun die Frage nach dem Mechanismus, durch den eine Wahrnehmung oder das Abrufen einer Vorstellung sich mit einem bestimmten somatischen Zustand assoziieren kann. Das Gehirn besitzt eine Reihe von neuronalen Schaltkreisen, die man unter dem Begriff von »Umwandlern« der Wahrnehmung (oder des wachgerufenen Bildes) in Emotionen fassen kann. Eine Hirnregion spielt vor allem diese Rolle: Es handelt sich um die Amygdala,[4] eine Struktur, die sich auf der Innenseite des Temporallappens befindet (im seitlichen Teil des Gehirns, siehe *Abb. 6.1*) und Afferenzen von den primären sensorischen Systemen empfängt (Sehen, Hören, Riechen). Mit anderen Worten, ein Geräusch, der Anblick eines Gegenstands, ein Geruch sind in der Lage, bestimmte Neuronen der Amygdala zu aktivieren, insbesondere diejenigen, die im basolateralen Teil lokalisiert sind (*Abb. 6.1*). Die Neuronen dieser Unterregion der Amygdala sind unter anderem mit bestimmten Neuronen einer weiteren Unterregion der Amygdala, nämlich mit dem Zentralkern verbun-

---

3 James, W., *Principles of Psychology* (1890), a. a. O. Zitiert bei Damasio, A. R., *Descartes' Irrtum*, a. a. O.

4 Aggleton, J. P. (Hg.), *The Amygdala. A Functional Analysis*, School of Psychology, Cardiff University, UK, Oxford University Press, 2000.

den, die massiv in Hirnregionen projizieren, die insbesondere das neurovegetative System steuern.

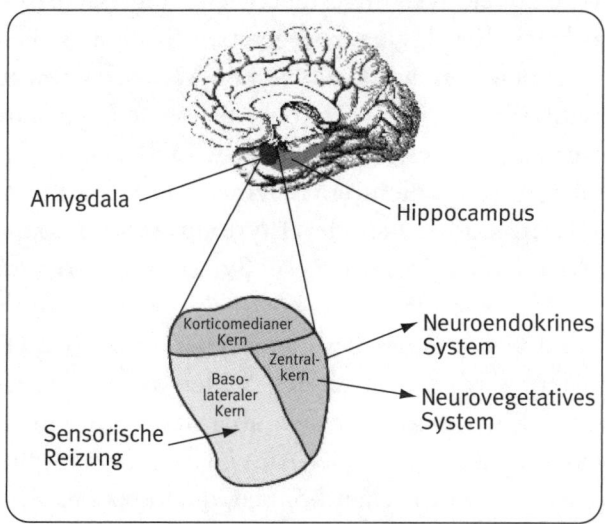

Abbildung 6.1: Neuronale Schaltkreise der Amygdala.
Die Amygdala empfängt sensorische Informationen und verknüpft sie mit den neuroendokrinen und neurovegetativen Systemen, die einen bestimmten somatischen Zustand festlegen.

Nun besteht allerdings das neurovegetative (parasympathische und sympathische) System selbst aus neuronalen Schaltkreisen, die auf sehr wirksame Weise unsere inneren Organe und unser Hormonsystem steuern. Mit anderen Worten, der Herzrhythmus, der Blutdruck, das Schwitzen, die Freisetzung aller Arten von Hormonen (z. B. von Insulin, das seinerseits den Glucoseanteil im Blut reguliert), die Magensekretion und die Darmperistaltik – kurz, alle Mechanismen, die einem Organismus die Aufrechterhaltung eines physiologischen Zustands, eines Zustands der Homöostase gestatten – werden vom neurovegetativen System gesteuert. Der angelsächsische Ausdruck für das neurovegetative System ist sehr bezeichnend: es wird *autonomes Nervensystem* genannt. Der Begriff »autonom« bringt sehr gut zum Ausdruck, daß es nicht unter der Willenskontrolle steht (falls man nicht ein Yogi ist, der seine Darmperistaltik und seinen Herzrhythmus steuern kann). In Wirklichkeit ist aber dieses System nicht so autonom. Man könnte eher sagen, daß es »automatisch« ist, und zwar insofern es von Reizen der Außenwelt aktiviert wird, die durch den Willen nicht gesteuert werden können und die sich über den Umweg neuronaler Schaltkreise in der Amygdala in somatischen Reaktionen ausdrücken können, die unter der Kontrolle des neurovegetativen Systems stehen.

Nun haben wir also bestimmte Mechanismen besprochen, die die Assoziation eines äußeren Reizes und eines somatischen Zustands ermöglichen. Dieselben Mechanismen der Umwandlung in der Amygdala werden für die ins Bewußtsein gerufenen Vorstellungen verwendet. Wenn Sie also vorhin an Claire gedacht haben und durch diesen glücklichen Gedanken somatische Reaktionen ausgelöst wurden, dann spielte die Amygdala die Rolle des Umwandlers zwischen dem vorgestellten Bild und dem somatischen Zustand. Hier scheint es so, als spielte der präfrontale Kortex die Rolle eines Aktivators der Amygdala, insofern diese Hirnregion an der vorübergehenden Bildung von Repräsentationen (Arbeitsgedächtnis, siehe Kapitel 13) beteiligt ist: Der präfrontale Kortex (insbesondere der mediane und ventrale Teil), der ebenfalls Projektionen zum Eingangstor der Amygdala hat, nämlich zum basolateralen Kern,[5] wird also dieselbe neuronale Folge aktivieren und dadurch das neurovegetative System ins Spiel bringen.

Gleichwohl ist das neurovegetative System nicht der einzige Faktor, der eine Modifikation des somatischen Zustands gestattet. Eine andere Modalität, durch die die inneren Organe und Drüsen unseres Körpers gesteuert werden, ist das endokrine System. Dieses System trägt nämlich ebenfalls zur Homöostase des Organismus bei. Auch in diesem Fall spielt die Amygdala die Rolle eines Umwandlers: ein anderer Amygdalakern, der kortikomediane Kern, projiziert auf den Hypothalamus, der die zentrale Kontrollstation des endokrinen Systems ist und der von der Hypophyse aus die Absonderung von Hormonen steuert, die auf verschiedene Organe unseres Körpers einwirken. Die Amygdala beeinflußt also entweder auf neuronalem Weg über das neurovegetative System oder auf endokrinem Weg über den Hypothalamus und die Hypophyse den somatischen Zustand im Zusammenhang mit einer Wahrnehmung oder mit dem Wachrufen einer Vorstellung.[6]

In dem Stadium, in dem wir uns nun befinden, muß das Gehirn aber noch den somatischen Zustand

---

5 McDonald, A.J., »Cortical Pathway to the Mammalian Amygdala«, *Progress in Neurobiology*, 55, 1998, S. 257-332.
6 Brodal, P., *The Central Nervous System. Structure and Function*, New York, Oxford, Oxford University Press, 1992, S. 386-388.

»lesen« können, in dem die Person sich im Anschluß an eine Wahrnehmung oder das Wachrufen einer Vorstellung befindet. Antonio Damasio hat insbesondere auf der Grundlage subtiler klinischer Beobachtungen die Bestimmung der Hirnregionen geleistet, die in jedem Augenblick den Zustand unseres Organismus registrieren. Dabei handelt es sich vor allem um bestimmte Zonen des sensorischen parietalen Kortex, insbesondere um die Region der Insula.[7] In jedem Augenblick »fotografieren« diese sensorischen Regionen »unmittelbar« den somatischen Zustand. Man hat den Ausdruck »interozeptive Bahnen« verwendet, um diese neuronalen Schaltkreise zu beschreiben, die Informationen aus dem Inneren unseres Körpers transportieren, im Gegensatz zu den »exterozeptiven Bahnen«, wie den visuellen, auditorischen oder olfaktorischen Systemen, die uns den Zustand der uns umgebenden Welt zu registrieren gestatten. Von der Insula aus (*Abb. 13.1*) projizieren die Schaltkreise der Interozeption zu den Regionen des präfrontalen, medianen und lateralen Kortex.

Auf diese Weise wird der Kreis geschlossen, und man kann einen Schaltkreis beschreiben, der zur Assoziation einer Wahrnehmung der äußeren Welt (oder einer Erinnerungsvorstellung) mit der Wahrnehmung eines entsprechenden somatischen Zustands führt. Gehen wir das Ganze noch einmal durch. Die Amygdala wird von primären sensorischen Schaltkreisen aktiviert; sie modifiziert den so-

7 Damasio, A.R., »Feelings of Emotion and the Self«, *Ann. N. Y. Acad. Sci.*, 1001, 2003, S. 253-261.

matischen Zustand mit Hilfe der neurovegetativen und neuroendokrinen Systeme; der neue somatische Zustand wird von der Insula und von den Hirnregionen registriert, die auf die zirkulierenden Hormone reagieren: Dadurch kann die Assoziation der äußeren Wahrnehmung (oder eines vorgestellten Bildes) mit einem somatischen Zustand hergestellt werden (*Abb. 6.2*).[8]

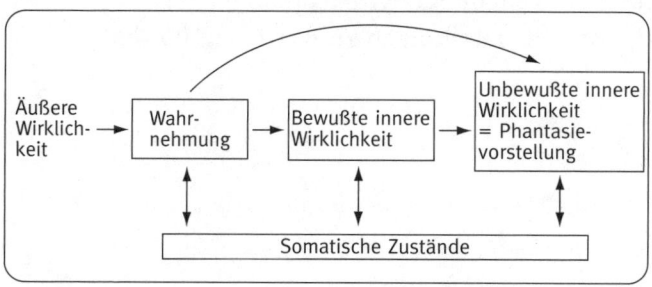

Abbildung 6.2: Assoziation somatischer Zustände mit der Wahrnehmung und ihren verschiedenen bewußten und unbewußten Aufzeichnungen.

Wir können hier die schon entwickelte Analogie zur Sprache wiederaufnehmen, indem wir berücksichtigen, daß ein bestimmter somatischer Zustand mit dem Signifikanten einer Wahrnehmung der äußeren Wirklichkeit oder mit einem vorgestellten Bild assoziiert werden kann; oder wir können wie Damasio den Ausdruck des »Qualifizierenden« für den körperlichen Zustand verwenden, der mit einer Wahr-

8 Craig, A.D., »How Do You Feel? Interoception: The Sense of the Physiological Condition of the Body«, *Nature Reviews Neuroscience*, 3, 2002, S. 655-666.

nehmung einhergeht, um auszudrücken, daß er mit etwas »Qualifiziertem« assoziiert ist, beispielsweise mit dem Gesicht, das eine bestimmte Emotion auslöst.[9]

Man könnte auch postulieren, daß sich dieser somatische Zustand mit einer Spur der Erfahrung assoziieren kann und auf diese Weise sein Schicksal in den Abläufen der unbewußten inneren Realität prägt, um ein integraler Bestandteil des Prozesses der Phantasievorstellungen zu werden (*Abb. 6.2*).

9 Damasio, A. R., *Descartes' Irrtum*, a. a. O.

Kapitel 7
Die Milch und das Geräusch der Tür
Psychische Spuren und somatische Zustände

Kehren wir zum Prozeß der Aufzeichnung einer Wahrnehmung zurück. Wie wir im Kapitel 5 gezeigt haben, hinterläßt eine Wahrnehmung der Außenwelt eine Spur, die wir Wahrnehmungszeichen oder Signifikant genannt haben. In einem nachfolgenden Prozeß kann eine weitere Wahrnehmung eine weitere Spur hinterlassen, d.h. ein weiteres Wahrnehmungszeichen, also einen weiteren Signifikanten. Diese beiden primären Spuren können sich später assoziieren und zu einer neuen Spur führen, die durch die Wirkung dieser Assoziation erzeugt wird. Aus dieser Neuanordnung ergibt sich ein neuer Signifikant. Um unser Schema wiederaufzunehmen (*Abb. 5.4*), hinterläßt eine Wahrnehmung 1 eine Spur 1 oder einen Signifikanten 1, während die Wahrnehmung das Signifikat ist; eine Wahrnehmung 2 (Signifikat 2) hinterläßt eine Spur 2 oder einen Signifikanten 2 etc. In der Folge des Prozesses kann eine Assoziation zwischen der Spur 1 und der Spur 2 hergestellt werden, also zwischen zwei ursprünglichen Signifikanten (den Signifikanten 1 und 2), und eine neue Spur A erzeugen, d.h. einen neuen Signifikanten. Wir postulieren nun, daß diese neue Spur, die aus der Assoziation der beiden ursprünglichen Spuren hervorgeht, eine Entfernung von der ursprünglichen Wahrnehmung (vom Signifikat) darstellt und daß durch diesen Umschreibungsprozeß der im Ausgang von den beiden ursprünglichen Signifikanten neu konstituierte Signifikant nicht mehr in direktem Zusammenhang mit dem Signifikat steht, das der äußeren Wirklichkeit entspricht. Dieser Prozeß setzt sich fort von Assoziation zu Assoziation, um beispielsweise die Spur X, d. h. den Signifikanten X, zu bilden.

Wie wird nun der somatische Zustand mit dieser neuen Datenmenge verbunden (*Abb. 7.1*)? Wenn es richtig ist, daß eine bestimmte Wahrnehmung, die eine bestimmte Spur hinterläßt, mit einem bestimmten somatischen Zustand assoziiert werden kann, etwa daß die Wahrnehmung 2, die die Spur 2 hinterläßt, mit einem somatischen Zustand S assoziiert wird und diese Spur sich mit anderen assoziiert, um neue Spuren zu bilden, die zur Spur X führen, d. h. zu einem Signifikanten, der überhaupt nicht mehr dem ursprünglichen Signifikat entspricht, dann folgt, daß der somatische Zustand S, der ursprünglich mit der Spur 2 assoziiert war, jetzt mit den neugebildeten Spuren assoziiert ist, und zwar bis zur Spur X, die nun zu XS wird, wobei letztere eines der Elemente eines unbewußten Szenarios von Phantasievorstellungen darstellt. Wir können ebenfalls folgern, daß der somatische Zustand Spuren markiert, die auf Anhieb unbewußt sind (Spur 3). Durch die Gesamtheit dieser Mechanismen wird der somatische Zustand folglich wie ein Marker die ganze Assoziationskette entlang transportiert, die zu einem der Bestandteile der inneren unbewußten Realität führt. Der somatische Zustand wird so am Ende der Kette mit einer Spur assoziiert, die keine direkte Beziehung mehr mit derjenigen Spur hat, die aus der Wahrnehmung der äußeren Wirklichkeit hervorgegangen ist.

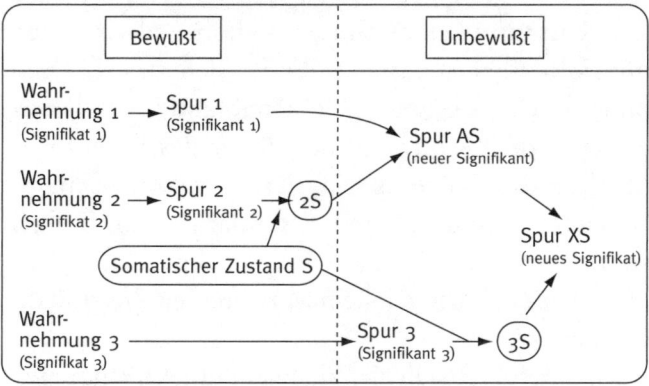

Abbildung 7.1: Dieses Schema enthält den Vorschlag, daß ein bestimmter somatischer Zustand S sich mit einer ursprünglich bewußten Spur assoziieren kann (Spur 2). Diese somatische Markierung der primären Spur wird entlang der ganzen Assoziationskette von Signifikanten transportiert, um mit einer unbewußten Spur (Spur XS) assoziiert zu werden, die aus Umschreibungen und sukzessiven Assoziationen hervorgeht.
Man könnte sich vorstellen, daß dasselbe Phänomen auch bei unmittelbar unbewußten Spuren auftritt (wie Spur 3 in unserem Schema, die so zu 3S werden würde . . .).

Betrachten wir ein einfaches Beispiel, um diese Assoziationen zwischen einem somatischen Zustand und der Wahrnehmung zu illustrieren: Wenn ein Säugling unter der Spannung von Hunger und Durst steht, erlebt er einen markierten somatischen Zustand der Hilflosigkeit, den die Brust der Mutter stillen kann (was Freud als Urerlebnis der Befriedigung auffaßt). Vom somatischen Standpunkt aus betrachtet, ist der

Glucosespiegel niedrig (Hypoglykämie), denn die Energiereserven wurden verbraucht. Der Säugling hat Durst, was biologisch gesehen einer Hyperosmolarität seines Plasmas entspricht, d. h., die Salzkonzentration seines Blutes ist höher als in einem physiologischen Zustand: Er ist dehydriert. Diese biologischen Variablen, Glykämie und Osmolarität, werden vom Gehirn auf der Ebene des Hypothalamus registriert, wo spezialisierte Neuronen, die jeweils für Glykämie und Osmolarität empfindlich sind, aktiviert werden.[1] Wie wir gesehen haben, »liest« das Gehirn in jedem Moment den Zustand des Körpers.

Man befindet sich also in einem objektiven, präzisen somatischen Zustand, der durch eine Hypoglykämie und eine Hyperosmolarität des Plasmas gekennzeichnet ist, die vom Gehirn registriert werden. Diese Störung der Homöostase könnte dem von Freud beschriebenen Zustand der Hilflosigkeit des Säuglings entsprechen.[2] Der Säugling erlebt diese Spannung als unangenehm, was er beispielsweise durch Schreien zum Ausdruck bringt. Dieses Schreien wird nun aber vom Kind wahrgenommen: Es bringt es hervor, und es hört es auch. Es handelt sich also im Grunde um eine Wahrnehmung: eine Wahrnehmung der äußeren Wirklichkeit. Wir befinden uns hier in

---

1 Koizumi, K., »The Role of the Hypothalamus in Neuroendocrinology«, in: R. Greger, U. Windhorst (Hg.), *Comprehensive Human Physiology*, Berlin-Heidelberg, Springer, 1996, S. 379-402.

2 Freud, S., »Hemmung, Symptom und Angst« (1926), *Gesammelte Werke*, Bd. 14, Kap VIII, a. a. O., S. 168.

einer prototypischen Situation eines somatischen Zustands (Hypoglykämie, Hyperosmolarität), die mit einer Wahrnehmung der Außenwelt assoziiert ist (mit dem Schreien). Auf dieses Schreien reagiert eine andere Person.[3] Die Mutter nähert sich dem Kind und gibt ihm die Brust, Quelle von Glucose, anderen energiehaltigen Substanzen und von Flüssigkeit. Dieser Akt, der bei gleichzeitiger beharrlicher Unlust stattfindet, welche an einen bestimmten somatischen Zustand gekoppelt ist, stellt schnell die physiologischen Werte der Glykämie und der Osmolarität wieder her. Diese Verkettung führt zur Abfuhr der Spannung, die mit diesem somatischen Zustand der Unlust verknüpft ist (*Abb. 7.2*). Auf die Unlust folgt die Lust: Das ist das berühmte Befriedigungserlebnis, das von Freud im *Entwurf* beschrieben wird.[4] Im Anschluß an die spezifische Handlung des anderen (die sich in der Gleichzeitigkeit vollzieht), gelangt der Säugling von einem Zustand der Hilflosigkeit somatischen Ursprungs in einen Zustand des Wohlbefindens, den Freud mit dem Begriff der Lust verbindet. Auf dieser Grundlage findet die Aufzeichnung der Erfahrung mittels der Mechanismen der Plastizität statt.

Man könnte hier sagen, daß der somatische Zu-

---

3 Dieser andere, den Freud als *Nebenmenschen* bezeichnet, diese äußere Unterstützung, die die spezifische Handlung einer informierten Person darstellt, um die Ausführungen Freuds in seinem Abschnitt über die Erfahrung der Befriedigung zu paraphrasieren. Freud, S., »Entwurf einer Psychologie« (1895), *Aus den Anfängen der Psychoanalyse*, a.a.O., S. 326.

4 Freud, S., »Entwurf einer wissenschaftlichen Psychologie«, ebd.

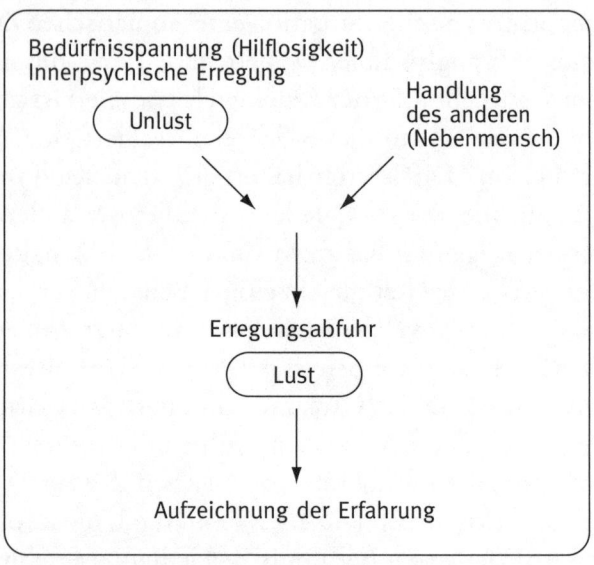

Abbildung 7.2: Befriedigungserlebnis.
Die Unlust, die aus der inneren Erregung hervorgeht und beispielsweise an eine Bedürfnisspannung gebunden ist, stürzt den Säugling in einen Zustand der Hilflosigkeit. Allein der andere (Neben-
mensch) gestattet durch eine spezifische Handlung in der Gleichzeitigkeit die Abfuhr der Spannung und das Erlebnis der Befriedigung, woraus die Aufzeichnung der Erfahrung resultiert.

stand des Kindes einen vitalen Trieb erzeugt, der sich
im Schreien auflöst. Dieses Schreien ist an sich ein
biologisches Schreien und hat in diesem Stadium
noch keine psychische Intentionalität, also keine bestimmte Bedeutung. Es löst aber eine Handlung der
anderen Person aus, die Erleichterung verschafft.
Auf diese Weise entsteht eine erste gleichzeitige[5] As-

5 Die spezifische Handlung, die nahezu gleichzeitig – in der *Gleichzeitigkeit* – vollzogen wird, stellt für Freud »die Grundlage aller

soziation zwischen drei Wahrnehmungen: der Wahrnehmung des gestörten somatischen Zustands; der Wahrnehmung des Schreiens; und schließlich der Wahrnehmung der Erleichterung, die auf die warme und wohltuende Flüssigkeit aus der Mutterbrust zurückgeht.

Durch die Mechanismen der Plastizität entsteht nun eine Spur, die zu einer zwar jetzt noch unbewußten, aber doch vorhandenen Erinnerungsspur wird. In den Begriffen ausgedrückt, die wir weiter oben verwendet haben, bildet sich eine neue Spur, indem zwei primäre Signifikanten assoziiert werden, in unserem Beispiel das Wahrnehmungssignal des Schreiens und das Wahrnehmungszeichen der dargebotenen Brust. Außerdem wird mit der Wahrnehmung, die mit dem Schreien verbunden ist, ein bestimmter somatischer Zustand assoziiert (S in *Abb. 7.1*).

Von einem Freudschen, energetischen Standpunkt aus betrachtet, kann man sagen, daß der somatische Zustand einen vitalen Trieb auslöst, der diesen unangenehmen somatischen Zustand zur Abfuhr zwingt. Der äußere Gegenstand, die Brust der Mutter, ermöglicht diese Abfuhr. Es ist also die Handlung der anderen Person, die die Abfuhr ermöglicht und so

Verbindungen zwischen den Nervenzellen« dar. Lacan betont ebenfalls den grundlegenden Aspekt dieser Gleichzeitigkeit: »Alles fängt damit an, daß sich mehrere Signifikanten gleichzeitig, in der *Gleichzeitigkeit* dem Subjekt zeigen können.« Lacan, J., *Die Ethik der Psychoanalyse*, a. a. O., S. 82.

Hier findet man in Form dieser Gleichzeitigkeit die Koinzidenz zwischen synaptischer Spur, psychischer Spur und Signifikant wieder, die zuvor schon besprochen wurde (vgl. Kapitel 5).

zur Befriedigung des vitalen Triebs führt. Infolgedessen assoziiert sich ein somatischer Zustand, d. h. Wahrnehmungen, die aus der Innenwelt stammen, mit den Ereignissen, die aus der Außenwelt kommen.

Wir haben hier ein erstes einfaches Modul, in dem ein somatischer Zustand, eine Wahrnehmung und eine Triebabfuhr, die mit einem somatischen Zustand verbunden ist, zueinander in Beziehung gesetzt werden. Diese Abfuhr geschieht durch die andere Person und insbesondere durch einen Gegenstand (die Brust). Welchen Status hat dieser Gegenstand in der Kette der Aufzeichnungen? Mit dem Schreien wird über die Reaktion der anderen Person die Brust assoziiert. Folglich wird das, was mit dem Schreien assoziiert wird – beispielsweise der Übergang vom somatischen Zustand der Hilflosigkeit zur Erleichterung – ebenfalls mit der Brust assoziiert. Welchen Status hat nun diese Brust? Während der ersten Schritte des Aufbaus dieses Netzes von Assoziationen ist die Brust wirklich ein konkreter Gegenstand aus Fleisch und Blut. Durch die Prozesse der Umschreibung löst sich die Brust von ihrem Ausgangszustand. Eine Erfahrungsspur tritt an die Stelle der eigentlichen Erfahrung – eine Erinnerungsspur. Es gibt also einerseits den Gegenstand, der bei der Erfahrung im Spiel war, und andererseits die Erfahrungsspur, die den Gegenstand beinhaltet, aber in Form einer Repräsentation – d. h. eigentlich die Gegenwart eines Gegenstands in seiner Abwesenheit; im Sinne Freuds ist das eine Wahrnehmung ohne Gegenstand, die er als Halluzination des Gegenstands bezeichnet.

Infolgedessen kann der Gegenstand nur ein Platzhalter des ersten Gegenstands sein, der mit der Aufzeichnung der Erfahrung assoziiert wurde. Der Gegenstand ist gespalten zwischen diesem ersten Gegenstand und dem Gegenstand, der anschließend durch eine Repräsentation ins Spiel kommt. Wir haben in unserem Modell die notwendige Unterscheidung zwischen dem Gegenstand, der zu einer Repräsentation wird, und dem Ding, das dem wirklichen Gegenstand der ursprünglichen Erfahrung entspricht.

Im ersten Schritt der Assoziation zwischen einem somatischen Zustand und dem Gegenstand, der zur Befriedigung führt, sind der Gegenstand und das Ding identisch, wie z. B. in dem Paar »Wahrnehmung 4 – Spur 4«. Dagegen entspricht hier der Gegenstand keiner Repräsentation: Er ist etwas Wirkliches, die Brust, die nach Lacan, der Freud interpretiert, das Ding ist.[6]

Wenn einmal diese ersten Assoziationen hergestellt sind – Hunger/Durst/Brust/Abfuhr –, kann man an weitere Ereignisse denken. Das Kind ist beispielsweise in seinem Zimmer, es hat Hunger und Durst, es schreit, und die Mutter, die das Schreien hört, öffnet die Tür. Diese macht beim Öffnen oder beim Schließen ein bestimmtes Geräusch. Nach und nach erzeugt der Säugling eine zweite Assoziation

6 Siehe Lacan, J., *Die Ethik der Psychoanalyse*, a. a. O., S. 66.

zwischen dem Geräusch der Tür und der Mutterbrust, die einige Augenblicke später erscheinen wird. Es gibt also eine neue Assoziation, die zwischen dem Schreien und dem Geräusch der sich öffnenden oder schließenden Tür entsteht und die einige Augenblicke später zur Abfuhr führen wird. Hier sind der Gegenstand und das Ding auf Anhieb getrennt, d. h. daß der Gegenstand, der die Befriedigung herbeiführt, nicht mehr das Ding ist – die ursprüngliche Brust. Der Gegenstand ist hier schon ein entfernter Gegenstand. Das Geräusch der Tür ist zum Stellvertreter dessen geworden, was die Befriedigung ermöglicht. Das Ding bleibt die Brust, aber in der psychischen Konstruktion des Kindes gibt es eine erste Trennung zwischen dem Gegenstand und dem Ding. Der mit dem Befriedigungserlebnis assoziierte Gegenstand ist zwar materiell von dem Ding entfernt – das Geräusch der Tür ist ganz verschieden von der Brust der Mutter! –, aber die beiden Wahrnehmungen werden durch die Mechanismen der synaptischen Plastizität miteinander zu einem neuen Signifikanten verknüpft, der dem Befriedigungserlebnis dienen kann.

Gehen wir einen Schritt weiter. Das Kind wächst und braucht die Brust der Mutter nicht mehr. Es kann sich mehr oder weniger selbst ernähren. Gleichwohl bleibt die Gegenwart der Mutter eine angenehme Erfahrung angesichts potentiell unangenehmer somatischer Zustände, wie beispielsweise wenn es weint, sich allein fühlt oder sich weh getan hat. Die Gegenwart der Mutter ist eine Quelle der

Beruhigung, d. h. etwas, wodurch die Unlust aufhören kann. Das impliziert unglücklicherweise auch das Umgekehrte: Die Assoziation kann so stark sein, daß die Abwesenheit der Mutter zu einer Quelle der Unlust und Angst wird, die wahrscheinlich mit einem somatischen Zustand der Hilflosigkeit assoziiert ist. Das alleingelassene Kind wird nach einer Erleichterung suchen, indem es schließlich seinen eigenen Körper gebraucht und z. B. zwanghaft an seinem Daumen saugt. Diese Handlungen werden mit somatischen Zuständen assoziiert, die als angenehm wahrgenommen werden. Manchmal wird die Abfuhr sogar durch die auftauchende Sexualität angestrebt, insbesondere durch die kindliche Selbstbefriedigung, die zu äußerst intensiven Wahrnehmungen führt, welche zweifellos mit sehr stark ausgeprägten neuroendokrinen Veränderungen assoziiert sind.

Natürlich kann diese Serienwirkung unbegrenzt komplex werden. Wenn beispielsweise die Mutter oft eine rosa Bluse trägt, wenn sie zu ihrem Kind kommt, um es zu beruhigen und zu liebkosen, wird diese rosa Bluse nach und nach mit einer Lusterfahrung assoziiert werden, weil die Unlust aufhört und eine neue Assoziation entsteht, nun zwischen der rosa Bluse und dem Befriedigungserlebnis. Wenn es etwas größer ist, wird das Kind die Sexualität mit einem Dienstmädchen entdecken, das ebenfalls oft eine rosa Bluse anhat. Das Befriedigungserlebnis wird nun eindeutig sexueller Natur sein: Es findet seine Verwirklichung in jener sexuellen Erfahrung mit Dienstmädchen, die die rosa Bluse mit dem Befriedigungserlebnis assoziiert. Auf diese Weise entsteht im Lauf der Zeit eine komplexe Folge von Repräsentationen, die mit einem bestimmten somatischen Zustand assoziiert sind. Diese Folge kann jedoch auf das ursprüngliche Modul der Primärerfahrung zurückgeführt werden, wo die erste Verbindung zwischen einer Repräsentation und jenem spezifischen somatischen Zustand besiegelt wurde.

Kapitel 8
Der Mensch und der Wolf
Phantasievorstellung, Objekt und Handlung

Stellen wir uns einen bestimmten somatischen Zustand vor, der in der Vergangenheit mit einer eher unangenehmen Erfahrung assoziiert wurde. Die Aktivierung dieses somatischen Zustands ruft eine unangenehme innere Erfahrung hervor, gegenüber der das Subjekt Strategien zu entwickeln versucht, um sich davon zu befreien oder, wenn wir bei unserem Primärmodul bleiben, um die Homöostase wiederherzustellen. Die vom somatischen Zustand induzierte Unlust führt zu einer Abfuhr. Beim Säugling vollzieht sich diese Abfuhr durch die spezifische Handlung der anderen Person. Wenn es sich um einen Erwachsenen handelt, kann sie aus dem Subjekt selbst hervorgehen. Wenn wir uns immer noch innerhalb der Logik des Primärmoduls bewegen, impliziert die Handlung, die den Zustand der Hilflosigkeit aufhebt, die Außenwelt: Die Abfuhr geschieht nicht im leeren Raum, sondern beinhaltet ein Objekt der äußeren Wirklichkeit – ein Objekt im weitesten Sinne des Wortes. Das Ziel, das in der Abfuhr besteht, ist ausschlaggebend, während die Natur des Objekts mehr oder weniger gleichgültig ist. Es geht vor allem darum, daß dieses Objekt zur Erregungsabfuhr beiträgt. Eine Diskussion dieses Punktes erfordert, daß wir auf die Freudsche Triebtheorie Bezug nehmen. Sie wird im Mittelpunkt des folgenden

Kapitels stehen. Beschränken wir uns für den Augenblick darauf, daran zu erinnern, daß das Objekt dasjenige ist, was beim Trieb am meisten variiert:[1] Es kann jedes beliebige Objekt sein, vorausgesetzt, daß es die Funktion der Abfuhr erfüllt und zu einer Befriedigung führt. Nun ist gerade die Phantasievorstellung ein solches Verbindungsstück, das das Subjekt mit dem verkannten Triebobjekt[2] verbindet und das jedes andere Objekt mit jenem rätselhaften Objekt durch ein spezifisches unbewußtes Szenario verknüpfen kann.

Man kann daher die Ansicht vertreten, daß der somatische Zustand einen Trieb auslöst, der ein Objekt zu seiner Abfuhr finden muß, das nur ein Stellvertreter eines verlorengegangenen primären Objekts ist, das aber in Form der Abwesenheit dem Leben der Phantasievorstellungen eingeprägt bleibt, das die Handlungen unbewußt ausrichtet.

1 »Das Objekt des Triebes ist dasjenige, an welchem oder durch welches der Trieb sein Ziel erreichen kann. Es ist das variabelste am Triebe [. . .] Es kann im Laufe der Lebensschicksale des Triebs beliebig oft gewechselt werden.« Freud, S., »Triebe und Triebschicksale« (1915), *Gesammelte Werke*, Bd. 10, a.a.O., S. 215. Zu weiteren Ausführungen über die Freudsche Triebtheorie mit Bezug auf die Fortschritte der zeitgenössischen Neurowissenschaften siehe Kap. 9.

2 Wie es das Lehrstück der Phantasievorstellung bei Lacan zum Ausdruck bringt, welches das blockierte Subjekt (in dem sich die Spaltung des Subjekts zeigt) mit dem verkannten Triebobjekt verknüpft. Lacan, J., »D'une question préliminaire à tout traitement possible de la psychose« (1955-1956), in: *Écrits*, a.a.O., S. 554. Zur Beziehung zwischen Triebobjekt, Objekt der Phantasievorstellung und Objekt des Begehrens siehe Lacan, J., *Die vier Grundbegriffe der Psychoanalyse*, a.a.O., S. 171-173.

So betrachtet, löst der somatische Zustand einen Trieb aus, der ein Objekt für seine Abfuhr finden muß. Dieses Objekt kann von dem Ding, d. h. von dem primären Objekt, um das es bei der Befriedigung geht, weit entfernt sein. Es ist nur der Platzhalter eines verlorenen primären Objekts, das aber in Form der Abwesenheit vorhanden ist und das Handeln unbewußt leitet, weil es im Leben der Phantasievorstellungen schon existiert. Das Objekt der Phantasievorstellung ist für die Geschichte des Subjekts eigentümlich, es gilt für eine Person, aber nicht notwendigerweise für eine andere. Es ist an ein bestimmtes Individuum durch dessen Szenario von Phantasievorstellungen gebunden. Auf diese Weise sind der somatische Zustand, der Trieb, das Objekt und die Phantasievorstellung in einem Kreislauf miteinander verknüpft, der exogen, aber auch endogen aktiviert werden kann, wenn die Phantasievorstellung durch Objekte oder Situationen, die sie hervorrufen können, indirekt in einen Spannungszustand versetzt wird. Die Aktivierung der Phantasievorstellung wird dann einen unangenehmen somatischen Zustand erzeugen, der über den Umweg der Phantasievorstellung durch eine Handlung abgeführt wird, die sich auf einen bestimmten Gegenstand bezieht.

Wir befinden uns also in einem Teufelskreis, der den Körper, den Trieb, das Objekt und die Phantasievorstellung umfaßt und der wiederholt und manchmal unerwartet aktiviert werden kann. Wir verstehen nun, inwiefern der Begriff des Objekts nicht wörtlich genommen werden kann: Man muß es als Bestandteil einer Situation, eines Verhaltens, eines Symptoms verstehen, die durch die dem Subjekt eigentümliche Phantasievorstellung organisiert sind (*Abb. 8.1*).

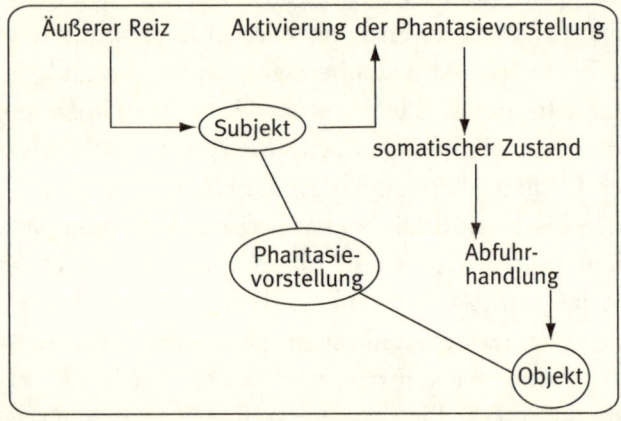

Abbildung 8.1: Ein Reiz aus der äußeren Wirklichkeit aktiviert die Phantasievorstellung, die, da sie mit einem somatischen Zustand der Hilflosigkeit assoziiert ist, durch eine Handlung aufgelöst werden kann, die ein Objekt ins Spiel bringt, welches mit dem Subjekt mittels einer Phantasievorstellung verknüpft ist. In diesem Schema sieht man, wie das Subjekt und das Objekt durch die Phantasievorstellung verbunden sind.

Stellen wir uns einen fiktiven Fall vor. Es handelt sich um ein Paar, das sich erst seit kurzem kennt und wo jeder noch mit seinem früheren Partner in Verbindung steht. Trotz der Leidenschaft, die sie beherrscht, ist der Raum noch nicht frei für ihre neue Geschichte. Das neue Paar wird gequält und hin und her gerissen durch den Einbruch der Geschichte jedes Partners vor ihrer Verbindung. Gestern hat der

Mann übrigens eine Nachricht von seiner ehemaligen Freundin erhalten, was einen heftigen Streit nach sich zog: Die neue Partnerin macht ihm Vorwürfe, er verteidigt sich, schwört, daß alles vorbei ist, daß er nun sie liebt. Sie treibt die Dinge sehr weit, akzeptiert kein Wort und weist ihn zurück. Am nächsten Morgen ist sie es, die eine Nachricht von dem Mann erhält, mit dem sie zusammen war, und provoziert umgekehrt einen Aufstand ihres neuen Liebhabers: Wie kann sie ihn nur genauso attackieren, während sie doch dieselben zweideutigen Beziehungen mit dem Mann unterhält, den sie gerade verlassen hat? Der Streit beginnt dort, wo er endete, nur mit doppelter Intensität. Er fühlt sich verraten. Er ist verzweifelt. Da er sich in sein Gefühl hineingesteigert hat, ist er blind vor Zorn. Er weiß nicht mehr, was er tut. Er weiß nicht mehr, wer er ist. Er fühlt sich von einer uralten Hilflosigkeit überwältigt, die wie jene ist, die er so oft als Kind erlebt hat, nachdem er verlassen und in jene Anstalt gesteckt wurde, in der er abgelehnt wurde und die ihn äußerst einsam sein ließ. Er befindet sich nicht mehr in der gegenwärtigen Situation. Er findet das wieder, was ihn seit seiner Kindheit quält. Er weiß nicht mehr, wo er ist: Wieder wird er von jener äußersten Hilflosigkeit gepackt, die er jedesmal erlebt, wenn er mit dem Risiko der Einsamkeit konfrontiert wird. Für ihn ist es so, daß er nicht mehr existiert, wenn sie eine Beziehung zu einem anderen hat. Das ist seine Phantasievorstellung: Wenn ihn die andere Person verläßt, hört er auf zu existieren. Diese Überzeugung breitet sich in ihm aus. Die

Abwesenheit quält ihn. Die Abwesende verfolgt ihn. Sich selbst gegenüber abwesend, muß er wieder zu sich finden, er muß sich retten. Und so schlägt er sie, einmal, zweimal. Die Leidenschaft der Liebe hat sich in die Leidenschaft zu morden verkehrt: Auf diese Weise kann die Leidenschaft absichtslos töten. Er schlägt sie, ohne zu wissen, was er tut, als ob er sich retten, sich wiederfinden wolle, um nicht mehr in diesem Zustand der Hilflosigkeit zu sein, in dem er sich wieder versinken fühlt. Er hört ihr Schreien, aber es scheint ihm unwirklich zu sein. Sie sinkt nieder und fällt neben ihm zu Boden. Er liebt sie. Er möchte mit ihr zusammensein. Aber sie bewegt sich nicht mehr. Weil er nicht ohne sie sein kann, hat er sie am Ende vernichtet, um sich zu retten. Er hat sie verloren, um sie wiederzufinden, um sich selbst wiederzufinden. Er ist wieder da. Er sieht die Folgen seiner Handlung. Diese gewaltsame Abfuhr hat ihn gerettet, aber sie ist nicht mehr da.

Betrachten wir noch einmal, was sich für diesen Mann ereignet hat, der die Gegenwart eines anderen Mannes im Leben seiner Gefährtin entdeckt. Mit dieser Entdeckung könnte auf »rationale« Weise umgegangen werden, obwohl sie schmerzhaft ist, aber im vorliegenden Fall aktiviert sie offenbar ein Szenario von Phantasievorstellungen, das um die Eifersucht herum konstruiert ist oder genauer um die Idee, daß, wenn sie eine Beziehung zu einem anderen hat, er selbst nicht mehr existiert. Er macht die brutale Erfahrung der Wertlosigkeit, ja sogar einer Verneinung seiner eigenen Individualität durch. Die Aktivierung dieser Phantasievorstellung ist mit einem unerträglichen somatischen Zustand verbunden, der an die Hilflosigkeit gekoppelt ist, die er in einem frühen Alter erlebt hat, als er in die Anstalt gesteckt wurde. Dieser unerträgliche somatische Zustand mündet eher durch diese besondere Erfahrung als durch die gegenwärtige Situation in einer bestimmten Handlung. In unserem fiktiven Fall führt der Zusammenhang mit der kindlichen Hilflosigkeit zu einer Abfuhr der Spannung, die an den somatischen Zustand gebunden ist, und zwar in Form eines gewalttätigen Aktes, der zur Aufhebung des anderen führt, der die Stelle des abwesenden, verlorenen Objekts eingenommen hat. Diese Abfuhr hätte sich auch in einer selbstzerstörerischen Gewalttat, die zum Selbstmord führt, verwirklichen können.

Überlassen wir dieses Paar seiner zerstörerischen Leidenschaft und kehren wir zur Frage der Triebabfuhr zurück, die mit der Aktivierung eines somatischen Zustands verbunden ist. Glücklicherweise gibt es andere Arten der Abfuhr, die weniger dramatisch sind. Was auch immer die Formen sind, die die Erregungsabfuhr annimmt, so ist es doch wesentlich, einzusehen, daß die Aktivierung des somatischen Zustands durch die Aktivierung eines Szenarios von Phantasievorstellungen ausgelöst wird, die sich in die innere unbewußte Realität eingeprägt haben: Die Theorie der somatischen Marker[3] bietet an dieser

3 Damasio, A. R., *Descartes' Irrtum*, a. a. O., S. 227-273.

Stelle ein biologisches Substrat für die rätselhafte Frage der somatischen Verankerung des Triebes an.

Auch wenn das Szenario der Phantasievorstellungen für jedes Subjekt ein anderes ist, so kann man es doch mit einer beschränkten Bandbreite von prototypischen Phantasievorstellungen in Verbindung bringen (Urszene, Verführung, Kastration etc.), die das Kleinkind, das sich mit diesen in der rätselhaften Wirklichkeit seines Körpers und seiner Umgebung konfrontiert sieht, nicht auflösen kann. In einer solchen Perspektive ist also kein wirkliches traumatisches Ereignis nötig (Verlassenwerden, Mißhandlung, Gewalt etc.). Ein Kind kann vom Leben selbst, in welcher Weise auch immer, geprägt sein, von seinem Körper, dessen Integrität es sich nicht sicher ist, durch seine Eltern, über deren Verbindung es sich Fragen stellt, durch seine Stellung im Begehren des anderen, das für es auch ein beunruhigendes Rätsel darstellen kann. Analog könnte man sagen, daß für die Szenarien von Phantasievorstellungen dasselbe gilt wie für literarische Gattungen: Auch wenn es eine begrenzte Anzahl davon gibt, ist ihr Inhalt doch jedesmal einzigartig und anders.

Wenn nun eine Phantasievorstellung aktiviert wird, verbindet sie sich mit einem spezifischen somatischen Zustand und verlangt nach einer Abfuhr, die jegliche Vernunft kurzschließt. Auf diese Weise läßt sich das Phänomen der Gewalt verstehen. Dennoch muß man zwischen einer zerstörerischen und einer rettenden Gewalt unterscheiden. Die Gewalt kann paradoxerweise auch ins Spiel kommen, um aus einem Zustand der Hilflosigkeit zu befreien. Übrigens haben die Griechen zwei sich ergänzende Mächte unterschieden: *Eris*, den Streit und die Zwietracht innerhalb dessen, was vereinigt ist, und *Eros*, die Vereinigung des Unähnlichen.[4] *Eris* und *Eros* waren für sie unzertrennlich. Man findet diese beiden Elemente in der Vorstellung der Gewalt, die diese beiden widersprüchlichen Kräfte beinhaltet. Die Gewalt impliziert auf allen Ebenen in der Tat entgegengesetzte Tendenzen: eine Gewalt des Lebens, die strukturgebend, konstitutiv und heilend ist; eine Gewalt des Todes, die strukturauflösend und zerstörerisch ist, zum Selbstmord führt, zum Mord, zur Mißhandlung, zum Rassismus, zum Völkermord. Wenn eine Person eine zerstörerische gewaltsame Abfuhr realisiert, dann auch deshalb, weil sie sich aus einem zerstörerischen Zustand der Hilflosigkeit befreien will.

Das Wort »Gewalt« ist in sich selbst widersprüchlich. Es ist einerseits mit dem Wort »Vergewaltigung« verwandt, mit der Vorstellung des Einbruchs, der Beherrschung, der Negation der Andersheit; andererseits mit der Vorstellung der Kraft, der Macht, der Lebenskraft.[5] Wir müssen außerdem zwischen der erlittenen Gewalt und der aktiven Gewalt unterscheiden und uns daran erinnern, daß die Gewalt retten kann und daß sie zweischneidig ist: einerseits liebend und legitim, andererseits ungestüm und ty-

---

4 Vernant, J.-P., *L'Univers, les dieux, les hommes. Récit grec des origines*, Paris, Seuil, 1999.

5 Héritier, F., »Réflexions pour nourrir la réflexion«, in: *De la violence I*, Paris, Odile Jacob, 1996, S. 11-53.

rannisch, um die beiden Paare von Attributen aufzunehmen, die Pascal verwendete, als er schrieb: »Das ist wie bei einem Kind, das von seiner Mutter den Armen der Räuber entrissen wird und das in dem Leid, das es erduldet, die liebevolle und rechtmäßige Gewalt derjenigen, die für seine Befreiung sorgt, lieben und nur die schmachvolle und tyrannische Gewalt derjenigen, die es unrechtmäßig zurückhalten, verabscheuen muß.«[6] Der Rückgriff auf den Begriff der Gewalt zur Beschreibung einer Situation ermöglicht keine Trennung dieser verschiedenen Dimensionen, die in der Doppeldeutigkeit eines Wortes widerhallen, das an sich selbst keine Entscheidung darüber erlaubt, auf welcher Seite man sich befindet.

Dieser innere Widerspruch der Gewalt ist das Zeichen einer möglichen Verbindung zwischen den Kräften des Lebens und den Kräften des Todes. Es kann sogar paradoxerweise eine Dimension des Lebens in der zerstörerischen Gewalt geben, die manchmal eine gefährdete Identität rettet. Man kann gewalttätig werden, um sich selbst oder den andern zu retten. Daher gibt es nicht nur einen Gegensatz zwischen der Gewalt des Lebens und der Gewalt des Todes, sondern auch eine Spaltung innerhalb jeglicher Gewalt zwischen einem Lebenstrieb und einem Destruktionstrieb, um den von Freud beschriebenen Triebdualismus wiederaufzunehmen.[7] Wenn sich diese Triebe verflechten, ist man auf der Seite des Le-

6 Pascal, *Gedanken*, Nr. 924, Stuttgart, Reclam, 2004, S. 498.
7 Freud, S., »Jenseits des Lustprinzips« (1920), *Gesammelte Werke*, Bd. 13, a. a. O., S. 57 f.

bens, auch wenn es sich dabei um aggressive Aspekte handelt. Wenn diese Triebe jedoch entflochten sind, befindet man sich in der Zerstörung und unter der absoluten Herrschaft von *Thanatos*, wie in unserem fiktiven Beispiel.

Die Dualität zwischen Leben und Zerstörung scheint also dem Prozeß der Gewalt wesentlich anzugehören, und zwar unabhängig von seinem Ziel. Auch wenn man zwischen einer Gewalt des Lebens und einer Gewalt des Todes im Hinblick auf das angestrebte Ziel unterscheiden kann – man kann die Gewalt der Vergewaltigung und die Gewalt des Begehrens, die Gewalt der Zerstörung und den rechtmäßigen oder heroischen Zorn des Kämpfers einander angleichen –, ist doch die zerstörende Gewalt in ihrer Wirkungsweise nicht notwendig von der Gewalt verschieden, die auf das Leben abzielt. Sobald die Gewalt ins Spiel kommt, wird derselbe Prozeß in Gang gesetzt, der mit einem Trieb zu tun hat, der in einer objektbezogenen Handlung zur Abfuhr kommt.

Jeder Gewaltakt ist ein Übergriff. Er verfremdet seinen Gegenstand zu etwas, das ihn rechtfertigt. Die Gewalt bleibt außerhalb und jenseits der Gründe, die sie rechtfertigen. Im Zustand der Gewalttätigkeit ist man gewissermaßen in der Falle einer Phantasievorstellung, die sich außerhalb der äußeren Wirklichkeit befindet. Sobald die Gewalt ins Spiel kommt, unterliegt man den Unwägbarkeiten ihres Verlaufs.

Man könnte entgegnen, daß die Gewalt ein wesentlicher Bestandteil der animalischen Natur des

Menschen sei. Sagt man nicht vom Menschen, daß er ein Wolf des Menschen sei?[8] In jeder extremen Situation, in der Gewalt zum Vorschein kommt, würde sich die animalische Seite des Menschen ausdrücken. Nach dieser Vorstellung wäre die Gewalt ein Überbleibsel der Evolution, das das Subjekt jenseits seiner Menschlichkeit überraschen würde. Es wäre die Animalität des Menschen, die die Gewalt hervorbrächte. Eine solche Behauptung läßt sich widerlegen. Die Verhaltensforscher selbst haben nachgewiesen, daß die Wölfe unter sich keine derartigen zerstörerischen Verhaltensweisen zeigen, wie sie beim Menschen vorkommen. Ohne in diese Debatte eintreten zu wollen, können wir doch die philosophische Erzählung von Baltasar Gracián[9] erwähnen, der das Sprichwort *Homo homini lupus* radikal in Frage stellt. Gracián erzählt die Geschichte des Wiedersehens von Critilus und seinem Sohn Adrenius, den er infolge eines Schiffbruchs verloren glaubte. Das Kind wurde ans Ufer einer Insel gespült, wo es ganz allein unter Tieren aufwuchs. Adrenius ist ein wilder Junge, der nicht sprechen kann. Critilus lehrt ihn die Sprache, die er im Umgang mit den wilden Tieren nicht erwerben konnte. Adrenius ist froh, mit der menschlichen Gesellschaft in Berührung zu kommen. Critilus warnt ihn jedoch vor den Menschen, indem er sie als

8 Siehe hierzu Freud, S., »Das Unbehagen in der Kultur« (1929), *Gesammelte Werke*, Bd. 14, a. a. O., S. 471.
9 Gracián, B., »Le Criticón« (1651-1657), Kap. 4, in: *Homo homini lupus ou l'homme détrompé*, Les documents de l'École de la Cause freudienne, 3, nouvelle série, 1994.

gefährlicher und zerstörerischer als alle Tiere zusammen darstellt: »Dein Glück war es, immer nur in Gesellschaft von wilden Tieren gewesen zu sein, und mein Unglück, nur die Gesellschaft der Menschen gekannt zu haben. Jeder Mensch ist ein Wolf für seinesgleichen, auch wenn es nicht schlechter ist, Mensch zu sein [...]. Die Menschen sind schrecklicher als die großen Raubkatzen, und oft lehrten sie die Tiger, grausamer zu sein, als sie es von Natur aus waren.« Wie Lacan sagt, besteht die Lehre von Baltasar Gracián darin, daß die Grausamkeit des Menschen gegenüber seinesgleichen alles übersteigt, wozu Tiere imstande sind, und daß die Raubtiere selbst vor der Bedrohung, die sie für die gesamte Natur bedeutet, entsetzt zurückweichen.«[10]

Wenn es jedoch kein Tier gibt, das den Menschen an Grausamkeit übertrifft, ist es dann wirklich die Animalität des Menschen, die sich in der Gewalt manifestiert? Ist es nicht vielmehr die Eigenart des Menschen, gewalttätig zu sein, wie es die Freudsche Aufzählung des *Unbehagens in der Kultur* ausdrückt: »Infolgedessen ist ihm [dem Menschen] der Nächste nicht nur möglicher Helfer und Sexualobjekt, sondern auch eine Versuchung, seine Aggression an ihm zu befriedigen, seine Arbeitskraft ohne Entschädigung auszunützen, ihn ohne seine Einwilligung sexuell zu gebrauchen, sich in den Besitz seiner Habe zu setzen, ihn zu demütigen, ihm Schmerzen zu be-

---

10 Lacan, J., »L'agressivité en psychanalyse« (1948), in: *Écrits*, a. a. O., 1994.

reiten, zu martern und zu töten«?[11] Wenn ein solches Verhalten in der Natur des Menschen liegt, dann stellt sich die Frage, was man unter menschlicher Natur versteht. Handelt es sich um eine angeborene, biologisch geprägte Dimension, die sich automatisch und ohne das Wissen des Subjekts manifestiert? Muß man nicht umgekehrt eine rein subjektive Sicht des Phänomens bevorzugen? Die Gewalt betrifft, was ihren Mechanismus angeht, zwar den Körper, aber ihre Auslösung scheint doch an das psychische Schicksal des Subjekts gekoppelt zu sein, an das, was ihn in seiner Geschichte geprägt hat und was sein Handeln leitet. Eine solche Auffassung der Gewalt bedeutet eine Konflikthaftigkeit, die dem Subjekt eigentümlich ist und die die ihm innewohnende Triebhaftigkeit mobilisiert.

Gleichwohl bedeutet das Verständnis der Gewalt als einer Triebangelegenheit nicht, daß man die Dimension des Körpers beiseite läßt. Die Gewalt als Triebphänomen umfaßt zugleich den Körper und das Subjekt, die Spannung zwischen einem Szenario von Phantasievorstellungen und einem assoziierten somatischen Zustand, der nach einer Abfuhr verlangt.[12] Die Gewalt kann ohne den Körper nicht gedacht werden, was jedoch etwas ganz anderes ist, als sie sich als ein animalisches, biologisches, durch Aufhe-

11 Freud, S., »Das Unbehagen in der Kultur« (1929), *Gesammelte Werke*, Bd. 14, a. a. O., S. 470 f.

12 Erinnern wir uns daran, daß Freud gerade den Trieb als einen Grenzbegriff zwischen dem Somatischen und dem Psychischen definiert. Freud, S., »Triebe und Triebschicksale« (1915), *Gesammelte Werke*, Bd. 10, a. a. O., S. 214.

bung des Psychischen entstehendes Phänomen vorzustellen.

Hier findet sich also die Beziehung zwischen den sekundären Spuren, die das Szenario der Phantasievorstellungen bilden, und den assoziierten somatischen Zuständen. Wir können also sagen, daß der Trieb, der aus der Assoziation einer Phantasievorstellung mit einem somatischen Zustand hervorgeht, eine Abfuhr impliziert – etwa die ununterdrückbare Auslösung eines Gewaltaktes in unserem Beispiel. Es wäre hier nicht unangemessen, diese Verkettung mit den Entscheidungsprozessen und ihrer somatischen Verankerung zu verknüpfen, die von Antonio Damasio[13] auf elegante Weise formuliert wurde, der Entscheidungsprozesse beschreibt, die vor allem aus der Welt des Bewußtseins hervorgehen, sei es direkt aus der Wahrnehmung, sei es über den Umweg von Vorstellungen, die dem Bewußtsein zugänglich sind: Das Fällen einer Entscheidung, und damit der Übergang zur Handlung, wäre durch die Vorwegnahme des von der Handlung anvisierten somatischen Zustands bestimmt. Dieser Ansatz betrifft vor allem die bewußte kognitive Ebene. Es scheint uns jedoch, daß man sich dieselbe Art von Prozeß auch für das Szenario der Phantasievorstellungen denken kann, das in der inneren unbewußten Realität herrscht, und für den Trieb, der von dem mit diesen Phantasievorstellungen assoziierten somatischen Zustand diktiert wird. Wenn man das Gehirn als ein Organ betrachtet,

13 Damasio, A. R., *Descartes' Irrtum*, a. a. O., S. 277-297.

das unter anderem in der Lage ist, den somatischen Zustand zu lesen und zu repräsentieren sowie die Handlung zu leiten, gelangt man zu einer Logik der Handlung, die von der Triebabfuhr bestimmt wird, die an der Schnittstelle zwischen dem Szenario der Phantasievorstellungen und einem somatischen Zustand entsteht.

Der zentrale Punkt, auf den wir bei jeder Umdrehung der Spirale in unserem Werk zurückkommen, besteht darin, daß das Verhalten ebenso von der Wahrnehmung der äußeren Wirklichkeit bestimmt wird wie von dem parasitären Gebrauch dieser Wahrnehmung durch die innere unbewußte Realität. Die beiden Wahrnehmungen der äußeren und inneren Wirklichkeit sind mit besonderen somatischen Zuständen verbunden. Die Wahrnehmungen, die von der unbewußten inneren Wirklichkeit ausgehen, d. h. diejenigen, die mit der Aktivation der Phantasievorstellung verknüpft sind, haben eine Verbindung mit den somatischen Zuständen, die vom Individuum sehr stark wahrgenommen werden. Auf diesem Weg macht die Phantasievorstellung die Wahrnehmung der äußeren Wirklichkeit ihren eigenen Zwecken zunutze und bestimmt den hervorgebrachten Akt, der sehr weit von dem entfernt sein kann, was die direkte motorische Antwort auf den äußeren Reiz hätte sein können.

Kapitel 9
Ein unerwarteter Anruf
Ursprung und Schicksal des Triebs

Vereinfacht gesagt, wenn es die innere unbewußte Realität und ihre Szenarien von Phantasievorstellungen nicht gäbe, würde ein aus der Außenwelt kommender Reiz zu einer Handlung führen, die in direkter Beziehung zu ihm stände (Handlung 1, *Abb. 9. 1*). Betrachten wir ein einfaches Beispiel aus dem Arsenal neuropsychologischer Tests. Es wird die Anweisung gegeben, in einer Reihe von Bildern diejenigen zu erkennen, die Tiere repräsentieren. Unter den Tierbildern befinden sich auch solche, die keine Beziehung zur Tierwelt haben. Die Versuchsperson soll auf einen Knopf drücken, wenn ein Tier gezeigt wird. Bei einer normalen Versuchsperson haben wir eine Passung zwischen der Anweisung und der Antwort, d. h., daß die Versuchsperson bei der Präsentation eines Tieres auf den Knopf drücken wird. Dieser Test untersucht in Wirklichkeit eine ganze Reihe von Ebenen bei der Verarbeitung des äußeren Reizes, und zwar vom visuellen Erkennen bis zu den Exekutivfunktionen, die zur Handlung führen, vermittelt durch die Aktivation assoziativer Felder und der Verknüpfung mit in den Gedächtnissystemen gespeicherten Bildern. Es gibt also in diesem besonderen Kontext eine Entsprechung zwischen der Wahrnehmung und der Reaktion. In unserem Beispiel hat der Einsatz der inneren unbewußten Realität eine mangelnde Entsprechung zwischen äußerem Reiz und der Reaktion zur Folge. Man könnte sich vorstellen, daß aufgrund eines Prozesses, der die innere unbewußte Realität anspricht, die Versuchsperson gelegentlich bestimmte der gezeigten Tiere nicht erkennt. Bei einer normalen Versuchsperson könnte dieser Erkenntnismangel auf die Rechnung eines akzeptierbaren Fehlerprozentsatzes bei dieser Art von Test gehen. Das wird auch gewöhnlich so gesehen. Gleichwohl läßt sich darin, zumindest im Sinne einer vorläufigen Spekulation, die Wirkung des Übergriffs der inneren unbewußten Realität sehen, und zwar nach dem Vorbild dessen, was man in psychoanalytischen Begriffen als Bildungen des Unbewußten (Fehlleistung, Versprechen, Vergessen) bezeichnet. Was auf der bewußten Ebene wie ein einfacher Fehler erscheint, würde so auf der unbewußten Ebene einen Sinn ergeben.

Kehren wir zu dieser unbewußten Wirklichkeit zurück. Wir haben postuliert, daß diese im Ausgang von Mechanismen der Plastizität gebildet wird, die zuvor beschrieben wurden. Diese innere unbewußte Wirklichkeit zeichnet sich dadurch aus, daß sie von Reizen aktiviert werden kann, die aus der äußeren Wirklichkeit kommen, und daß sie mit einem bestimmten somatischen Zustand assoziiert ist. Aus der Assoziation zwischen dem Szenario von Phantasievorstellungen und dem somatischen Zustand ergibt sich eine Spannung, die den Kriterien des Triebbegriffs entspricht, den die Psychoanalyse beschreibt.

Nach der Auffassung Freuds ist der Trieb an der

Schnittstelle zwischen dem Psychischen und dem Somatischen angesiedelt: Der Trieb repräsentiert auf der psychischen Ebene die Erregungen, die aus dem Körperinneren hervorgehen.[1] Die Spannung, die mit dem somatischen Zustand verbunden ist, wird als unangenehm wahrgenommen. Sie stellt eine Störung der Homöostase dar, die den physiologischen Zuständen eigentümlich ist. Diese Spannung muß zur Abfuhr kommen können, sei es durch eine Handlung, die in direkter Beziehung zum gestörten Zustand steht, sei es durch eine Handlung, die durch das Szenario der Phantasievorstellungen bestimmt ist. Um also die Spannung, die mit diesem somatischen Zustand verbunden ist, zu lösen, kann die Person zu einer Handlung übergehen, die keine Beziehung zum ursprünglichen Reiz hat (Handlung 2, *Abb. 9.1*). Der Trieb kann sich auch eine Handlung zunutze machen, die in direkter Beziehung zum äußeren Reiz steht (Handlung 1), und daraus eine unerwartete Handlung (Handlung 1') ableiten, die die Person überraschen kann, wie im psychoanalytischen Modell der Fehlleistung (*Abb. 9.1*).

Betrachten wir das Beispiel eines Mannes, der seine Frau telefonisch rasch erreichen will. Mechanisch wählt er die Nummer, die er so gut kennt. Zu seiner großen Überraschung antwortet eine andere Stimme. Aber nicht irgendwer, sondern die, mit der er früher eine Beziehung hatte, die er für vergangen hielt. Nach kurzer Zeit erkennt er sie. Man erinnert

---

1 Siehe hierzu Freud, S., »Triebe und Triebschicksale«, *Gesammelte Werke*, Bd. 10, a.a.O., S. 213f.

sich am Telefon immer gut an Stimmen! Er traut seinen Ohren nicht. Was ist geschehen? Alles wurde jedenfalls wieder ins Lot gebracht. Aber hatte er nicht in einer Träumerei den Wunsch gehabt, sie bald wiederzusehen? Und so handelte er gegen seinen eigenen Willen: Die Handlung 1 wurde zur Handlung 1', und die Handlung 1' entsprach einem Begehren, das er für verjährt hielt. Man entkommt den Kurzschlüssen des Unbewußten, die hier über das Telefon laufen, nicht so schnell!

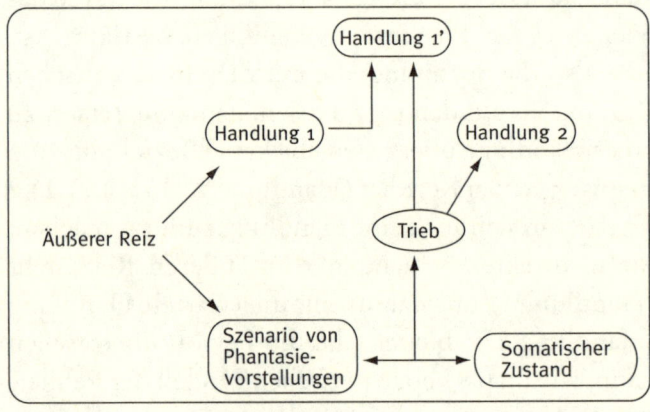

Abbildung 9.1: Dieses Schema hebt die Stellung des Triebs zwischen dem Psychischen (unbewußtes Szenario von Phantasievorstellungen) und dem Somatischen (somatischer Zustand) hervor sowie die parasitäre Inanspruchnahme der Handlung durch die Triebabfuhr.

Die Handlung resultiert also nicht allein aus der Einwirkung der äußeren Wirklichkeit. Sie kann ebenfalls im Ausgang von der inneren unbewußten Wirklichkeit erzeugt werden, die eine aktive Konstruktion von Phantasievorstellungen umfaßt, die der Person nicht bewußt sind und die ein unbewußtes Verlangen hervorbringen, das Druck ausübt. Die Unangemessenheit der Handlung kann sich im Hinblick auf das unbewußte Verlangen als angemessen erweisen. So kann eine Handlung direkt durch die innere unbewußte Wirklichkeit ohne das Eingreifen eines äußeren Reizes ausgelöst werden. Sie kann von einem unbewußten Szenario von Phantasievorstellungen erzeugt werden, das mit einem somatischen Zustand übereinstimmt. An dieser Schnittstelle entsteht der Trieb. Die Handlung kann ebenso im Ausgang von der Aktivierung eines somatischen Zustands erzeugt werden, der ein Szenario von Phantasievorstellungen wachruft und ebenfalls zur Triebentladung führt (*Abb. 9.2*).

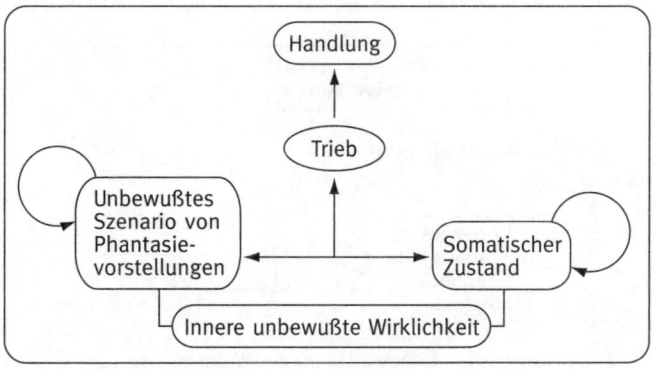

Abbildung 9.2: Ursprung des Triebs im Ausgang von der inneren unbewußten Wirklichkeit, sei es durch die Aktivierung des Szenarios von Phantasievorstellungen oder durch die Aktivierung des somatischen Zustands.

Schließlich gibt es ein drittes Schema, das den parasitären Übergriff auf eine Handlung anzeigt, die einem äußeren Reiz entspricht (Handlung 1 in *Abb. 9.3*), und zwar ausgehend von einer rein innerpsychischen Erregung des Szenarios von Phantasievorstellungen, ohne daß dieses direkt durch den äußeren Reiz aktiviert worden wäre (*Abb. 9.3*).

Wenn der Trieb, der aus der inneren unbewußten Wirklichkeit hervorgeht, sein Gesetz der Handlung auferlegt, geht es nun darum, die Merkmale dieser anderen Wirklichkeit näher zu untersuchen. Die unbewußte Wirklichkeit ist dimensionslos. Die zeitlichen Orientierungspunkte werden zusammengedrängt. Die Vergangenheit und die Gegenwart überlagern sich. Die Orte verschmelzen. Eine Sache und ihr Gegenteil können zusammen bestehen, ohne sich zu widersprechen.

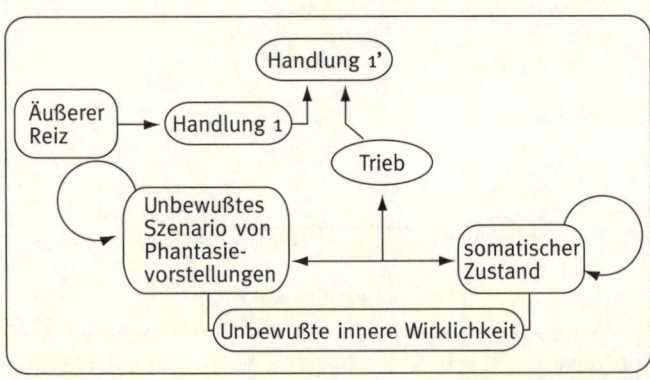

Abbildung 9.3: Parasitärer Übergriff auf eine Handlung im Ausgang von einer innerpsychischen Aktivierung der unbewußten inneren Wirklichkeit.

Elemente werden miteinander assoziiert, ohne Widersprüche oder Negationen zu vermeiden (um es zu wiederholen: die Phantasievorstellung ist im Grunde dimensionslos). Das Subjekt kann zugleich es selbst und jemand anders sein, männlich und weiblich, hier und anderswo, in der Vergangenheit und in der Zukunft. Die Signifikanten der Phantasievorstellung haben keine Entsprechung zu den Signifikaten der Außenwelt und der konkreten Wirklichkeit. Man wird also nicht überrascht sein, wenn man eine fehlende Übereinstimmung zwischen Reiz und Handlung in dem Maße feststellt, wie der Reiz aus der unbewußten inneren Wirklichkeit stammt: Hier kommen die Gesetze des Unbewußten ins Spiel, die Gesetze des von Freud beschriebenen Primärprozesses.[2] Die Phantasievorstellung und der somatische Zustand erzeugen ebenfalls Reize – den Trieb –, die eine Handlung hervorrufen, um die von ihnen implizierte Spannung zu lösen (siehe *Abb. 9.2* und *9.3*). Wir betrachten hier also den Trieb als Resultat der Assoziation der Phantasievorstellung mit dem somatischen Zustand. Alles geschieht auch hier im Sinne einer Abfuhr, um die Homöostase wiederherzustellen.

Gehen wir direkt auf die Art und Weise ein, in der

2 Betrachten wir an dieser Stelle die ausgezeichnete Darstellung, die Freud selbst gegeben hat: »Fassen wir zusammen: Widerspruchslosigkeit, Primärvorgang (Beweglichkeit der Besetzungen), Zeitlosigkeit und Ersetzung der äußeren Realität durch die psychische sind die Charaktere, die wir an zum System *Ubw* gehörigen Vorgängen zu finden erwarten dürfen.« Freud, S., »Das Unbewußte«, *Gesammelte Werke*, Bd. 10, a. a. O., S. 286.

Freud den Trieb beschreibt: »Wenden wir uns nun von der biologischen Seite her der Betrachtung des Seelenlebens zu, so erscheint der ›Trieb‹ als ein Grenzbegriff zwischen Seelischem und Somatischem, als psychischer Repräsentant der aus dem Körperinneren stammenden, in die Seele gelangenden Reize, als ein Maß der Arbeitsanforderung, die dem Seelischen infolge seines Zusammenhangs mit dem Körperlichen auferlegt ist.«[3] Der Trieb wird von Freud durch seine Quelle, seinen Drang, sein Ziel und sein Objekt charakterisiert. »Unter der Quelle des Triebes versteht man jenen somatischen Vorgang in einem Organ oder einem Körperteil, dessen Reiz im Seelenleben durch den Trieb repräsentiert ist.«[4] Die Quelle des Triebs ist also die Freudsche Version dessen, was wir als somatischen Zustand bezeichnet haben. Freud erkannte bereits, daß »das Studium der Triebquellen der Psychologie nicht mehr angehört«.[5] Obwohl die Tatsache, daß er aus dem Körper hervorgeht, für Freud das absolut bestimmende Merkmal des Triebs ist, ist uns dieser selbst im psychischen Leben nur durch seine Ziele bekannt. Das Ziel eines Triebs ist immer seine Befriedigung, die nur durch die Aufhebung des Erregungszustands an der Quelle des Triebs erreicht werden kann. Der Drang des Triebs ist für Freud der treibende Faktor. Was das

3 Freud, S., »Triebe und Triebschicksale«, *Gesammelte Werke*, Bd. 10, a. a. O., S. 214.
4 Freud, S., ebd., S. 215.
5 Freud, S., ebd., S. 216.

Objekt betrifft, so ist es »dasjenige, an welchem oder durch welches der Trieb sein Ziel erreichen kann«.[6]

Das Objekt ist somit das variabelste Element beim Trieb. In der Phantasievorstellung ist es mit dem Subjekt verknüpft, ohne jedoch ursprünglich mit dem Trieb verbunden zu sein (siehe *Abb. 8.1* des letzten Kapitels). Es ist nur dasjenige, was die Befriedigung ermöglicht, und »es kann im Laufe der Lebensschicksale des Triebes beliebig oft gewechselt werden«.[7] Der Trieb, der seinen Ursprung in der Assoziation zwischen einem Szenario von Phantasievorstellungen und einem somatischen Zustand hat, erfordert für seine Abfuhr eine Handlung und ein Objekt, die keinen notwendigen Bezug zur äußeren Wirklichkeit haben. Das wirft die Frage nach dem Objekt des Begehrens auf. Dieses kann anhand des Triebobjekts identifiziert werden, also anhand einer Forderung, die von der unbewußten inneren Wirklichkeit herrührt. Gleichwohl geschieht es, daß eine Verwechslung zwischen dem aus dem Trieb hervorgegangenen Objekt des Begehrens und dem Objekt des Begehrens stattfindet, das vom Subjekt aufgrund seines bewußten und kognitiven Lebens bestimmt wird. Das belegen beispielsweise bestimmte Situationen von sozialem Erfolg, wo ein Objekt – ein Ziel – als Objekt des letzten Begehrens identifiziert wird. Die Erreichung dieses Objekts kann jedenfalls auf paradoxe Weise den unerreichbaren Status des Objekts des Begehrens enthüllen. Diese Feststellung

6 Freud, S., ebd., S. 215.
7 Freud, S., ebd., S. 215.

kann zur Verzweiflung führen, manchmal sogar zum Selbstmord, der überraschend auf das Erreichen eines Ziels folgen kann, das sich das Subjekt gesetzt hatte. Das Subjekt denkt, daß es ein Objekt des Begehrens auf der bewußten und kognitiven Ebene identifiziert hat. Es richtet sein Leben und seine Karriere ein, um es zu erreichen. Es erreicht das Ziel, findet sich aber in einen beharrlichen Zustand der Unzufriedenheit versenkt. In einem bestimmten Sinne hat es das Objekt seines Begehrens verfehlt, das in Wirklichkeit aus seiner Phantasievorstellung erwachsen ist.

Die Phantasievorstellung ist tatsächlich die Stütze des Begehrens.[8] In ihr zeigt sich das Objekt der Phantasievorstellung oder genauer das verkannte Triebobjekt als Objekt, das ein Begehren verursacht, und nicht das zu erreichende Objekt als Ziel des Begehrens.[9] Daher kommt es, daß die Feststellung dieser Verschiebung das Subjekt unerwartet in die Verzweiflung stürzen kann. Die heutige Konsumgesellschaft bombardiert uns täglich mit vorgefertigten Objekten des Begehrens, die für alle gleich sind. Die Energie und die Kompetenzen des Subjekts werden in den Erwerb von Krimskrams investiert, der es un-

---

8 Lacan, J., »L'angoisse«, *Le Séminaire*, Buch X (1962-1963), Paris, Seuil, 2004, S. 205.
9 Das Ursacheobjekt des Begehrens (Objekt *a* bei Lacan) – die Bedingtheit des Begehrens – ist nicht dasselbe wie das Objekt, auf das das Begehren abzielt – die Gerichtetheit des Begehrens. Siehe hierzu die Vorlesung von Jacques-Alain Miller vom 2. Juni 2004 (unveröffentlicht) mit Bezug auf das Seminar von Lacan über die Angst, das in der vorangehenden Anmerkung genannt wurde.

zufrieden sein läßt, weil diese Dinge nichts mit den Ursachen seines Begehrens zu tun haben. Es gibt eine unüberbrückbare Distanz zwischen dem Objekt, das das unbewußte Begehren verursacht, und den Objekten, die von der Gesellschaft aufgezwungen werden. Das Objekt des Begehrens ist nicht das des vermeintlichen Bedürfnisses, das vom Markt erzwungen wird. Das Begehren entsteht vielmehr aus dem Unterschied zwischen dem Bedürfnis und der Nachfrage, die immer auf etwas jenseits des Objekts abzielt.

Die Triebenergie findet nicht immer ihr Ventil. Sie kann sich gegen das Subjekt selbst wenden und dabei die unbewußte innere Wirklichkeit erregen, indem sie die Unlust vergrößert, manchmal durch eine völlige Hemmung des Handelns. Das beobachtet man bei den neurotischen Phänomenen, wo man weiß, daß das Subjekt nicht nur zu seinem Wohl handelt. Es kann sogar Handlungen hervorbringen, die, sobald sie wahrgenommen werden, ihrerseits zu einem Reiz werden, der die Phantasievorstellung in einem sich selbst erhaltenden Teufelskreis reaktiviert. Die Triebbewegung, die einen inneren Ursprung hat, kann als von außen kommend erlebt werden (siehe *Abb. 9.4*). Das Subjekt wird ohne sein Wissen von sich selbst bewegt. Man könnte eigentlich von einer Transduktion, einem Transport, einer Übertragung[10]

---

10 Der Gebrauch des Begriffs der Übertragung erscheint zu diesem Zweck nicht übertrieben. Sprach doch Lacan selbst von der Übertragung als eines »Vollzugs der Wirklichkeit des Unbewußten«. Lacan, J., *Die vier Grundbegriffe der Psychoanalyse*, a.a.O., S.136.

des (inneren) Triebs auf einen (äußeren) Reiz sprechen. An dieser Zirkularität sieht man, daß die Phantasievorstellung ebensogut mit dem somatischen Zustand den Ursprung des Triebs bilden kann, wie eines
seiner Schicksale zu werden. Wenn einmal das Szenario der Phantasievorstellungen auf diesem Weg
reaktiviert ist, wird der somatische Zustand erneut
wachgerufen und erzeugt die Notwendigkeit der
Triebabfuhr, die zu einer zwanghaften und zwingen-
den Handlung führt, welche diesen Teufelskreis auf-
rechterhält. Das ist ein klassischer Mechanismus der
neurotischen Verkettung.[11]

Die psychoanalytische Arbeit besteht gerade
darin, das Szenario der Phantasievorstellungen mit
einem kongruenten somatischen Zustand zu verknüpfen, der mit ihm assoziiert werden kann. Durch
die Verbindung dieser beiden Elemente verschwindet
die parasitäre Handlung, die aus der Trennung ihrer
Verbindung resultiert. Im Idealfall gelangt man zu einer Situation zurück, in der der äußere Reiz eine
Handlung auslöst, die der Intensität und der Natur
des Reizes angemessen ist. Man findet zurück zu einer kohärenten Handlung, einer Handlung, die nicht
mehr durch die Phantasievorstellung parasitär ausge-
nutzt wird. Im Anschluß an eine Psychoanalyse existiert zwar die Phantasievorstellung noch, aber in

11 Man erkennt in der Tat, daß all das jenseits des Lustprinzips liegt,
   indem ein Vergnügen an der Phantasievorstellung unterhalten
   wird, die das Subjekt unter dem Druck einer Unlust hält, die es gegen seinen Willen anstrebt, und zwar in einer Art von masochisti-
   schem Wiederholungszwang. Siehe hierzu Freud, S., »Jenseits des
   Lustprinzips« (1920), *Gesammelte Werke*, Bd. 13, a.a.O., S. 17 f.

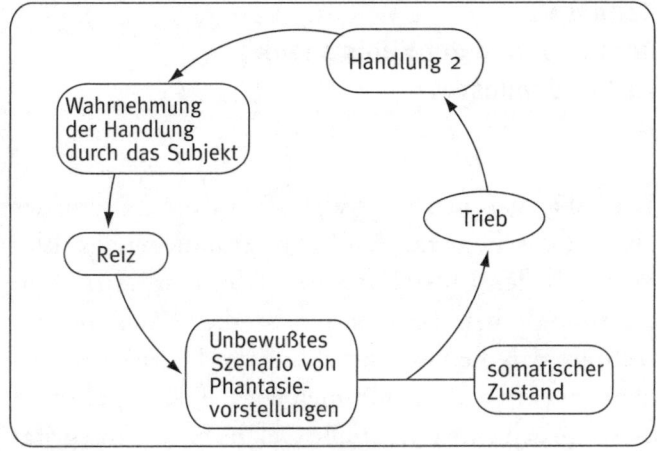

Abbildung 9.4: Die Handlung 2, die aus der Triebabfuhr hervorgeht, wird selbst zu einem Reiz, der als extern erlebt wird und der seinerseits das Szenario der Phantasievorstellungen aktiviert, es verfestigt und ihm immer mehr Wirklichkeit verleiht, bis man daran wie an eine äußere Wirklichkeit glaubt.

dem Maße, in dem man die Erfahrung ihrer Verbindung mit einem somatischen Zustand erleben konnte, kann man sich auf die Phantasievorstellung stützen und sie dazu verwenden, eine kohärente Handlung zu finden, die einen Bezug zur Wirklichkeit hat. Man wird nicht mehr auf eigene Kosten von dem Einbruch einer durch die Phantasievorstellung bestimmten Handlung überrascht: Die Tatsache, daß man sich der Phantasievorstellung in einer Analyse nähern konnte, ermöglicht eine Neuorientierung, um schließlich einen Bezug zur Wirklichkeit zu finden.

Kapitel 10
Der Inzest und der Kühlschrank
Lust und Unlust

Wir haben gesehen, auf welche Weise die Störung des physiologischen Zustands ein grundlegendes Element bei der Entstehung des Triebs ist. Aus einer physiologischen Perspektive ist die Annahme berechtigt, daß die Unterbrechung der Homöostase als unangenehm wahrgenommen wird. Tatsächlich stellt dieser Bruch eine potentielle Gefahr für die Integrität des Organismus dar und muß daher auf eine solche Weise signalisiert werden, daß Mechanismen in Gang gesetzt werden, die die Homöostase wiederherstellen. Von daher ist es vernünftig zu postulieren, daß das Signal der Unterbrechung der Homöostase als unangenehm anstatt als angenehm wahrgenommen wird. Man könnte eine Analogie zu den Wahrnehmungssystemen des Schmerzes herstellen, die von Verletzungen der somatischen Integrität aktiviert werden (etwa durch eine Wunde) oder von pathologischen Prozessen, die an einem bestimmten Ort des Körpers aktiv sind. Niemand wird die Tatsache bestreiten, daß der Schmerz eine unangenehme Empfindung ist, die jedoch eine Schutzfunktion hat. Dasselbe würde für die Wahrnehmung einer Unterbrechung der Homöostase gelten, die als unangenehm erlebt, d. h. als ein Zustand der Unlust empfunden wird. Es ist interessant zu bemerken, daß die Nervenfasern, die die Information über den somatischen

Zustand transportieren, die »interozeptiven Bahnen«, die in Kapitel 6 erwähnt wurden, dieselben elektrophysiologischen Eigenschaften haben (Geschwindigkeit und Art der Weiterleitung des Nervenimpulses) wie die Fasern, die den Schmerz leiten, Fasern des Typs Aδ und C.[1]

Wenden wir uns der Frage zu, wie die Homöostase wiederhergestellt wird. Die Physiologie beschreibt eine ganze Reihe von negativen Feedbacks, d. h. von Schleifen der Selbstregulation, bei denen eine physiologische Variable durch den Einsatz von Regulationssystemen, etwa das endokrine System, aufrechterhalten wird. Daher führt nach einem reichhaltigen Mahl die Erhöhung der Glucosekonzentration im Blutplasma, die unter anderem von den Betazellen des Pankreas registriert wird, zu einer Freisetzung von Insulin durch diese Zellen, die die Speicherung von Glucose in der Leber begünstigt, was die Glykämie wiederherstellt. Die Freisetzung von Insulin ins Plasma hat also die Funktion, zur homöostatischen Konzentration von Glucose im Blut zurückzuführen.[2]

Nach psychoanalytischer Auffassung ist ein psychischer Spannungszustand mit einer Unlust verbunden, von der man sich befreien will. Wir haben gesehen, daß es darum geht, sich von der Erregung zu

---

1 Craig, A. D., »How Do You Feel? Interoception: The Sense of the Physiological Condition of the Body«, a. a. O.
2 Drews, G., »Endocrine Pancreas«, in: R. Greger, U. Windhorst (Hg.), *Comprehensive Human Physiology*, Berlin, Springer, 1996, S. 1345-1368.

befreien, die von der Aktivierung eines somatischen Zustands erzeugt wurde, der mit unbewußten Vorstellungen verbunden ist, die die Phantasievorstellung bilden. Aus dieser Assoziation resultiert der Trieb, dessen Ziel es ist, zur Abfuhr zu kommen, so daß der Zustand der Unlust aufhört. Der Trieb wird also in einer Handlung abgeführt, die die Tendenz hat, die Homöostase wiederherzustellen. Man versteht, bis zu welchem Grad die physiologische und die psychoanalytische Überlegung – die *a priori* aus Bereichen ohne gemeinsamen Maßstab kommen – eine unmittelbare Verschränkung anhand des Problems der Homöostase und der Unlust finden. Das Prinzip der Homöostase trifft auf das Lustprinzip, und zwar jenseits aller Analogie. Freuds Behauptung, die schon mehrmals zitiert wurde und die den Trieb als einen Grenzbegriff zwischen dem Somatischen und dem Psychischen ansiedelt, ist mehr als eine bloße Hypothese, sondern eine Schnittstelle zwischen der Psychoanalyse und der Physiologie. Beide begegnen sich, ohne ihr Wesen zu verfremden.

Auf der Grundlage dieser logischen Verkettung kann man also sagen, daß die Störung der Homöostase einen Zustand der Unlust verursacht, der durch die Abfuhr des Triebs aufgelöst wird. Diese Abfuhr, die zur Aufhebung des Zustands der Unlust führt, kann eigentlich als ein Mechanismus verstanden werden, der zur Lust führt. Somit ist das Freudsche Lustprinzip, das auf die Reduktion eines Zustands der Unlust abzielt, zunächst ein Unlustprinzip. Der

Trieb geht aus der Assoziation zwischen psychischen Spuren (die die Bestandteile des Szenarios von Phantasievorstellungen sind) und somatischen Zuständen hervor, und die beiden inkommensurablen Dinge, nämlich das psychische und das somatische Leben, treffen aufeinander. Die Verschränkung zweier inkommensurabler Dinge findet man ebenfalls in der Entsprechung zwischen dem Begriff der Homöostase und dem, was man als das Prinzip der Unlust bezeichnen könnte. Wie wir später sehen werden, finden zwei Aspekte der Homöostase – Aufrechterhaltung der Homöostase und Akt der Abfuhr zur Wiederherstellung der Homöostase – ihre Entsprechung im Freudschen Konstanz- und Trägheitsprinzip. Wie Freud schon im *Entwurf* schreibt, entsteht die Unlust aus dem Anstieg der innerpsychischen Spannung. Die Lust wäre dann mit deren Abfuhr assoziiert. Das Lustprinzip steht im Dienste eines Trägheitsprinzips, das die Abfuhr der Erregung erzwingt. Wenn wir uns an die physiologische Terminologie halten, könnte man sagen, daß das Unlustprinzip im Dienste eines Gesetzes der Aufrechterhaltung der Homöostase steht, das die Wiederherstellung physiologischer Variablen erzwingt. Die äußere Erregung kann durch die motorische Abfuhr aufgelöst werden, die innere Erregung durch die Triebabfuhr. In beiden Fällen ist das Ziel die Rückkehr zur Homöostase.

Der Trieb hat seinen Ursprung in einer Assoziation zwischen einem Szenario von Phantasievorstellungen und einem somatischen Zustand. Die somatische Dimension ist insofern eine quantitative,[3] als sie auf biologische Größen zurückführbar ist. Die unbewußten Vorstellungen, Aufzeichnungen und sukzessiven Umschreibungen der Erfahrung gehören dem Gebiet der Qualitäten an. Durch den Trieb haben wir also eine Assoziation zwischen energetischen Phänomenen, die quantitativer Natur und an den somatischen Zustand gebunden sind, und Qualitäten, die von Repräsentationen bestimmt werden, die von den Mechanismen der Plastizität gebildet werden. Wie Freud es ausgedrückt hat: »Auf solche Weise kämen auch die quantitativen Prozesse in Ψ zum Bewußtsein, wieder als Qualitäten.«[4] Freud beschreibt also einen Mechanismus, durch den man von der Quantität zur Qualität gelangen würde. Die innere somatische Erregung würde über ihre Verbindung mit Vorstellungen einen der möglichen Reize des psychischen Apparats darstellen. Das bringt uns zur Frage nach dem einwirkenden Ereignis oder, physiologisch gesprochen, zu der Frage nach dem Reiz zurück. Wie Freud auch sagt, kann der Körper selbst die Außenwelt als Ursprung des Reizes ersetzen.[5] Daher kann Freuds *Entwurf*, wie Lacan sagt, verstanden werden als eine »Theorie eines Neuronenapparats, bezüglich

---

3 »Da uns eine Tendenz des psychischen Lebens, *Unlust zu vermeiden*, sicher bekannt ist, sind wir versucht, diese mit der primären Tätigkeitstendenz zu identifizieren. Dann wäre *Unlust* zu decken mit Erhöhung des Quantitätsniveaus (Q$\acute{\eta}$) oder quantitativer Drucksteigerung . . .« »Lust wäre die Abfuhrempfindung«, »Entwurf einer Psychologie«, a. a. O., S. 320.

4 Freud, S., ebd., S. 321.

5 Freud, S., »Entwurf einer Psychologie«, a. a. O.

dessen der Organismus äußerlich bleibt, ganz wie die Außenwelt«.[6]

Wir hätten also zwei Arten von Erfahrungen, die sich im Nervensystem einprägen könnten (*Abb. 10.1*): die von außen kommenden (die Wahrnehmungen, die durch die Sinnesorgane empfangen werden) und die, die aus dem Inneren des Körpers kommen und von den »interozeptiven Bahnen« registriert werden (die Empfindungen der Lust und der Unlust, die mit dem Grad der energetischen Spannung assoziiert sind, d. h. mit einem bestimmten neurovegetativen oder neuroendokrinen Zustand).

Kehren wir zu dem physiologischen Prinzip der Aufrechterhaltung der Homöostase zurück, das Freud durch zwei Prinzipien charakterisiert, nämlich das Prinzip der Trägheit und das der Konstanz. Das Trägheitsprinzip würde dem physiologischen Begriff der Wiederherstellung der Homöostase nach einer Störung entsprechen und das Prinzip der Konstanz dem Grundprinzip der Physiologie, nämlich der Aufrechterhaltung der Homöostase des inneren Milieus.[7] Hier läßt sich auch sehen, bis zu welchem Grad die Überlegungen Freuds mit denen der Physiologie konvergieren. Davon zeugt beispielsweise das Manuskript K vom 1. Januar 1896, wo Freud zu verstehen gibt, daß diese »Tendenz [. . .] mit den fundamentalsten Verhältnissen des psychischen Mechanismus (Gesetz der Konstanz) zusammen-

---

6 Lacan, J., *Die Ethik der Psychoanalyse*, a. a. O., S. 60.
7 Bernard, C., *Introduction à l'étude de la médecine expérimentale* (1865), Paris, Delgrave, 1889.

hängt«.[8] Zusammengefaßt sieht Freuds Standpunkt folgendermaßen aus: Das Prinzip der Trägheit reguliert das Lustprinzip, indem es die Quantität der im psychischen Apparat gegenwärtigen Erregung so niedrig wie möglich hält. Dieser unterliegt jedoch einem anderen Prinzip, dem der Konstanz, d.h. der Aufrechterhaltung eines minimalen Erregungsniveaus. Daher muß die Erregung reduziert oder genauer konstant gehalten werden.[9]

Der psychische Apparat kann also als ein Wirkfaktor der Homöostase verstanden werden, in dem die somatische und die psychische Dimension sich miteinander verbinden. Diese Behauptung, die zunächst etwas allgemein zu sein scheint, findet eine eindringliche Bestätigung in den kürzlich gemachten Entdeckungen zu der zentralen Rolle des Gehirns bei der Aufrechterhaltung der somatischen Homöostase. Hier wäre die Rolle verschiedener Hirnregionen zu nennen, insbesondere der Hypothalamus, der Hirnstamm und bestimmte frontale Regionen (siehe Kapitel 13) in den neuroendokrinen Feedbackschleifen, wie beispielsweise die der Achse Hypothalamus-Hypophyse-Nebenniere, die bei den Streßmechanis-

---

8 Freud, S., »Manuskript K vom 1. 1. 1896«, *Briefe an Wilhelm Fließ 1887-1904*, a. a. O., 1986, S. 170.

9 »Die Tatsachen, die uns veranlaßt haben, an die Herrschaft des Lustprinzips im Seelenleben zu glauben, finden auch ihren Ausdruck in der Annahme, daß es ein Bestreben des seelischen Apparats sei, die in ihm vorhandene Quantität von Erregung möglichst niedrig oder wenigstens konstant zu erhalten.« Freud, S., »Jenseits des Lustprinzips« (1920), *Gesammelte Werke*, Bd. 13, a. a. O., S. 5.

men eine zentrale Rolle spielt und die Konzentration von Glucokortikoiden reguliert, oder auch die Feedbackmechanismen der Sättigung und der Regulation des Energieumsatzes, um nur einige zu nennen.[10] Wenn man die Überlegung noch weiter führen möchte, könnte man sagen, daß der Trieb, der zu einer Abfuhr führt, die sich im Prinzip im Verhalten niederschlägt, in Wirklichkeit ein Bestandteil einer Feedbackschleife ist, die zur Aufrechterhaltung der Homöostase im Organismus beiträgt.

Das Lustprinzip ist also zunächst ein Trägheitsprinzip, das eine Art von Automatismus in Gang setzt.[11] Sein Prozeß ist, physiologisch gesprochen, mit einem negativen Feedbackmechanismus in einem selbstregulierenden System verwandt, das auf die Aufrechterhaltung von Variablen innerhalb physiologischer Grenzen abzielt. Es ist eine spannende Erkenntnis, daß Freuds Hypothese zufolge das Prinzip der Trägheit, das auf Spannungsabfuhr und auf die Wiederherstellung eines minimalen energetischen Zustands abzielt, durch einen »vorgebildeten Apparat [. . .], der strikt auf den neuronalen Apparat eingegrenzt ist«,[12] reguliert wird. Warum sollten wir hier in diesem Begriff des »präformierten Apparats« nicht einen Bestandteil einer neuronalen oder endokrinen Schleife in einem physiologischen Feed-

---

10 Jungermann, K., Barth, C.A., »Energy Metabolism and Nutrition«, in: R. Greger, U. Windhorst (Hg.), *Comprehensive Human Physiology*, Berlin, Heidelberg, Springer, S. 1425-1457.

11 Lacan, J., *Die Ethik der Psychoanalyse*, a. a. O., S. 37.

12 Lacan, J., ebd., S. 37.

backmechanismus finden? Diese Vorstellung legt nahe, daß in den physiologischen Funktionen Schaltkreise existieren, die die Aufrechterhaltung der Homöostase zum Ziel haben. Wie wir gesehen haben, ist das offensichtlich bei den neuroendokrinen Feedbackschleifen der Fall. Psychologisch gesprochen, könnte man sagen, daß das Lustprinzip präformierte Bahnen der Triebabfuhr nutzt. Außerdem würden diese präformierten Schaltkreise selbst adaptiven Mechanismen und Mechanismen der Plastizität unterliegen. Tatsächlich findet man diese Art von adaptiver Plastizität bei den neuroendokrinen Systemen.[13]

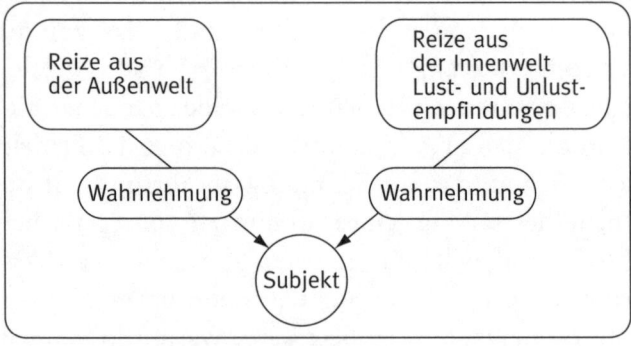

Abbildung 10.1: Die Reize können sowohl äußeren als auch inneren Ursprungs sein: In letzterem Fall gilt: »Der Körper selbst ersetzt die Außenwelt.« (Freud, Abriß der Psychoanalyse, Kap. IV)

13 McEwen, B.S., »Hormones Modulate Environmental Control of a Changing Brain«, in: Comprehensive Human Physiology, a.a.O., S. 473-493.

Zu diesem Zweck führt die Freudsche Konstruktion den Begriff der Bahnung[14] ein, den man mit der Erleichterung der Informationsübertragung in Verbindung bringen könnte, die sich durch die Mechanismen der neuronalen Plastizität im Ausgang von der Erfahrung vollzieht. Um auf die Freudsche Terminologie zurückzukommen, benutzt das Lustprinzip als Prinzip der Trägheit Bahnungen, die es beibehält oder gar festigt, und zwar im Ausgang von Pfaden, die innerhalb des »nervlichen Apparats« präformiert sind. Die Bahnungen erleichtern die Nutzung von Pfaden der Triebabfuhr, so daß sichergestellt ist, daß ein bestimmtes Energieniveau nicht überschritten und daß die Erregung für das Subjekt nicht lebensgefährlich wird. Diese Bahnungen bestehen in bevorzugten Pfaden, einem System von Spuren, die untereinander korrelieren und die Triebabfuhr erleichtern. Dieser Prozeß unterhält sich selbst: Je mehr der Trieb über diese Pfade zur Abfuhr kommt, um so mehr werden diese konsolidiert, so daß eine automatische Funktionsweise begünstigt wird. Das Lustprinzip ist somit nicht nur ein Prinzip der Trägheit, sondern auch der Wiederholung. In Freudschen Begriffen ist die Bahnung ein eingerichteter und unbegrenzt nutzbarer Pfad, über den die überschüssige Quantität an Energie abfließen soll. Physiologisch gesprochen,

14 Der Begriff der Bahnung ist von zentraler Bedeutung in der Beschreibung, die Freud von der Funktionsweise des psychischen Apparats gibt. Freud, S., »Entwurf einer Psychologie« (1895), *Aus den Anfängen der Psychoanalyse*, a. a. O. Siehe auch die Wiederaufnahme des Begriffs der Bahnung in Freud, S., »Jenseits des Lustprinzips« (1920), a. a. O.

schlägt die Wiederherstellung der Homöostase Pfade ein, die von den Mechanismen der Plastizität durch ihre wiederholte Nutzung konsolidiert werden.

Wenn das Lustprinzip sich durch die Abfuhr der innerpsychischen Erregung verwirklicht, was ist dann das Schicksal dieser Abfuhr? Wie wir gesehen haben (*Abb. 9.4* des vorangehenden Kapitels), wird die Handlung, die aus der Triebabfuhr resultiert, vom Subjekt selbst als ein Reiz wahrgenommen, der aus der äußeren Wirklichkeit stammt. Wir befinden uns also in einer Situation, in der ein Reiz, der aus der inneren Wirklichkeit kommt, über den Umweg der Triebabfuhr als ein solcher identifiziert wird, der von außen kommt. Wie ist so etwas möglich? Es gibt eine unbewußte Wirklichkeit, die der Wahrnehmung unzugänglich ist. Durch ihre Assoziation mit einem somatischen Zustand wird ein Trieb ausgelöst. Dieser wird gemäß den Gesetzen der Homöostase, d. h. gemäß dem Lustprinzip, abgeführt. Aus dieser Abfuhr resultiert eine Handlung. Das Resultat dieser Handlung wird zu einem vom Subjekt wahrgenommenen Reiz, der aus der äußeren Wirklichkeit kommt, während er seinen Ursprung in der inneren unbewußten Wirklichkeit hatte (siehe *Abb. 10.2*). In diesem Sinne gibt es eine Wahrnehmungsidentität[15] zwischen dem, was aus der inneren Wirklichkeit kommt, und dem, was der äußeren Wirklichkeit entstammt. Schließlich ist das Subjekt mit einer Wahrnehmung konfrontiert, sei sie nun real, indem sie aus der äußeren Wirklich-

15 Freud zufolge heißt das aber auch libidinöse Besetzung; siehe Lacan, J., *Die Ethik der Psychoanalyse*, a. a. O., S. 41.

keit hervorgeht, oder »halluziniert«, indem sie der inneren Wirklichkeit entspringt. Auf diese Weise hat der Primärprozeß, der der unbewußten Funktionsweise eigentümlich ist (siehe Kapitel 9, Anmerkung 2), auch einen indirekten Einfluß auf die Wahrnehmung, und zwar vermittelt über die Handlung, die aus der Abfuhr der triebhaften Erregung nach dem Lustprinzip resultiert. Durch den von der Triebabfuhr in Gang gesetzten Prozeß zeigt die Phantasievorstellung, die per definitionem dem Bewußtsein nicht zugänglich ist, ihre Gegenwart, nämlich über den Umweg einer Wahrnehmung, die dem Subjekt zugänglich ist (siehe *Abb. 10.2*).

Die beiden Triebschicksale werden also miteinander kombiniert. Das eine, physiologische, besteht in der Wiederherstellung der Homöostase; das andere, psychologische, besteht darin, dem Subjekt die Existenz einer inneren unbewußten Wirklichkeit zu signalisieren, die sein Handeln ebenfalls leitet, während sie selbst verborgen bleibt. Ursprung und Bestimmung des Triebs sind wesentlich miteinander verbunden, die Schutzfunktionen sind genauso wichtig wie die Wahrnehmungsfunktionen.[16] Man kann in der Tat von der eigenen innerpsychischen Energie traumatisiert werden, was sich an klinischen Fällen von Kleinkindern zeigt, wenn sie ohne Eingreifen des anderen sich selbst überlassen werden, so daß die Erregungsabfuhr nicht möglich ist. Der

---

16 »Für den lebenden Organismus ist der Reizschutz eine beinahe wichtigere Aufgabe als die Reizaufnahme.« Freud, S., »Jenseits des Lustprinzips« (1920), *Gesammelte Werke*, Bd. 13, a. a. O., S. 27.

ganze Organismus, der dem Gesetz der Homöostase unterliegt (Trägheitsgesetz), scheint aufgrund der notwendigen Erregungsabfuhr nach dem Lustprinzip sowohl dazu bestimmt zu sein, sich vor der Erregung zu schützen, als auch dazu, sie wahrzunehmen.

Erläutern wir nun genauer die Zusammenhänge, die bei der Wahrnehmungsidentität im Spiel sind (siehe *Abb. 10.2*). Das psychische Leben des Subjekts wird durch eine innere unbewußte Wirklichkeit konstituiert, die wir ausführlich beschrieben haben, aber natürlich auch von einer bewußten inneren Wirklichkeit, die die Wirklichkeit der kognitiven Prozesse, der bewußten Erinnerungen, des Resultats verschiedener Lernprozesse ist. Auf der Grundlage dieser beiden Elemente organisiert das Subjekt seine Reaktion, seine Handlungen gegenüber einwirkenden Ereignissen, die wir auch äußere Reize genannt haben. Betrachten wir zunächst die Reaktion auf das einwirkende Ereignis in dem Fall, in dem die Handlung (Handlung 1) in direkter Beziehung zum Reiz steht (*Abb. 10.2*, siehe auch *Abb. 9.1*). Das Subjekt verarbeitet die Information auf der kognitiven Ebene und assoziiert damit insbesondere die Repräsentation des somatischen Zustands, in dem es sich in der Folge der Entscheidung befinden wird. Das ist die eigentliche Grundlage der Theorie der somatischen Marker.[17] Aufgrund dessen bestimmt die Vorwegnahme des somatischen Zustands grundlegend die Entscheidung, die zur Handlung führt (die in

17 Damasio, A. R., *Descartes' Irrtum*, a. a. O., S. 227-273.

Abb. 10.2 als Handlung 1 bezeichnet wird). Wir befinden uns hier also im Bereich des Kognitiven, das durch die Vorwegnahme des somatischen Zustands gefärbt ist und zu einer Handlung führt, die in direkter Beziehung zum einwirkenden Ereignis steht. Diese Handlung wird vom Subjekt wahrgenommen und für dieses zu einem Reiz, der aus der äußeren Wirklichkeit kommt. Im Ausgang von der Interaktion zwischen dem somatischen Zustand und der Phantasievorstellung, die die unbewußte innere Wirklichkeit ausmachen, kann jedoch eine innerpsychische Erregung auftreten. Aus dieser Interaktion entsteht der Trieb, der, um zur Abfuhr zu kommen, zu einer Handlung führt (Handlung 2 in *Abb. 10.2*), die selbst zu einem vom Subjekt als von außen kommenden wahrgenommenen Reiz wird. Wir sehen also, daß das Subjekt sich zugleich mit zwei Wahrnehmungen konfrontiert sieht. Die eine wurde von einem einwirkenden Ereignis der Außenwelt ausgelöst und führt zu einer Reaktion, die von kognitiven Prozessen geleitet wird, welche in Beziehung mit dieser Reizung stehen. Die andere wird als von der Außenwelt kommend interpretiert, geht jedoch in Wirklichkeit aus einer endogenen Reizung hervor. Das Subjekt ist also durch diese Wahrnehmungsidentität gespalten.

Betrachten wir ein Beispiel. Ein Mann steht in der Nacht auf und öffnet seinen Kühlschrank, weil er Hunger empfindet. Er fühlt sich schlecht dabei, weil er lieber Diät halten möchte, aber die Spannung ist zu stark, er widersteht der Versuchung nicht. Seine Frau

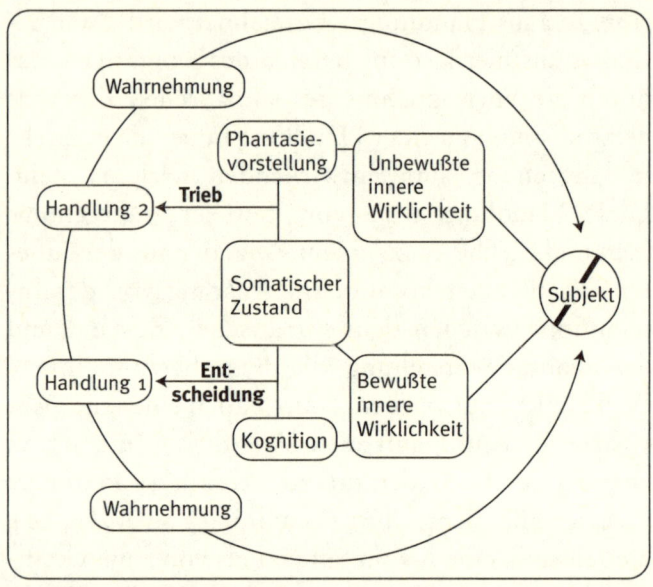

Abbildung 10.2: Das Subjekt – das eine bewußte und eine unbewußte innere Wirklichkeit umfaßt – wird gespalten durch die Einwirkung der Wahrnehmung von Handlungen, die entweder aus
Entscheidungsprozessen hervorgehen (Handlung 1) oder aus der
Triebabfuhr (Handlung 2).

trifft ihn in diesem Moment in der Küche an. Er er-
trägt das nicht, und bevor sie irgend etwas sagen
kann, weist er sie zurück, indem er ihr sagt, daß sie
ihn immer daran hindert, zu tun, was er begehrt. Natürlich geht es nicht um das Essen. Die Linderung,
die der Inhalt des Kühlschranks verschaffen sollte,
betrifft ein anderes Szenario, das jedoch jetzt unbewußt ist. Dieser Mann wirft seiner Frau vor, ihn ab-
zulehnen, insbesondere dann, wenn sie intim miteinander sind. Tatsächlich wird die analytische Arbeit

ihm offenbaren, daß das Umgekehrte der Fall ist. Er ist es, der Widerstand leistet, und zwar unter dem Druck eines unbewußten Szenarios von der Art des Inzests. Er entdeckt, daß er in ihr unbewußt seine Mutter begehrt, aber die ist ihm verboten. Daher rührt seine sexuelle Hemmung, die er auf seine Frau überträgt, während er ihr durch Projektion[18] den Vorwurf macht, sich ihm zu verweigern. Unbewußt sucht er bei dieser Frau, die er gewählt hat, was ihn an seine Mutter band, ihre Augen, ihr Geruch, die Art und Weise, wie sie sich ihm näherte. »Iß, iß!« sagte ihm seine Mutter immer, »mach' deinen Teller leer, werde groß, stark und schön!« Es handelt sich um ein Unbehagen, das mit dem inzestuösen Begehren verbunden ist. Das hindert ihn daran, sich mit dieser Frau frei zu fühlen, die er zu lieben meint, auch wenn er durch sie auf eine andere abzielt, eben seine Mutter.

Diese Spannung macht ihm zu schaffen. Er findet keine andere Möglichkeit, sie abzuführen, als durch Verschiebung auf ein Objekt, das dennoch in Zusammenhang mit seiner Mutter steht, nämlich dieses großartige Essen, das er übertreibt und auf das er ver-

---

18 »... eine Richtung des Verhaltens gegen solche innere Erregungen, welche allzu große Unlustvermehrung herbeiführen. Es wird sich die Neigung ergeben, sie so zu behandeln, als ob sie nicht von innen, sondern von außen her einwirkten, um die Abwehrmittel des Reizschutzes gegen sie in Anwendung bringen zu können. Dies ist die Herkunft der Projektion, der eine so große Rolle bei der Verursachung pathologischer Prozesse vorbehalten ist.« Freud, S., »Jenseits des Lustprinzips« (1920), *Gesammelte Werke*, Bd. 13, a. a. O., S. 29.

zichten sollte, um schlank und verführerisch zu bleiben. Er ist in einem Teufelskreis gefangen, in dem das, was sich in seiner Beziehung zur äußeren Wirklichkeit vollzieht, tatsächlich in erster Linie durch den Druck eines unbewußten Szenarios von Phantasievorstellungen von der Art des Inzests bestimmt wird. Dieses Szenario ist für ihn noch unerkundet und eine Quelle der Spannung und der Abfuhr. Es gibt eine Verwechslung zwischen der Wahrnehmung der Handlung, die mit der bewußten Wirklichkeit verbunden ist (Hunger haben), und der Wahrnehmung, die von der unbewußten Wirklichkeit bestimmt wird (inzestuöses Begehren). Die Wahrnehmung dieser Handlungen konvergiert auf eine einzige Handlung – das Öffnen des Kühlschranks –, selbst wenn etwas ganz anderes am Ursprung dieser Handlung steht.

Die Wahrnehmungsidentität der beiden Handlungen (den Kühlschrank öffnen und sich seiner Frau gegenüber aggressiv verhalten) spaltet ihn. Daher rührt sein Mißbehagen. Er weiß nicht, wovon er bewegt wird. Er verhält sich seiner Frau gegenüber aggressiv aufgrund eines inneren Konflikts, dessen er sich in keiner Weise bewußt ist. Er erkennt sich in diesem Verhalten nicht wieder. Er denkt, daß der Konflikt sich um das Essen dreht; dabei ist sein Problem zwischen seiner Frau und seiner Mutter lokalisiert. Seine Handlung gegenüber dieser Frau, die er liebt, verwirrt ihn. Warum dieser Ausbruch von Aggression? Ist er das noch? Im Beispiel des Mannes, der Hunger hat, beunruhigt die Wahrnehmungsidentität die Identität des Subjekts. Unser Ehemann ist gespalten zwischen dem, was auf die gegenwärtige Situation zurückgeht, und dem, was aus einer unbewußten Wirklichkeit stammt, die zufällig durch den Druck eines simplen somatischen Zustands, der mit Hunger verbunden ist, aktiviert wurde. Die Verknüpfung der beiden entsteht aus der Koinzidenz zwischen dem Hunger, der ihn umtreibt, und der früheren Beziehung der Mutter zum Essen.

Glücklicherweise wird das Subjekt durch die Störung, die mit der Wahrnehmungsidentität verbunden ist, nicht immer zum Handeln veranlaßt. Es kommt zu einer Dialektik zwischen dem, was durch die Triebabfuhr vom Lustprinzip bestimmt wird, und dem Realitätsprinzip (siehe *Abb. 10.3*). In der Tat besteht eine widersprüchliche Beziehung zwischen dem, was der unbewußten inneren Wirklichkeit entstammt, und der Möglichkeit, der Wirklichkeit auf bewußte, kritische und kognitive Weise Rechnung zu tragen. Die Tendenz zur Handlung, die aus der Triebabfuhr entsteht, ist der Bewährung an der Wirklichkeit unterworfen. Aufgrund dessen, daß er durch sein Mißbehagen gespalten ist, kann er den Eindruck haben, daß er sich von der Wirklichkeit entfernt. Er kann auch die Wirkung der Wahrnehmung einer vom Trieb bestimmten Handlung korrigieren und zur Wahrnehmung der gegenwärtigen Situation zurückkehren. In unserem Beispiel kann er durch den aggressiven Ausbruch verwirrt werden, sich mißtrauen und Abstand nehmen. Die Bewegung, die ihn davonträgt, kann rätselhaft werden, weil sie von der gegenwärtigen Situation nicht gerechtfertigt wird, was ihn auf die Fährte des unbewußten inzestuösen Begehrens bringt, das in seinem Verhalten am Werk ist. Daraufhin kann er handeln, d. h. eine kohärente Handlung vollziehen, die der Wirklichkeit entspricht, selbst wenn das Mißbehagen andauert. Daher ist für Freud mit dem Lustprinzip ein Realitätsprinzip in einer konflikthaften Dialektik verkoppelt, in der letzteres eine regulierende Wirkung haben kann und eine Befriedigung zurückzustellen erlaubt, die direkt aus der Triebabfuhr hervorgehen würde (siehe *Abb. 10.3*).

Das Realitätsprinzip geht aus dem hervor, was Freud den Sekundärprozeß nennt. Im Gegensatz zum Primärprozeß beruht er auf dem Widerspruch, verwendet die Negation, kennt Zeit und räumliche Differenzierung, ermöglicht einen Aufschub der Abfuhr durch den Denkprozeß, der sich im Ausgang von der Vorstellungsaktivität bildet. Wie Freud schreibt: »Das Denken wurde mit Eigenschaften ausgestattet, welche dem seelischen Apparat das Ertragen der erhöhten Reizspannung während des Aufschubs der Abfuhr ermöglichten.«[19] Wenn nach Lacan der Primärprozeß zur Identität der Wahrnehmung neigt, so neigt der Sekundärprozeß zu einer Identität des Denkens.[20] Was heißt das? »Es heißt,

19 Freud, S., »Formulierungen über die zwei Prinzipien des psychischen Geschehens« (1911), *Gesammelte Werke*, Bd. 8, a. a. O., S. 233.
20 Was Lacan bei Freud ab dem Kapitel VII der *Traumdeutung*, aber auch im *Entwurf* ausmacht; siehe dazu: Lacan, J., *Die Ethik der Psychoanalyse*, a. a. O., S. 41.

daß das innere Funktionieren des psychischen Apparats [. . .] in die Richtung eines Tastens, eines richtigstellenden Probens geht, durch welches das Subjekt anhand der auf bereits errichteten *Bahnungen* verlaufenden Abfuhrvorgänge jene Reihe von Versuchen, von Umwegen macht, die es allmählich zur Anastomose, zum Überschreiten der Erprobung des umgebenden Systems verschiedener, in dem Moment in der Erfahrung gegenwärtiger Objekte führen.«[21] Auf diese Weise führt Lacan zu folgender paradoxen – und jedenfalls überraschenden – Formulierung hin: »Alles Denken geschieht seiner Natur nach auf unbewußten Wegen.«[22] Diese Behauptung kommt tatsächlich unerwartet. Das Denken scheint auf den ersten Blick auf der Ebene des Realitätsprinzips, das vom Sekundärprozeß gesteuert wird, angesiedelt werden zu müssen. Natürlich ist es nicht das Lustprinzip, das das Denken beherrscht. Das hindert jedoch nicht daran, daß dieses sich in und aus einem Bereich heraus entfaltet, der unbewußt ist, und es in diesem Sinne dem Lustprinzip unterworfen ist.

Das Denken ermöglicht die Zurückstellung der Abfuhr; daher ist es paradoxerweise durch diese Notwendigkeit der Abfuhr und durch die Logik bestimmt, die diese Notwendigkeit beherrscht – die gerade die Notwendigkeit des Unbewußten ist, des Primärprozesses und des Lustprinzips –, indem Vorstellungen ins Spiel gebracht werden, die mit unbewußten Wünschen und der erwarteten Lust zu tun

21 Lacan, J., ebd., S. 41 f.
22 Lacan, J., ebd., S. 42.

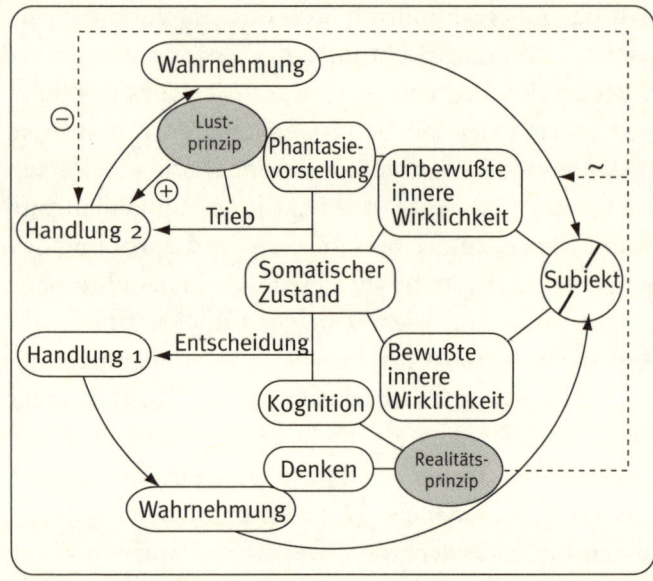

Abbildung 10.3: Das Realitätsprinzip moduliert (~) die Wahrnehmung der Handlung, die aus der Triebabfuhr entspringt, oder hemmt sie (–). Es besteht also eine dialektische Beziehung zwischen dem unbewußten Lustprinzip und dem Realitätsprinzip, das mit dem Bewußtsein verbunden ist und das Denken beinhaltet.

haben. Alles Denken vollzieht sich also unzweifelhaft über unbewußte Bahnen aufgrund des Drucks, der in der unbewußten Welt besteht. Das ist seine wesentliche Eigenart.

Wir haben also gesehen, wie das Szenario der Phantasievorstellungen, das mit einem somatischen Zustand verbunden ist, zu einer Triebabfuhr führt, die die Handlung sowie die verschiedenen Triebschicksale gemäß dem Lustprinzip bestimmt. Es handelt sich um eine Gesamtheit von Erscheinungen, die auf die Erhaltung der Homöostase entsprechend einem Trägheitsprinzip abzielt, während zugleich ein Prinzip der Konstanz der Variablen eingehalten wird, die das innere Milieu ausmachen. All das beruht also auf der Verbindung zwischen einem somatischen Zustand und unbewußten Vorstellungen, die dem Szenario der Phantasievorstellungen angehören.

Was geschieht, wenn diese Verbindung nicht hergestellt werden konnte? Um diese Frage zu beantworten, versetzen wir uns in die hypothetische Situation des Neugeborenen, in seinen Zustand der Hilflosigkeit,[23] der noch nicht durch die Handlung des anderen aufgelöst wurde und der die Abfuhr und die Aufzeichnung in Form einer Spur der Erfahrung ermöglicht. Erinnern wir uns zu diesem Zweck noch einmal daran, daß Freud die Auffassung vertrat, der Organismus sei nicht in der Lage, sich selbst zu entlasten, und daß er aufgrund seiner eigenen inneren Erregung der sicheren Zerstörung anheimfalle, deren Zeichen die Hilflosigkeit ist. Wie jeder Organismus ist der Säugling allen möglichen Arten von Veränderungen in seinem somatischen Zustand unterworfen, die sich zum größten Teil über eine äußere Zufuhr in einem physiologischen Zustand einrichten. Beispielsweise ist sogar die Wärmeregulation zu Beginn des Lebens schwierig und erfordert ein Sich-Kümmern des anderen. Dasselbe gilt natürlich für alle Phänomene, die mit der Ernährung zu tun haben.

23 Zum Zustand der Hilflosigkeit des Säuglings siehe Freud, S., »Hemmung, Symptom und Angst« (1926), *Gesammelte Werke*, Bd. 14, Kap. VIII, a. a. O., S. 168.

Auf diese Weise sind, wie wir schon festgestellt haben, die Schutzfunktionen im Hinblick auf die dem lebendigen Organismus eigentümliche Erregung (somatischer Zustand) wesentlich. Der kleine Mensch unterliegt zu Beginn des Lebens dem, was man das Behagen des Lebendigen nennen könnte, ein rohes, ursprüngliches Behagen, das von dem anderen nicht kanalisiert wird und zugleich nicht mit Vorstellungen verbunden ist. In der Unlust manifestiert sich nur das Somatische und enthält jene berüchtigte Hilflosigkeit, über die wir uns lange verbreitet haben. Durch das Befriedigungserlebnis, das das Handeln des anderen erfordert, werden Spuren aufgezeichnet, die auch die Wege der Abfuhr für den Trieb festlegen. Man könnte sagen, daß es die spezifische Handlung des anderen ist, die nach und nach den Weg des Triebs fixiert. Auf jeden Fall ist das eine besondere Weise, die Wirkung der Erziehung zu sehen. Das Kind wird zunächst von somatischen Zuständen bewegt, d. h. von der Kraft des Lebendigen, die noch nicht durch die Assoziation mit unbewußten psychischen Spuren kanalisiert ist.[24] Man kann ermessen, bis zu welchem Grad die unbewußte innere Wirklichkeit eine Kanalisierungsfunktion für die Energie hat, die dem Lebendigen eigentümlich ist. In diesem Sinne könnte man von einer biologischen Funktion des Unbewußten für das Überleben des Individuums sprechen. Ohne diese Assoziation zwischen somatischen Zuständen und psychischen Spuren könnte die

---

24 Natürlich gibt es parallel auch Spuren, die von den Gedächtnissystemen und den Lernmechanismen bewußt aufgezeichnet werden.

Erregungsabfuhr das Lebewesen zu einem anorganischen Zustand der vollständigen Auflösung führen, ohne das Konstanzprinzip einzuhalten, das für das Überleben notwendig ist. Wir hätten dann eine Trägheit, die bis hin zum Tod, zur Rückkehr ins Leblose, vollständig in eine rasche Erschöpfung des Lebens auslaufen würde.

Betrachten wir nun ein Individuum, von dem wir annehmen, daß es auf der psychischen Ebene organisiert sei, und das seine unbewußte innere Wirklichkeit durch das Gewebe der Aufzeichnungen und Umschreibungen von Spuren, die mit einem somatischen Zustand assoziiert sind, aufbauen konnte. Gleichwohl stellen wir uns vor, daß eine Auflösung stattfindet, die die somatischen Zustände von den unbewußten Vorstellungen entkoppelt, die das Szenario der Phantasievorstellungen bilden. Die konstitutiven Elemente des Ursprungs des Triebs sind dann unverbunden und gestatten nicht mehr das Auftreten eines Triebs, der dem Lustprinzip gehorcht. Wir wären dann weit jenseits des Lustprinzips, nämlich in einer Situation, in der das Behagen des Lebewesens wieder die Oberhand gewinnt wie in einem Zustand der ursprünglichen fehlenden Organisation. Das Subjekt wird von somatischen Zuständen überwältigt, deren Gegenstand es ist, und ist in einem Prozeß der Entsubjektivierung, der Zerstörung gefangen, die von der inneren Energie herrührt, welche von somatischen Zuständen ausgeht, die von jeglicher Vorstellung entkoppelt sind. Es wird zu einem Objekt des Lebens. Wir hätten also einen Prozeß der Zerstörung des Subjekts durch sich selbst vom somatischen Zustand aus. Das hat Freud anhand des Begriffs des Todestriebs[25] zu fassen versucht, der für ihn eine grundlegende Kategorie von Trieben bezeichnet, die durch ihre systematische Tendenz zur Zerstörung den Lebenstrieben entgegengesetzt sind.

Fassen wir zusammen: Somatische Zustände, die nicht durch die Möglichkeit einer Triebabfuhr kanalisiert werden, welche sich aus ihrer Assoziation mit Repräsentationen des Szenarios von Phantasievorstellungen ergibt, würden zu einer Zerstörung des Subjekts führen. Wir haben gesehen, wie sich dadurch eine grundlegende biologische Funktion der unbewußten inneren Wirklichkeit aufweisen läßt. Die Frage ist hier, warum nicht kanalisierte somatische Zustände zu Verhaltensweisen der Selbstzerstörung führen würden. Eine Möglichkeit, diese Frage anzugehen, besteht darin, zu sagen, daß biologische Systeme, und insbesondere der Mensch, eine spontane, vorprogrammierte Funktionsweise haben, die selbstzerstörerische Prozesse ins Spiel bringt, die Freud als Todestrieb versteht. Das ist natürlich *a priori* eine gewagte Hypothese, denn man neigt zu der Vorstellung, daß biologische Systeme zur Homöostase tendieren und somit zur Erhaltung der Integrität des Organismus. Dennoch ist diese Überlegung die einzige, die Verhaltensweisen zu erfassen ermöglicht, die nicht dem Lustprinzip gehorchen und die, wie Freud sagt, jenseits des Lustprinzips ste-

25 Freud, S. »Jenseits des Lustprinzips« (1920), *Gesammelte Werke*, Bd. 13, a. a. O., S. 40.

hen. Um eine Analogie aus der Thermodynamik zu bemühen, könnte man sagen, daß die Organisation des Lebendigen zu einer maximalen Entropie hin tendieren könnte, was den Weg zur Auflösung und damit zum Tod bedeutet. Das Prinzip des Lebendigen selbst wäre der Tod. Das Unbewußte, und insbesondere das Szenario von Phantasievorstellungen, ermöglicht die Kanalisation der Entropie des Systems und ihre Eindämmung in einer retroaktiven, selbstregelnden Schleife, indem es diese natürliche Tendenz kanalisiert, wodurch das Lebewesen in einem Prozeß der Auflösung die Oberhand gewinnt. Somit hätte das Lebendige eine spontane Tendenz zum Tod, zur Auflösung, zur Entropie, d.h. zur Selbstzerstörung, und das Unbewußte wäre diejenige Instanz, die die somatischen Zustände in den Trieben zu organisieren gestattet, die in einem physiologischen System auftreten, das auf die Erhaltung des inneren Milieus und die Homöostase abzielt.

Kapitel 11
Freud und James
Eine extreme Zusammenfassung

Jeder Organismus – und der Mensch ist keine Ausnahme von dieser Regel – ist, von einem physiologischen Standpunkt aus betrachtet, eine Entität, die durch motorische Handlungen[1] auf Reize reagiert. Mit anderen Worten und vereinfacht gesagt, die äußere Wirklichkeit wird von sensorischen Systemen wahrgenommen, die eine angemessene motorische Antwort auslösen. Im Extremfall ist das das Modell des Reflexbogens, das keiner besonderen Erläuterung bedarf.

Es gibt aber nicht nur die Abfuhr innerhalb des Reflexbogens. Die äußeren Wahrnehmungen können auch synaptische Spuren hinterlassen, die sich in das Nervensystem durch die Mechanismen der Plastizität einprägen. Diese synaptischen Spuren sind die neurobiologischen Korrelate dessen, was wir mit Freud »Wahrnehmungszeichen« genannt haben. Gleichwohl genügt diese Abfolge sehr einfacher Er

---

1 »Das erste, das uns auffällt, ist nun, daß dieser aus Ψ-Systemen zusammengesetzte Apparat eine Richtung hat. All unsere psychische Tätigkeit geht von (inneren und äußeren) Reizen aus und endigt in Innervationen. Somit schreiben wir dem Apparat ein sensibles und motorisches Ende zu; an dem sensiblen Ende befindet sich ein System, welches die Wahrnehmungen empfängt, am motorischen Ende ein anderes, welches die Schleusen der Motilität eröffnet. Der psychische Vorgang verläuft im allgemeinen vom Wahrnehmungsende zum Motilitätsende.« Freud, S., »Die Traumdeutung«, *Gesammelte Werke*, Bd. 2/3, a. a. O., S. 542.

eignisse, die man beispielsweise mit dem Rückzugs-
reflex des Siphons bei der Seeschnecke[2] in Verbindung bringen könnte, nicht, um anderen komple-
xeren Dimensionen des menschlichen Verhaltens
Rechnung zu tragen.

Wie wir im vorangehenden Kapitel gesehen haben,
schlägt die Theorie der somatischen Marker vor, daß
mit einer bestimmten Wahrnehmung ein somatischer
Zustand assoziiert wird: Das ist die Grundlage der
Theorie der Emotionen und der Entscheidungsme-
chanismen, die zur Handlung führen.

Man kann also der elementaren Dimension der direkten Beziehung zwischen Wahrnehmung und Reaktion eine weitere hinzufügen: diejenige nämlich,
die mit den somatischen Markern verbunden ist und
die auf der Grundlage gebildeter Vorstellungen die
Fähigkeit zur Vorhersage dessen liefert, was die Konsequenz der motorischen Reaktion sein wird. Aufgrund dessen wird der Reflexbogen Wahrnehmung-
Handlung stark durch den emotionalen Aspekt
moduliert, der mit dem somatischen Zustand verbunden ist, der wiederum mit einer Wahrnehmung
assoziiert ist. Diese Auffassung bleibt jedoch im Bereich des Bewußtseins: Die äußere Wirklichkeit
taucht in der Tat im Bewußtsein als unzertrennlich
mit einem somatischen Zustand verbunden auf.

Gleichwohl existiert noch eine dritte Dimension:
das Unbewußte und die Bildung einer neuen inneren
Wirklichkeit, die für jedes Individuum einzigartig ist.

2 Kandel, E. R., »The Molecular Biology of Memory Storage: A Dialogue between Genes and Synapses«, a. a. O.

Während die äußere physikalische und biologische Wirklichkeit für alle gleich ist, ist die innere Wirklichkeit unvermeidlich einzigartig und für jeden besonders. Wenn die äußere Wirklichkeit durch einen somatischen Zustand gefärbt wird und zu einer motorischen Reaktion führen kann, nährt die Wahrnehmung der äußeren Wirklichkeit zugleich eine andere innere Wirklichkeit, die in ständigem Aufbau begriffen ist und die die motorische Reaktion modulieren oder ihrerseits weitere Reaktionen hervorbringen kann (siehe Kapitel 9). In diesem Sinne kann man Freuds Behauptung verstehen, daß alles von der Wahrnehmung abgeleitet sei.[3] Die Gesetze, die die innere Wirklichkeit durch die Tatsache sukzessiver Umschreibungen regieren, führen zu einer neuen Komplexität, bei der der Signifikant – der keine einfache Beziehung mehr mit dem Signifikat der äuße-

---

3 Wie Freud sagt: »Alle Vorstellungen stammen von Wahrnehmungen.« Freud, S., »Die Verneinung« (1925), *Gesammelte Werke*, Bd. 14, a. a. O., S. 14. Siehe hierzu auch die Ausführungen Freuds im Zusammenhang mit der Metapher des Wunderblocks, wo er die unendliche Fähigkeit des psychischen Apparats bespricht, neue Spuren afferenter Wahrnehmungen zu empfangen, eine Fähigkeit, die mit der Tatsache verbunden ist, daß »sich unbegrenzte Aufnahmekapazität und Erhaltung von Dauerspuren auszuschließen scheinen«, während er zugleich präzisiert, daß umgekehrt »das unerklärliche Phänomen des Bewußtseins [...] im Wahrnehmungssystem an Stelle der Dauerspuren [entstehe]«; vgl. Freud, S., »Notiz über den Wunderblock« (1925), *Gesammelte Werke*, Bd. 14, a. a. O., S. 4-5. Die Vorstellung, daß die bewußte Wahrnehmung und das Gedächtnis sich ausschließen, trat schon im Brief 112 an Wilhelm Fließ vom 6. 12. 1896 auf (vgl. Freud, S., a. a. O., S. 218). In diesem Zusammenhang ist es bemerkenswert, daß Freud das Bewußtsein als ein unerklärlicheres Phänomen betrachtet als das Unbewußte.

ren Wirklichkeit unterhält – einem neuen Signifikat entspricht, nämlich der inneren Wirklichkeit, die aus einer Kette von Signifikanten besteht, die anderen Gesetzen gehorchen als denen der materiellen physikalischen und biologischen Wirklichkeit.

Der Prozeß der Plastizität transformiert die Signifikanten, die mit der äußeren Wirklichkeit verbunden sind. Da diese in eine Kette von Assoziationen eingebunden sind, führen sie zu weiteren Signifikanten, die nicht mehr den Signifikaten der äußeren Wirklichkeit entsprechen: Auf diese Weise konstituiert sich die innere Wirklichkeit. Mit anderen Worten, wenn in einem ersten Schritt die Wörter und Buchstaben, d. h. der Signifikant dem Signifikat der äußeren Wirklichkeit entsprechen, d. h. einem Gegenstand oder einer Situation, assoziiert sich der Signifikant durch eine Bewegung, die unbewußt stattfindet, mit einer Kette von weiteren Signifikanten, um ein neues Signifikat zu erzeugen, was bedeutet, daß derselbe Signifikant mit einer äußeren Wirklichkeit assoziiert sein kann und gleichzeitig mit einem anderen Signifikat in der inneren Wirklichkeit, die in ständigem Umbau begriffen ist, bis er vom ursprünglichen Signifikat abgeschnitten wird, das dann vollständig verlorengegangen ist. Im psychoanalytischen Prozeß dient die Suche nach diesen ursprünglichen Signifikanten dazu, die konstitutiven Bestandteile der Innenwelt aufzudecken.

Merkwürdigerweise gibt es hier einen Konvergenzpunkt zwischen der Neurobiologie und der Konzeption der psychoanalytischen Kur, insofern ein Signifikant einem Wahrnehmungszeichen, aber auch einer synaptischen Spur entspricht. Hier haben wir einen der Orte der Konvergenz und Verschränkung zwischen den beiden Inkommensurablen, die im ersten Kapitel besprochen wurden.

Das Eigentümliche dieser inneren Wirklichkeit, die nach und nach in Abhängigkeit von der Erfahrung durch die Mechanismen der synaptischen Plastizität gebildet wird, besteht also in der Organisation gemäß einer Logik, nach der die Signifikanten sich miteinander assoziieren, indem sie sich unserer bewußten Kodifizierung entziehen und ein Zwang ausübendes Szenario von Phantasievorstellungen bilden. Auf diese Weise entsteht eine innere Wirklichkeit, die andere logische Verkettungen aufweist als die äußere Wirklichkeit und durch die die Signifikanten sich zu Szenarios organisieren, die den Phantasievorstellungen entsprechen. Cocteau hat das geahnt, als er mit Bezug auf die Geschichte und die Mythologie sagte: »Die Geschichte besteht aus Wahrheiten, die allmählich zu Lügen werden, während die Mythologie aus Lügen besteht, die sich in Wahrheit verwandeln.« In diesem Bild entspricht die Geschichte der Wahrnehmung der äußeren Wirklichkeit, die in eine Phantasievorstellung umgestaltet und reorganisiert wird, die in unserem Zusammenhang jener inneren Wirklichkeit entspricht, die allmählich zur Wirklichkeit des Subjekts wird.

Diese neuen Signifikanten des Unbewußten, die in einem Szenario von Phantasievorstellungen organisiert sind, sind eng mit jenen somatischen Zuständen verbunden, die die somatische Verankerung des Triebs darstellen. Seit William James bildet die Assoziation zwischen der Wahrnehmung der äußeren Wirklichkeit und dem somatischen Zustand die biologische Grundlage der Emotion im Bereich des Bewußtseins. Analog dazu läßt sich sagen, daß die Assoziation zwischen den Signifikanten der inneren Wirklichkeit und einem somatischen Zustand den Ursprung des Triebs darstellt. Der entscheidende Punkt an dieser Stelle, der die dritte Dimension ins Spiel bringt, die wir weiter oben angesprochen haben, besteht darin, daß diese innere Wirklichkeit auf dieselbe Weise wahrgenommen und integriert wird wie die Wahrnehmung der äußeren Wirklichkeit. Man kann in der Tat sagen, daß die Wahrnehmung der äußeren Wirklichkeit eine Sinnesphysiologie darstellt, während die Wahrnehmung der inneren Wirklichkeit eine Physiologie des Unbewußten ist.

Die Wahrnehmungen der inneren Wirklichkeit sind genauso stark und prägend wie die Wahrnehmungen der äußeren Wirklichkeit. Sie erhalten und integrieren sich auf derselben Operationsebene, um eine Handlung oder ein Verhalten zu erzeugen. Das Charakteristische der Psychoanalyse besteht darin, diese Physiologie des Unbewußten zu dekodieren, indem man von Signifikanten ausgeht, die in diesem Unbewußten mit Signifikaten assoziiert sind, die nicht mehr den Signifikaten des Kodes der äußeren Wirklichkeit entsprechen.

Auf welcher Ebene findet die Integration der Wahrnehmungen der äußeren Wirklichkeit und der

Wahrnehmungen, die von der inneren Wirklichkeit herstammen, nun aber statt? Das wird Gegenstand des Kapitels 13 sein. Nach der Theorie der somatischen Marker ermöglicht ein bestimmter somatischer Zustand die Leitung des bewußten Entscheidungsprozesses. Dieser Entscheidungsprozeß zielt auf die Erhaltung der Homöostase des inneren Milieus ab, in jedem Fall aber auf die Vermeidung eines unangenehmen somatischen Zustands. Entsprechend könnte man sagen, daß die Wahrnehmung der inneren Wirklichkeit die letztliche Entscheidung beeinflußt, um ein bestimmtes Verhalten zu steuern, und zwar mit dem Ziel, den niedrigsten Energiezustand herzustellen oder wiederherzustellen. Erstaunlicherweise kann man die äußere und die innere Wirklichkeit nebeneinanderstellen und findet dann jedesmal eine Abfolge einer Wahrnehmung und eines somatischen Zustands, der auf der Ebene des Bewußtseins in eine Emotion und auf der Ebene des Unbewußten in den Trieb mündet. In beiden Fällen ergibt sich daraus eine Handlung zur Erhaltung der Homöostase (siehe *Abb. 10.2* und *10.3*). Ziel der Handlung, die im Ausgang von Reizen der äußeren oder inneren Wirklichkeit ausgelöst werden kann, ist die Erhaltung der Homöostase.

Daher könnte man die Ansicht vertreten, daß die psychoanalytische Arbeit in der Dekodierung der inneren Wirklichkeit, einschließlich der für die somatischen Zustände charakteristischen Prozesse, besteht, d.h., indem sie sich im Grunde auf die Triebdimension bezieht, um einen direkten Zugang zu der äußeren Wirklichkeit zu gestatten, und so die Möglichkeit eines Handelns eröffnet, das von den Konstruktionen der Phantasievorstellungen, die eine so starke parasitäre Wirkung auf es ausüben, befreit ist.

Kapitel 12
...Redibit non muerit...
Plastizität des Werdens und Werden der Plastizität

Die Subjektwerdung wird am häufigsten im Ausgang von der Retrospektive untersucht, die den Eindruck erweckt, daß sich infolge einer Reihe kausaler Verkettungen kontinuierlich eine Geschichte ereignet. Die Wirklichkeit des Subjekts ist jedoch eine andere: Potentiell ist es in jedem Augenblick der radikalen Unvorhersehbarkeit seines Werdens unterworfen.

Eine solche Feststellung trifft besonders auf das psychische Werden zu, das man weder auf die Vorstellung einer vorprogrammierten Entwicklung noch auf die einer direkten psychischen Kausalität reduzieren kann. Tatsächlich kann man eine erlebte Wirklichkeit und ihre subjektive Wirkung nicht einfach miteinander verbinden, ohne die Reaktionsmöglichkeiten des Subjekts zu berücksichtigen. Auf der Ebene des Psychischen könnte man die Ansicht vertreten, daß die Kombination vieler Determinanten zu Wirkungen führt, die *a priori* unvorhersagbar sind.

Dasselbe gilt für die organische Ebene im Hinblick auf das Phänomen der Plastizität, bei dem die vielen epigenetischen Faktoren, die die Organisation des neuronalen Netzes jenseits jeder genetischen Determination beeinflussen, zu einem Werden führen, das grundsätzlich unvorhersehbar ist. Betrachten wir den Prozeß: Die Erfahrung wird aufgezeichnet. Sie hinterläßt eine Spur. Diese Spur hat einen determinierenden Einfluß. Die Determination ist somit durch den Umbau des neuronalen Netzes, der der Bildung einer Spur entspricht, synchron begründet – d. h. der Umbau erfolgt gleichzeitig mit dem Ereignis. Ist jedoch die Verbindung zwischen den Spuren, von Spur zu Spur, die das Werden des Individuums bestimmt, selbst determiniert? Was auf der synchronen Ebene determiniert ist, ist es vielleicht nicht mehr gänzlich auf der diachronen Ebene – d. h. in der sukzessiven Verkettung der Spuren untereinander. Von Umbau zu Umbau wächst die Flexibilität der Reaktionen an und entfernt das Subjekt so von seinen Determinanten. Auf diese Weise entfernt der epigenetische Prozeß das Subjekt von seiner genetischen Determination. Man erkennt, bis zu welchem Grad die Plastizität das Paradox der genetischen und epigenetischen Determinanten, die das Subjekt offen sein lassen für potentiell vielfache und *a priori* unvorhersehbare Entwicklungen, in den Vordergrund rückt.

Jedenfalls bleibt die Frage völlig unangetastet, wie eine materielle Wirklichkeit sich in eine psychische Wirklichkeit verwandeln kann und umgekehrt. Dieser Übergang erfordert zu seinem Verständnis ein Verstehen dessen, wie die Identität der Tatsachen, die man als verbunden betrachtet, übertragen und aufrechterhalten wird. Man kann sich gut vorstellen, daß es keinen einfachen Übergang von einer Dimension zur anderen gibt. Diese skeptische Intuition hatte Freud schon am Beginn seines Werks: »Die Kette der physiologischen Prozesse im Nervensystem steht nicht in einem Kausalzusammenhang mit den psychischen Prozessen.«[1]

Wie dem auch sei, die Plastizität verlangt, daß man die Frage des Determinismus auf neue Weise stellt. Die Plastizität bringt über die strukturellen und funktionellen Modifikationen, die von der Erfahrung erzeugt werden, auch eine Plastizität des Werdens mit sich. Das Werden wäre dann weder determiniert noch indeterminiert, sondern plastisch.

Um uns der Rolle der Plastizität zu nähern, genauer der Rolle der Veränderungen, die sie in den neuronalen Schaltkreisen hervorbringen kann, und zwar sowohl synchron als auch diachron, versuchen wir einen sehr einfachen Fall zu betrachten (siehe *Abb. 12.1*). Stellen wir uns den Reiz S_1 vor, der zur Zeit t_1 wahrgenommen wird, wenn das neuronale Netz sich in einem bestimmten Zustand befindet, den wir mit Z bezeichnen. Dieser Reiz S_1, der von dem neuronalen Netz im Zustand Z verarbeitet wird, erzeugt eine Reaktion, die wir R_1 nennen. Durch die Mechanismen der Plastizität hinterläßt der Reiz S_1 eine Spur (Aufzeichnung A_1) im neuronalen Netz und verändert es dadurch. Das neuronale Netz befindet sich dann in einem Zustand den wir Z' zur Zeit t_2 nennen. Wenn in diesem Augenblick ein zweiter Reiz auftritt – nehmen wir an, um die Argumentation zu

1 Freud, S., *Zur Auffassung der Aphasien* (1891), Studienausgabe, Bd. III, Frankfurt/M., S. Fischer Verlag, 1975. Später wird er sich jedoch optimistischer bezüglich der möglichen Beiträge der Biologie zur Psychoanalyse zeigen (siehe das im Vorwort genannte Zitat aus »Jenseits des Lustprinzips«, 1920, Anmerkung 7, a. a. O.).

vereinfachen, daß der Reiz 2 dem Reiz 1 gleich ist –, wird S_2 eine Reaktion erzeugen, die wir R_2 nennen. Diese Reaktion R_2 kann mit R_1 identisch sein, es ist jedoch vorstellbar, daß der Umbau, der zwischen Z und Z' stattfand, zur Konsequenz hat, daß die Reaktion R_2 von der Reaktion R_1 verschieden ist. Man sieht also, daß die Plastizität eine gewisse Flexibilität ins Spiel gebracht hat, also auch einen bestimmten Grad an Unbestimmtheit in bezug auf denselben ursprünglichen Reiz. Als Antwort auf denselben Reiz gibt es in der Tat zur Zeit t_2 eine neue Reaktionsmöglichkeit, die sich von A_1 unterscheidet und die zu t_1 noch nicht notwendigerweise vorstellbar war. Man kann diese Überlegung weiterführen und annehmen, daß zur Zeit t_3 ein gleicher Reiz S_3 auf das System einwirkt, das sich nun im Zustand Z" befindet. Die Reaktion R_3 kann so sein wie R_1 oder wie R_2 oder aber verschieden, was einen zusätzlichen Grad an Flexibilität mit sich bringt. In diesem absichtlich vereinfachten Modell haben wir angenommen, daß die Reize S_1, S_2 und S_3 gleich waren. Wenn sie verschieden wären, wäre die Flexibilität der Reaktionen des Systems um so deutlicher.

Der Mechanismus der Plastizität in einer zeitlichen Folge eines diachronischen Werdens baut die neuronalen Schaltkreise so um, daß ein gleicher Reiz zu verschiedenen Reaktionen führen kann. Die Plastizität führt also einen Grad der Flexibilität in die Reaktionen ein, der das neuronale Netz von der eindeutigen und determinierten Reaktion entfernt, die ein starres und zeitlich fixiertes System aufweisen

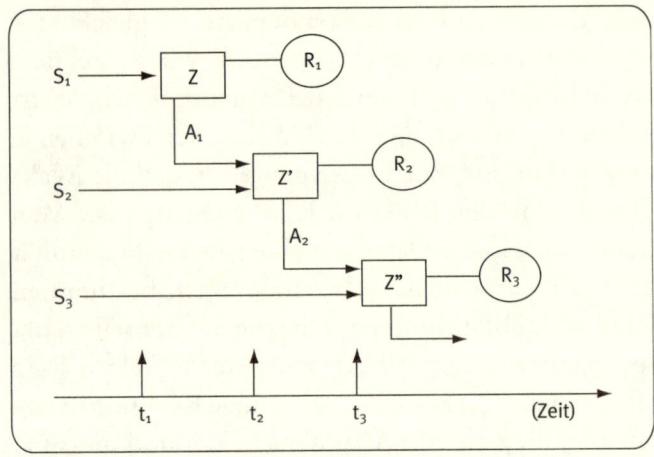

Abbildung 12.1: S_1, S_2, S_3 sind drei aufeinanderfolgende (diachronische) Reize. Z ist der Grundzustand des neuronalen Netzes in dem Augenblick, in dem S_1 wahrgenommen wird. Z' ist der Zustand des neuronalen Netzes, das durch die Aufzeichnung A_1 infolge des Reizes S_1 umgebaut wurde. Z'' ist der Zustand des neuronalen Netzes nach der Aufzeichnung A_2 im Anschluß an den Reiz S_2. Ähnliches gilt für S_3. R_1 ist die Handlung, die als Reaktion auf S_1 entsteht, wenn das neuronale Netz im Zustand Z ist. R_2 ist die Handlung, die als Reaktion auf S_2 hervorgebracht wird, wenn das neuronale Netz im Zustand Z' ist. Ähnliches gilt für R_3 etc. R_1, R_2 und R_3 können gleich oder verschieden sein; im letzteren Fall hat die Plastizität eine Flexibilität eingeführt. Die Plastizität bringt potentiell Unbestimmtheit mit sich.

würde. Um den englischen Neurobiologen Robert Turner zu zitieren, können wir sagen: »Wir gebrauchen nie zweimal dasselbe Gehirn.« (*We never use the same brain twice.*) Auch wenn sie diesen Grad an Flexibilität einführt, so wirkt doch die Plastizität innerhalb bestimmter Beschränkungen, die mit dem jeweils gegebenen neuronalen Netz zu tun haben, und die Flexibilität der Reaktion, die durch die Mechanismen der Plastizität eingeführt wird, bedeutet nicht unbedingt völlige Freiheit der Reaktion: Das neuronale Netz und die Mechanismen der Plastizität selbst unterliegen biologischen Beschränkungen, die, obwohl sie einen sehr großen Raum an Flexibilität eröffnen, sich in einem Kontext biologischer Determination manifestieren. Das Phänomen der Plastizität selbst verpflichtet jedenfalls dazu, die Komplexität, die aus einer Determination der Flexibilität oder, anders ausgedrückt, aus einer Determination des Zufälligen resultiert, gedanklich zu fassen.

Wir wollen uns hier nicht von einem philosophischen Standpunkt auf eine Debatte um den Begriff des Determinismus einlassen. Wir nehmen vielmehr den Standpunkt der Physiologie ein und meinen einfach, daß wir es mit einem System zu tun haben, das sich durch die Mechanismen der Plastizität von Reiz zu Reiz neu organisiert und umgestaltet, was dazu führt, daß diachron, d. h. in der Zeit, der gleiche Reiz je nach dem Zustand des Systems zu verschiedenen Reaktionen führen kann. Wenn die Diachronie mit der Plastizität kombiniert wird, bringt sie einen bedeutenden Grad an Flexibilität in einem System hervor, das beim Fehlen der Plastizität deterministisch funktionieren würde.

Diese Debatte erfordert, daß wir auf den Begriff der Diachronie zurückkommen, der im Zentrum der Vorstellung des Werdens und der Kausalität steht. Es wäre absurd zu meinen, daß von Aufzeichnung zu Aufzeichnung alles diskontinuierlich wäre. Man muß die Idee einer gewissen diachronischen Identität einräumen, denn die Diachronie ermöglicht die Identität. Man ist zu dem Postulat verpflichtet, daß eine gewisse Identität über die Zeit hinweg fortbesteht, ohne welche man überhaupt keine zwei Zustände des psychischen Geschehens miteinander verknüpfen könnte, sowenig wie zwei somatische Zustände oder einen somatischen und einen psychischen Zustand. Das Fehlen einer diachronischen Beständigkeit würde bedeuten, daß sich das Subjekt selbst nicht wiedererkennt und daß es sich nicht mit einer ihm eigenen Geschichte in Verbindung bringen könnte, was man bei Zuständen der Demenz oder bei verworrenen, traumartigen Zuständen in den Psychosen beobachten kann.

Die diachronische Identität war eine zentrale Forschungsfrage des Sprachwissenschaftlers Ferdinand de Saussure in Genf. Das Wort *Diachronie* ist ein von Ferdinand de Saussure eingeführter Neologismus, den er verwendet, um zunächst eine Identität über die Zeit hinweg zu bezeichnen.[2] Freud interessierte sich auf seine Weise ebenfalls für die diachronische

2 Claudia Mejia, eine Kollegin aus der Sprachwissenschaft, zitiert in diesem Zusammenhang einen Auszug der Vorlesung von Ferdinand de Saussure von 1908, die durch Mitschriften von Studenten überliefert ist, wo Saussure seinen Neologismus der Öffentlichkeit vorstellt: »In jedem Augenblick haben wir es mit einer Art von Identität zu tun, die Herr von Saussure folgendermaßen charakterisiert: Identität durch die Zeit hindurch. Man kann auch einen Begriff dafür vorschlagen: diachronisch (sich durch die Zeit hindurchziehend) [. . .]. Worauf beruht diese Identität genau? [. . .] Die Beziehung dieser diachronischen Identität ist rätselhaft [. . .]. Es gibt eine Beziehung, in deren Namen wir die Identität behaupten. Worin besteht sie?«

Verbindung, ohne dieses Wort direkt zu benutzen. In *Das Interesse an der Psychoanalyse* betont er den diachronischen Charakter seiner Disziplin: »Nicht jede Analyse psychologischer Phänomene wird den Namen einer Psychoanalyse verdienen. Die letztere bedeutet mehr als die Zerlegung zusammengesetzter Erscheinungen in einfachere; sie besteht in der Zurückführung einer psychischen Bildung auf andere, welche ihr zeitlich vorhergegangen sind, aus denen sie sich entwickelt hat.«[3]

In diesem Zusammenhang ist es angemessen, zwischen der bewußten Wirklichkeit und den unbewußten Phänomenen zu unterscheiden. Die kognitive bewußte Wirklichkeit entwickelt sich in einer bestimmten Reihenfolge, wobei jedes Element in einer Kausalrelation zum vorherigen und zum folgenden steht; die synchronen Erwerbungen werden in eine diachronische Kette eingeschrieben; man konstruiert die Erkenntnis Element für Element; man lernt die Addition und die Subtraktion vor den Differentialgleichungen. Anders geht es in jener unbewußten inneren Wirklichkeit zu, die im Szenario der Phantasievorstellungen besteht. Hier gibt es Kontinuität und Diskontinuität zugleich, Synchronie und Diachronie: Beide bestehen nebeneinander. Das kann man wenigstens im Ausgang von der Theorie der Phantasievorstellung postulieren, die wir ausführlich erläutert haben. Wenn es stimmt, daß die Primärspuren sich untereinander assoziieren, um die unbewußte

3 Freud, S., »Das Interesse an der Psychoanalyse« (1913), *Gesammelte Werke*, Bd. 8, a.a. O., S. 411.

innere Wirklichkeit zu konstituieren, führt die diachronische Dimension, die von der Assoziation dieser neuen Spuren im Lauf der Zeit repräsentiert wird,
zu Konstruktionen, die man unmöglich vorhersagen
kann: Die Phantasievorstellung enthält die diachrone
Dimension in einer synchronen Struktur. Die Zeit
wird zusammengedrängt. Determinismus und Unvorhersagbarkeit können tatsächlich in der Phantasievorstellung zusammen bestehen: Die Diachronie
des unvorhersehbaren Ereignisses ist in der Synchronie der Struktur der Phantasievorstellung eingefan-
gen. Das ist eine Folge der dimensionslosen Natur
der Phantasievorstellung.

Dasselbe Phänomen findet man in der Struktur der
Sprache, die uneindeutige Bedeutungen ermöglicht.
Auf der Grundlage derselben Phoneme kann man zu
entgegengesetzten Bedeutungen gelangen. Das ist
das eigentümliche Merkmal des Geistes, das eine besondere Art von Bildung des Unbewußten ist. Man
könnte hier das klassische Beispiel der möglichen
doppelten Lesart des folgenden lateinischen Satzes
anführen: »*Ibit redibit non muerit in bello.*« Die
Folge von Wörtern ist wesentlich diachronisch, aber
eine synchronische Assoziation kann den Sinn des
Satzes völlig verändern. Wenn man »*redibit non*«
miteinander assoziiert, dann bedeutet der Satz, daß er
gegangen ist, daß er nicht zurückkam und im Krieg
gestorben ist. Wenn man »*non muerit*« miteinander
assoziiert, dann bedeutet der Satz, daß er gegangen
ist, daß er zurückkam und nicht im Krieg gestorben
ist. Wir haben also zwei entgegengesetzte Szenarios,

die aus zwei verschiedenen synchronischen Assoziationen hervorgehen, und zwar auf der Grundlage derselben diachronischen Folge.

Betrachten wir die Sache noch einmal. Wenn man sich in einer kognitiven Einstellung befindet, bleibt die diachronische Verkettung der Spuren erhalten. Die Erkenntnis wird beim kognitiven Lernen auf sequentielle und sukzessive Weise konstruiert. In der Phantasievorstellung werden die Spuren zwar auf diachronische Weise aufgezeichnet, die Assoziation findet aber synchronisch statt. Der Determinismus (diachronische Aufzeichnung der Spuren) und die Unvorhersagbarkeit (synchronische Assoziation) bestehen also zusammen. Es gibt einen Determinismus, der mit der Aufzeichnung zusammenhängt, und eine Unvorhersagbarkeit, die durch die Möglichkeit der synchronischen Assoziation entsteht. Die Eigenart der Psychoanalyse ist es nun, dem Faden dieser synchronischen Assoziationen zu folgen. Andernfalls wäre die Psychoanalyse nichts weiter als eine Anamnese, ihr Ziel würde nur darin bestehen, eine vermeintliche diachronische Identität zu rekonstruieren. Es würde genügen, das eigene Leben als chronologische Erzählung aufzufassen. Bei jedem Schritt der eigenen Geschichte, bei jedem Schritt des Werdens ergibt sich eine synchronische Überschneidung, die etwas Unvorhersehbares erzeugt und so die Geschichte parasitär benutzt. Mit anderen Worten, wir finden hier Freuds Formulierung wieder, die wir weiter oben zitiert haben, nämlich daß die Psychoanalyse nicht nur in der Zergliederung dessen besteht, was sich kontinuierlich in seine konstitutiven Bestandteile zerlegen läßt: Man muß auch das synchronische Netz von Assoziationen berücksichtigen, das das Wesen des Szenarios von Phantasievorstellungen selbst ausmacht. Deshalb ist die Phantasievorstellung im Leben des Subjekts so beharrlich: Sie richtet sich in der Synchronie auf der Grundlage aller Arten von diachronischen Reizungen ein.

An dieser Stelle wäre es wichtig, die Rolle hervorzuheben, die Spuren spielen könnten, welche nach einem Trauma aufgezeichnet werden. Letztere, die diachron aufgezeichnet werden, könnten vorzugsweise mit anderen Spuren in der Gleichzeitigkeit assoziiert sein und auf diese Weise eine deterministische Spannung in die unvorhersehbare Potentialität der Synchronie einführen. Ein Netz von Spuren, die untereinander durch das Trauma verbunden sind, hätte die Tendenz, das Leben des Subjekts deutlich zu prägen und so einen bestimmten Grad an Determinismus einzuführen. Das Trauma sowie bestimmte psychopathologische Störungen könnten als eine Krankheit der Plastizität verstanden werden.[4]

Die Phantasievorstellung ist an sich ein synchronischer Zwang, der die psychische Verarbeitung der äußeren Wirklichkeit stört und sie in einen determinierten[5] und determinierenden Rahmen einordnet.

4 Sandi, C. et al., »Modulation of Hippocampal NCAM Polysialylation and Spatial Memory Consolidation by Fear Conditioning«, *Biological Psychiatry*, 54, 2003, S. 599-607.
5 Siehe *Abbildung 9.1* aus dem Kapitel 9: »Die Phantasievorstellung bestimmt die Handlung 1«.

Das Subjekt sieht die Welt durch die Brille seiner Phantasievorstellung.[6] Wir haben also eine doppelte Determination: eine diachronische Determination, die an die Aufzeichnung der Erfahrungsspuren gebunden ist, und eine synchronische Determination, die an die Assoziationen gebunden ist, die vom Szenario der Phantasievorstellungen bewirkt werden. Die Struktur der Phantasievorstellung bestimmt zum Teil die synchronischen Assoziationen, die parasitär auf die Verarbeitung der äußeren Wirklichkeit übergreifen. Die unbewußte innere Wirklichkeit wird determinierend. Die Freiheitsgrade der synchronischen Unvorhersagbarkeit sind nicht unendlich, sondern werden durch das Basismaterial bestimmt, welches die diachronischen Spuren sind, die sich in einem bestimmten Szenario organisiert haben. Man muß sich die Diskontinuität nichtsdestotrotz im Verhältnis zu einer bestimmten diachronischen Identität vorstellen. Man ist nicht jeden Tag ein völlig anderer. Man fängt nicht jeden Morgen ein neues Leben an, auch wenn man es potentiell tun könnte. Das Problem besteht darin, wie sich eine diachronische Identität auf der Grundlage von Mechanismen konstituiert, die eigentlich eine extreme Variabilität ermöglichen würden. Wir treffen hier in einem bestimmten Sinne auf Begriffe, die insbesondere durch die Arbeiten von Prigogine über die Thermodynamik irreversibler Prozesse entwickelt wurden: Die neuen Zustände

---

6 Siehe das schon zitierte Wort von Jacques Lacan: »Die Phantasievorstellung gibt der Wirklichkeit ihren Rahmen«, in: *Autres écrits*, Paris, Seuil, 2001, S. 366.

der umgestalteten Materie bestimmen das Werden in dem Maße, in dem die an der Umgestaltung beteiligten Prozesse sich als irreversibel erweisen können.[7] Wir knüpfen hier aber auch an die Debatten über die Prävention und Vorhersage an, die für die klinische Forschung eigentümlich sind, wo das Subjekt trotz seiner unendlichen Wahlmöglichkeiten durch seine Geschichte oder seine Phantasievorstellungen in einer zwanghaften und in sich geschlossenen Wiederholung geprägt sein kann.[8]

Vielleicht müßte man die Frage nach der Diskontinuität und der diachronischen Identität mit neuen Begriffen angehen. Man könnte neben dem Begriff des *Diachronischen* den Begriff des *Werdens* verwenden und ihn der Entwicklung entgegensetzen, die so sehr in einer deterministischen Sichtweise gefangen ist. Der Gebrauch des Begriffs des *Werdens* ermöglicht es, die Zufälligkeit des Resultats einer psychischen Entwicklung hervorzuheben. Es geht darum zu erklären, was sich bei der Bildung eines neuen Zustands ereignet hat, und zwar im Ausgang von einer Vorstellung, die Kontinuität und Diskontinuität miteinander verschränkt. Man mag mit Determinanten gesättigt sein, aber die Verschränkung dieser Determinanten ist nicht völlig determiniert. Wie Freud sagt, geht im psychischen Leben nichts verlo-

---

7 Prigogine, I., *La Fin des certitudes*, Paris, Odile Jacob, 1996.
8 Siehe hierzu den unbewußten Wiederholungszwang, der Freud zufolge zur Erklärung bestimmter Formen von Widerstand gegen Veränderung in der psychoanalytischen Behandlung postuliert werden muß. Freud, S., »Jenseits des Lustprinzips« (1920), *Gesammelte Werke*, Bd. 13, a. a. O., S. 37.

ren;[9] wie die zeitgenössischen Neurowissenschaften sagen, hinterläßt die Erfahrung eine Spur. Daß all dies determiniert sein soll, bedeutet nicht, daß es auch vorhersagbar wäre. Die Plastizität zeigt, daß alles aufgezeichnet wird, daß die Erfahrung eine Spur hinterläßt und daß diese determinierend wirkt; dennoch steht man ohnmächtig vor der Aufgabe, das von ihr implizierte Werden vorherzusehen. Man kann also diese Unmöglichkeit der Erfassung des Werdens hinter der retrospektiven Illusion, die für den Begriff der Entwicklung wesentlich ist, nicht zum Verschwinden bringen. Die Entwicklung dürfte auf jeden Fall moduliert werden, wenn man die Unvorhersagbarkeit des Werdens des Subjekts berücksichtigt, und zwar jenseits seiner sowohl psychischen als auch organischen, sowohl genetischen als auch epigenetischen Determinanten. In Begriffen der Plastizität zu denken bedeutet in Begriffen einer Dialektik zwischen diesen Reihen von Determinanten zu denken.[10]

9 »Seitdem wir den Irrtum überwunden haben, daß das uns geläufige Vergessen eine Zerstörung der Gedächtnisspur, also eine Vernichtung bedeutet, neigen wir zu der entgegengesetzten Annahme, daß alles irgendwie erhalten bleibt und unter geeigneten Umständen [. . .] wieder zum Vorschein gebracht werden kann.« Freud, S., »Das Unbehagen in der Kultur« (1929), *Gesammelte Werke*, Bd. 14, a. a. O., S. 426.

10 Siehe Malabou, C., *L'Avenir de Hegel. Plasticité, temporalité, dialectique*, Paris, Vrin, 1996; siehe hierzu auch die verschiedenen Erörterungen in dem von Catherine Malabou herausgegebenen hervorragenden Gemeinschaftswerk über das Thema der Plastizität: Malabou, C. (Hg.), *Plasticité*, a. a. O.; siehe auch die anregende kritische Betrachtung des Begriffs der Plastizität in: Malabou, C., *Que faire de notre cerveau?*, a. a. O.

Kapitel 13
Das Ehepaar an der roten Ampel
Auswirkungen der Innenwelt

Die Hauptthese, die wir bislang entwickelt haben, kann einfach zusammengefaßt werden. Im Ausgang von Wahrnehmungen werden durch die Mechanismen der Plastizität Spuren in die neuronalen Schaltkreise eingeprägt. Bestimmte dieser Spuren, die unmittelbar ins Bewußtsein gerufen werden können, liegen dem Gedächtnis und dem Lernen zugrunde. Andere können umgestaltet werden, sich miteinander assoziieren und neue Spuren hervorbringen, die ihrerseits nicht mehr in direkter Verbindung mit der ursprünglichen Wahrnehmung stehen und sich dem Bewußtsein entziehen können. Schließlich könnte man postulieren, daß bestimmte Spuren sich auf Anhieb von der Wahrnehmung aus in Systemen einprägen, die dem Bewußtsein nicht zugänglich sind.

Wir hätten also drei Arten von Spuren: entweder solche, die unmittelbar bewußt sind oder bewußtgemacht werden können; oder solche, die sich dem Bewußtsein sekundär durch Mechanismen der fortgesetzten Assoziation entziehen und so zu einer Diskontinuität zwischen Wahrnehmung und Spur führen; oder schließlich solche, die auf Anhieb unbewußt sind.

Was die Ebene des Bewußtseins angeht, kann man das Beispiel des kognitiven Lernens, des motorischen Lernens oder auch bestimmte »emotionale« Lernvorgänge anführen, die zu einer bewußten Vermeidung von Situationen führen, von denen man weiß, daß sie unangenehm sind, oder zum Aufsuchen von solchen, die im Gegensatz dazu angenehm sind. Beispielsweise lernt man, daß das Nichterledigen der Hausaufgaben eine Strafe nach sich zieht, die per definitionem unangenehm ist; man lernt ebenfalls, daß das Erledigen der Hausaufgaben zu einer Belohnung führen kann. Eine solche Sicht der Dinge berücksichtigt jedoch nicht das, was die klinische Erfahrung lehrt, nämlich daß ein Subjekt nicht notwendigerweise sein Wohl[1] will und daß es bei einem Mißerfolgsverhalten von verschiedenen Möglichkeiten manchmal zunächst diejenige aussucht, die zur Unlust führt. Das Subjekt verfolgt somit Strategien, die nur schwer alleine mit der Orientierung durch bewußte Prozesse erklärt werden können.

Was bestimmt also die Handlung? Man kann den Gedanken nicht ausschließen, daß die Wahrnehmung in der Gegenwart genauso mit bewußten wie mit unbewußten Spuren interagiert, um die Handlung zu leiten. Es geht also darum, sich ein zerebrales System vorzustellen, in dem die verschiedenen Informatio

---

1 Das Subjekt will nicht unbedingt, was gut für es ist. Es kann auch an selbstzerstörerischen Verhaltensweisen Gefallen finden, an Wiederholungen, die jedes Mal zum Scheitern führen. Das veranlaßte Freud zum Postulat eines Wiederholungszwangs, den er selbst im Kern der Analyse in Form von unbewußten Widerständen identifiziert und als negative therapeutische Reaktion bezeichnet: Je mehr der Patient mit seiner Analyse fortschreitet, um so schlechter geht es ihm. Die Belege für den Todestrieb haben sich Freud aufgrund solcher Tatsachen aufgedrängt. Siehe Freud, S., »Das Ich und das Es« (1923), *Gesammelte Werke*, Bd. 13, a.a.O., S. 269.

nen – unmittelbare Wahrnehmungen, die aus einer äußeren Reizung hervorgehen, bewußte und unbewußte Gedächtnisspuren – integriert werden, um die Handlung zu bestimmen. Von einem funktionellen Gesichtspunkt aus läßt sich diese Integration so beschreiben, daß sie von dem realisiert wird, was man als »Arbeitsgedächtnis« bezeichnet, das Hirnregionen ins Spiel bringt, die im präfrontalen Kortex liegen.[2]

Kommen wir zunächst auf die Erinnerungsspuren und auf ihre Assoziation mit somatischen Zuständen zu sprechen. Ein bestimmtes neuronales System scheint bei dieser Assoziation eine zentrale Rolle zu spielen: Es handelt sich um die Amygdala, eine Region des menschlichen Gehirns, die die Form und die Größe einer Mandel hat (woher ihr Name rührt) und auf der Innenseite des temporalen Kortex sitzt (siehe *Abb. 6.1*). Wie wir in Kapitel 6 gesehen haben, wird diese Region von verschiedenen sensorischen Systemen aktiviert. Außerdem steht sie in Verbindung mit den neurovegetativen und endokrinen Systemen, die die somatischen Zustände bestimmen. Schließlich projiziert sie zum präfrontalen Kortex, dessen Rolle für das Arbeitsgedächtnis wir erwähnt haben.[3] Die

2 Fuster, J. M., »Prefrontal Neurons in Networks of Executive Memory«, *Brain Research Bulletin*, 52, 5, 2000, S. 331-336; Goldman-Rakic, P. S., »The Physiological Approach. Functional Architecture of Working Memory and Disordered Cognition in Schizophrenia«, *Biological Psychiatry*, 46, 1999, S. 650-661.

3 Smith, E. E., Jonides, J., »Storage and Executive Processes in the Frontal Lobes«, *Science*, 283, 1999, S. 1657-1661; Garcia, R., Voulmba, R.-M., Baudry, M., Thompson R. F., »The Amygdala

Amygdala ist also eine Drehscheibe, die die Wahrnehmung und ihre Aufzeichnung mit der Auslösung somatischer Reaktionen in Verbindung bringt, indem sie zugleich dem Arbeitsgedächtnis Informationen durch ihre Verbindungen mit dem präfrontalen Kortex bereitstellt.

Dieses neuronale System verbindet die Amygdala, die neurovegetativen und endokrinen Systeme und den präfrontalen Kortex; dies könnten die Orte sein, an denen die Spuren aufgezeichnet werden und wo sich ihre Assoziation mit somatischen Zuständen vollzieht, um eine innere Wirklichkeit zu bilden, die in unser Verhalten eingreift, um es manchmal zu modulieren oder zu stören. Die aktuellen Befunde der Neurobiologie scheinen darauf hinzudeuten, daß die Spuren, die in der Amygdala aufgezeichnet werden, die auf Anhieb unbewußten sind.[4]

Eine fragmentarische Sicht des Seelenlebens könnte bei der Tatsache stehenbleiben, daß unser Handeln eine direkte Reaktion auf die Wahrnehmungen darstellt, die aus der äußeren Wirklichkeit hervorgehen, und zwar im Sinne eines Reflexmodells. Auf einer höheren Komplexitätsebene würde die Einwirkung der Gedächtnissysteme ins Spiel kommen, in denen die Informationen niedergelegt sind, die bewußt-

Modulates Prefrontal Cortex Activity Relative to Conditioned Fear«, *Nature*, 402, 1999, S. 294-296.

4 Morris, J.S., Öhman, A., Dolan, R.J., »Conscious and Unconscious Emotional Learning in the Human Amygdala«, *Nature*, 393, 1998, S. 467-470; Morris, J.S., Öhman, A., Dolan, R.J., »A Subcortical Pathway to the Right Amygdala Mediating ›Unseen‹ Fear«, *Proc. Natl. Acad. Sci.*, USA 96, 1999, S. 1680-1685.

gemacht werden können und die von den Mechanismen der synaptischen Plastizität aufgezeichnet wurden. Wenn wir nur diese beiden Ebenen berücksichtigen, würde das Individuum immer einfach und direkt auf die Reize der Außenwelt reagieren, und zwar gemäß einer Logik, die dem gegenwärtigen Reiz angemessen ist. Man könnte auch noch die Einwirkung bewußter Erinnerungen hinzufügen, die eine emotionale Bedeutung der Lust oder Unlust haben. Dennoch ist die Betrachtung des Menschen als eines Wesens, das ausschließlich durch die Einwirkung von Wahrnehmungen und Lernen bestimmt ist, sehr reduktionistisch, insofern sie die Frage nach einem Seelenleben völlig übergeht, das seinerseits eigene Reize erzeugen kann, obwohl es sich von äußeren Wahrnehmungen ableitet und entwickelt.

Alles läßt sich nicht anhand des äußeren Reizes erklären. Es gibt nicht notwendigerweise einen direkten Zusammenhang zwischen dem äußeren Reiz und der ausgelösten Handlung. Man muß ebenfalls die Möglichkeit innerer Reize in Rechnung stellen, die aus dem Seelenleben hervorgehen, das von äußeren Reizen konstruiert, umgeschrieben und umgestaltet wird. Bisher haben wir nur von der inneren, der psychischen Wirklichkeit, von der innerpsychischen Wahrnehmung und von dem Netz der Spuren gesprochen, die sich in Verbindung mit spezifischen somatischen Zuständen miteinander assoziieren: Eigentlich geht es immer darum, diese unbewußte innere Wirklichkeit zu erfassen zu versuchen, auf die sich dieses Buch konzentriert.

Die Erfahrung hinterläßt also unbewußte Spuren, die untereinander und mit somatischen Zuständen assoziiert sind. Diese unbewußten Spuren konstituieren eine »unbewußte innere Wirklichkeit«, die ihrerseits spezifische Reize hervorbringen kann. Diese verbinden sich auch mit bewußten Spuren und sogar mit unmittelbaren Wahrnehmungen, indem sie das Arbeitsgedächtnis beanspruchen, und tragen zur Realisierung einer Handlung angesichts einer bestimmten Situation bei.

Wir müssen also diese unbewußte innere Wirklichkeit berücksichtigen, die aus Spuren besteht, mit denen charakteristische somatische Zustände assoziiert sind. Die Frage ist, wie und wodurch diese unbewußte innere Wirklichkeit – oder »Szenario von Phantasievorstellungen« – dazu beiträgt, unsere Wahrnehmungen der Wirklichkeit zu modulieren und unser Verhalten und unsere Handlungen zu bestimmen, d. h. unsere Beziehung zu unserer familiären, sozialen, kulturellen oder beruflichen Umgebung. Mit anderen Worten, dieses Szenario von Phantasievorstellungen kann entweder inaktiv bleiben und nur durch den bewußten Willen mobilisierbar sein – wie eine Art Filmarchiv, in dem wir Szenarien hätten, die wir einfach »noch mal ansehen« oder »noch mal abspielen« könnten – oder ständig aktiv sein und einen einschränkenden Rahmen für jede wahrgenommene Wirklichkeit bereitstellen, so daß auf der Grundlage von Phantasievorstellungen der Bezug zur äußeren Wirklichkeit und die Richtung unserer Handlungen bestimmt wird.

Betrachten wir ein ganz einfaches Beispiel, in dem eine Wahrnehmung und die Erinnerung an Elemente, die mit unserer vergangenen Erfahrung zu tun haben, vorkommen. Wir sind an einem Fußgängerüberweg, und die Ampel schaltet auf Rot: Wir bleiben stehen. Wir erinnern uns, daß die rote Ampel bedeutet, daß wir die Straße nicht überqueren dürfen, und wir warten bis es grün wird. Es kann aber auch Variationen dieses Verhaltens geben: Wenn beispielsweise die zu überquerende Straße wenig befahren ist, weder rechts noch links ein Auto zu sehen ist, werden wir vielleicht entscheiden, über die Straße zu gehen, auch wenn die Ampel rot ist, vor allem dann, wenn wir in Eile sind. Umgekehrt, wenn die Ampel grün ist, aber ein Auto bei Rot über die Ampel fährt, werden wir die Straße nicht überqueren, selbst wenn wir theoretisch das Recht dazu haben. Offensichtlich tritt hier ein Schutzmechanismus in Aktion. In dieser Situation werden also der äußere Reiz – grüne oder rote Ampel – und die auszuführende Handlung – das Überqueren der Straße – berücksichtigt, und diese Situation wird von Erinnerungen moduliert, die wir von dieser Art von Kontext haben. In der Tat werden wir nicht einfach auf reflexhafte Weise, d. h. automatisch, auf Rot oder Grün reagieren: Wir werden alle Elemente des Kontextes bewerten, die in unseren Gedächtnissystemen aufgezeichnet sind, und diese werden bei der endgültigen Entscheidung ins Spiel gebracht.

Wir wissen heute, daß diese Art von kontextueller Bewertung, die sowohl unmittelbare Wahrnehmungen als auch Erinnerungen beinhaltet, die eine globale Bewertung der Situation ermöglichen, von einem besonderen Gedächtnissystem bewirkt wird, nämlich dem Arbeitsgedächtnis. Sein Name sagt schon, wozu dieses Gedächtnis dient. Es ermöglicht uns, verschiedene Informationen zu »bearbeiten«, die sowohl aus der äußeren Wirklichkeit als auch von unseren bewußten Erinnerungen herkommen, die in den Gedächtnissystemen aufgezeichnet sind.[5] Ein anderes typisches Beispiel für das Arbeitsgedächtnis ist die Tatsache, daß man eine Nummer aus dem Telefonbuch im Gedächtnis behalten kann, um sie anschließend zu verwenden und sie auf einem Telefon zu wählen. Dieses Gedächtnis ist seiner Natur nach ein Übergangsspeicher. Seine Inhalte bleiben während der Zeit, die für die Bewertung der Situation und die Ausführung der Handlung notwendig ist, aktiv.

Wir erkennen hier, wie einfach unser Leben wäre, wenn das Arbeitsgedächtnis nur von unmittelbaren Wahrnehmungen und bewußten kontextuellen Erinnerungen gespeist werden würde. Unsere Handlungen stünden immer in direkter Verbindung mit der unmittelbaren Wahrnehmung. Wir hätten es mit einer Logik des Zeichens zu tun, bei der die Wahrnehmung ein Zeichen von etwas wäre, worauf man in

5 Fuster, J. M., »Prefrontal Neurons in Networks of Executive Memory«, a. a. O.; Smith, E. E., Jonides, J., »Storage and Executive Processes in the Frontal Lobes«, a. a. O.; Baddeley, A., »Working Memory«, *C. R. Acad. Sci.*, Paris, Sciences de la vie/Life Sciences 321, 1998, S. 167-173.

Abhängigkeit eines zu erreichenden Ziels direkt und angemessen reagieren würde. Wir wissen jedoch gut, daß die Dinge nicht so liegen, insofern es auch andere Inhalte gibt, die dem unbewußten Seelenleben eigentümlich sind und die parasitär auf die Entscheidung übergreifen.

Betrachten wir noch einmal das Beispiel der roten Ampel. Die Ampel ist rot, aber es gibt weit und breit kein Auto, und Sie sind in Eile. Dennoch überqueren Sie die Straße nicht. Warum? Entweder weil Sie an Ihre Erziehung denken, die ein Verbot beinhaltet, welches ein Gefühl der Schuld und das Überich ins Spiel bringt, oder weil sie von einem Zustand des Unbehagens erfaßt werden, dessen Ursprung Sie nicht verstehen, der Sie aber in Ihrer Handlung lähmt. Sie sind sich dessen nicht bewußt geworden, daß auf der anderen Straßenseite ein Werbeplakat ein glückliches Paar zeigt, das in einem Auto mit offenem Verdeck fährt. Dieser Reiz erinnert unbewußt an eine alte Geschichte einer unerwarteten Trennung während einer Reise, von der Sie eine sehr schlechte Erinnerung zurückbehalten haben, die Ihnen in einem nostalgischen Gefühl dieser verlorenen Beziehung immer wieder zu Bewußtsein kommt. Dieses Mal denken Sie jedenfalls nicht bewußt daran. Das einzige, was Ihnen widerfährt, besteht darin, am Rande des Bürgersteigs an einer verlassenen Straße vor einer harmlosen roten Ampel gehemmt zu bleiben.

Die Aktivierung von Erinnerungsspuren, die mit dem somatischen Zustand der Unlust assoziiert ist, welcher sich an eine Geschichte der Frustration knüpft, greift parasitär auf die Entscheidung über, so daß die Handlung gehemmt wird. Diese berüchtigte unbewußte innere Wirklichkeit trägt tatsächlich auf bestimmende Weise zur Entscheidung bei. Wie wird diese unbewußte innere Wirklichkeit, dieses Szenario von Phantasievorstellungen, nun aktiviert, und wie beeinflußt es das Arbeitsgedächtnis? Hier scheint die Amygdala eine wichtige Rolle zu spielen (*Abb. 6.1*). Die Frage lautet also: Wie werden die Spuren, die in der Amygdala niedergelegt sind, von einem äußeren Reiz aktiviert?[6] Wir haben gesehen, daß die sensorischen Reize direkt die Amygdala aktivieren können, ohne über die primären sensorischen Kortexregionen zu laufen.[7] Betrachten wir beispielsweise einen visuellen Reiz, der die Sinneszellen der Retina aktiviert, die bis zum Thalamus projiziert, dem Hauptumschaltknoten aller sensorischen Afferenzen (*Abb. 13.1*). Vom Thalamus aus projizieren andere Neuronen auf Gebiete der Hirnrinde, die für die verschiedenen Sinnesmodalitäten zuständig sind – in unserem Fall auf den primären visuellen Kortex.

Parallel zu dieser Nervenbahn, die vom Thalamus ausgeht, gibt es direkte Projektionen zur Amygdala. Letztere ist selbst mit neurovegetativen und endokri-

---

6 McGaugh, J. L., »The Amygdala Modulates the Consolidation of Memories of Emotionally Arousing Experiences«, *Annu. Rev. Neurosci.*, 27, 2004, S. 1-28.
7 LeDoux, J., *The Emotional Brain*, a. a. O.

nen Systemen verbunden, die die somatischen Reaktionen steuern (*Abb. 6.1*).[8]

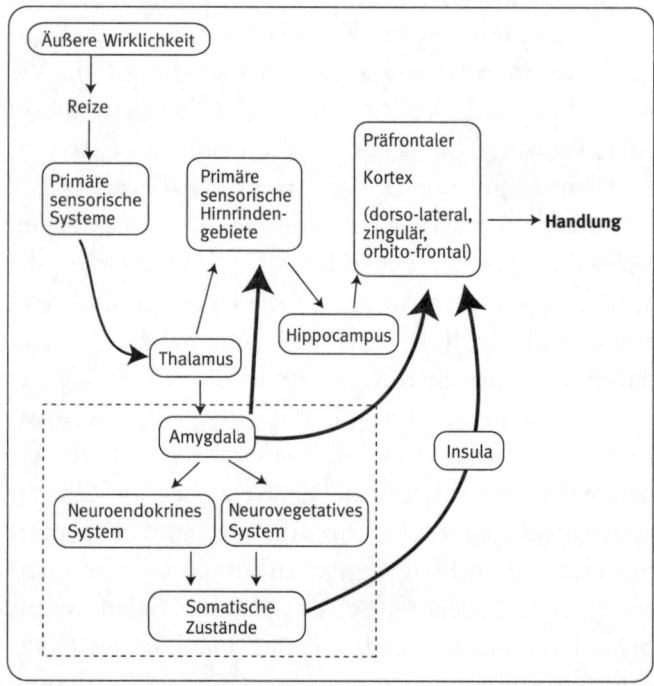

Abbildung 13.1: Neuronale Schaltkreise, die zur Konstitution der bewußten inneren Wirklichkeit beitragen können und an der Bestimmung der Handlung beteiligt sind.

Es gibt also eine sensorische Bahn, die auf detaillierte Weise Informationen verarbeitet, und zwar bewußt: Es handelt sich um die Bahn, die zur Hirnrinde führt.[9]

8 LeDoux, J., ebd.; ders., »Emotional Brain, Fear and the Amygdala«, *Cell. Mol. Neurobiol.*, 23, 2003, S. 727-738.
9 Ebd.; ders., »Emotion, Memory and the Brain«, *Scientific American*, 270, 1994, S. 50-57.

Dennoch verbindet eine zweite Bahn – die die Hirnrinde umgeht, indem sie direkt vom Thalamus zur Amygdala und von dort zu den neurovegetativen und neuroendokrinen Zentren führt – die äußeren Reize unbewußt mit somatischen Zuständen.

Experimente, die bei Tieren, und vor kurzem durch funktionale Bildgebung auch beim Menschen, durchgeführt wurden, bestätigen, daß die Amygdala eine zentrale Rolle bei der Kopplung zwischen der Sinneswahrnehmung und den somatischen Reaktionen spielt.[10] Außerdem finden synaptische Bahnungen – in Form von Langzeitpotenzierung – auch in der Amygdala statt.[11] Es geht nicht um die Behauptung, daß das Unbewußte in der Amygdala lokalisiert wäre, sondern vielmehr um den Vorschlag, daß die strategische Position der Amygdala an der Schnittstelle zwischen äußeren Reizen und somatischen Reaktionen die Reaktivierung von unbewußten Spuren gestattet, die zuvor niedergelegt wurden, ebenso wie die Reaktivierung der mit ihnen verbundenen somatischen Reaktionen. Das ist eine der Bahnen, auf denen ein äußerer Reiz ein Szenario von Phantasievorstellungen und den mit ihm assoziierten somatischen Zustand aktivieren könnte, so daß dar-

10 LaBar, K. S., Gatenby, J. C., Gore, J. C., LeDoux, J. E., Phelps, E. A., »Human Amygdala Activation During Conditioned Fear Acquisition and Extinction: A Mixed-Trial fMRI Study«, *Neuron* 20, 1998, S. 937-945.
11 Humeau, Y., Shaban, H., Bissière, S., Lüthi, A., »Presynaptic Induction of Heterosynaptic Associative Plasticity in the Mammalian Brain«, *Nature*, 426, 2003, S. 841-845.

aus eine Umsetzung des Triebs in die Handlung resultiert (siehe *Abb. 9.1*).

Der Trieb beinhaltet die Forderung nach seiner Abfuhr mittels eines Objekts oder einer Handlung, um den unangenehmen somatischen Zustand oder gar den Zustand der Hilflosigkeit zu beseitigen, in den die Aktivierung der Phantasievorstellung das Subjekt gestürzt hat. Der Bestandteil der äußeren Wirklichkeit, der in der Lage ist, die Phantasievorstellung zu aktivieren, ist am häufigsten ein Objekt oder eine Situation, die *a priori* neutral sind, die aber eine hohe aktivierende Valenz für die Inhalte der Phantasievorstellungen der unbewußten inneren Wirklichkeit und der assoziierten somatischen Zustände haben, die jedem Subjekt eigentümlich sind. Um wieder an das Feld der klinischen Erfahrung anzuschließen, betrachten wir das Beispiel von Objekten, die in der Lage sind, den Sexualtrieb zu aktivieren, und zu Verhaltensweisen führen können, die sich an der Grenze des sozial Erlaubten oder gar jenseits befinden, um die durch den Trieb angestaute Spannung abzuführen. Der berühmte Text des österreichischen Psychiaters Krafft-Ebing, *Psychopathia sexualis*,[12] liefert einen der vollständigsten, gänzlich auf eine klinische Fallunterscheidung gegründeten Kataloge von Objekten und Situationen, die unbändige sexuelle Regungen auslösen können. Das betrifft vor allem Objekte, die Gegenstand fetischistischen Verhaltens sind: Ein Schuh, ein Fuß, Haar,

---

12 Krafft-Ebing, R. von, *Psychopathia sexualis*, München, Matthes & Seitz, 1984.

bestimmte Tiere sind alles Objekte, die für die meisten Menschen neutral sind, die aber libidinöse Antriebe auslösen können, welche bei manchen Individuen so stark sind, daß sie manchmal in einer Handlung münden.

Ein anderes Beispiel liefert uns einige Anhaltspunkte für ein Verständnis der neurobiologischen Grundlagen, die solchen triebhaften Aktivierungen durch *a priori* neutrale Objekte oder Situationen zugrunde liegen könnten. Es handelt sich um Entdekkungen, die kürzlich auf dem Gebiet der Sucht nach psychoaktiven Drogen wie beispielsweise Kokain, Heroin oder Amphetaminen gemacht wurden.[13] Ein wohlbekanntes Suchtverhalten ist das der Reaktivierung eines »Mangelzustands«[14] bei Personen, bei denen ansonsten der Drogenentzug augenscheinlich erfolgreich war und die schon längere Zeit (mehrere Monate oder gar mehrere Jahre) nicht mehr Opfer einer zwanghaften Drogeneinnahme waren.[15] Sie können überraschend einen Mangelzustand beim Anblick so harmloser Dinge wie Telefonzellen, Wohn-

---

13 Koob, G. F., »Neuroadaptive Mechanisms of Addiction: Studies on the Extended Amygdala«, *Eur. Neuropsychopharmacol.*, 13(6), 2003, S. 442-452.
14 Ein Mangelzustand wird durch das Auftreten von ausgeprägten somatischen Symptomen definiert, die wesentlich neurovegetativer Natur sind, wie etwa eine Erhöhung des Herzrhythmus, Schwitzen, Darmkrämpfe – eine Reihe somatischer Symptome, die teilweise auf neurovegetative Fehlregulationen zurückführbar sind.
15 O'Brien, C. P., »Research Advances in the Understanding and Treatment of Addiction«, *Am. J. Addict.*, 12, Suppl. 2, 2003, S. 36-47.

häusern oder Straßenecken empfinden.[16] Damit solche Situationen, die *a priori* neutral sind, somatische Mangelzustände auslösen können, ist es notwendig, daß diese Situationen in der Vergangenheit mit der Einnahme der Droge assoziiert wurden: Beispielsweise erinnert die Telefonzelle an jene, von der aus der Drogenabhängige den »Dealer« wegen einer Lieferung anrief; auf ähnliche Weise evoziert die Straßenecke oder das Wohnhaus den Ort, wo der Drogenabhängige seine Ware in Empfang nahm. Man kann diese Beispiele unendlich ausweiten; die Möglichkeit, eine aktivierende Rolle für einen Mangelzustand zu spielen, ist an die Geschichte eines jeden Individuums gebunden. Was wir hier festhalten wollen, ist, daß ein *a priori* neutraler Reiz einen ganz charakteristischen somatischen Zustand aktiviert, der von objektivierbaren Veränderungen des neurovegetativen Systems begleitet wird (wie zum Beispiel Schwitzen, Herzklopfen, allgemeine Übelkeit etc.), die das auslösen, was man berechtigterweise einen Trieb nennen kann, der ein unstillbares Bedürfnis nach Befriedigung durch eine Handlung beinhaltet – in diesem Fall die Einnahme der Droge. In jüngster Zeit wurden die Hirnregionen, die aktiviert werden, wenn man ehemaligen Drogenabhängigen über Videos *a priori* neutrale Situationen oder Gegenstände darbietet, durch bildgebende Verfahren mit Hilfe der Positronen-Emissionstomographie sichtbar gemacht.[17] Der

16 Childress, A. R. et al., »Limbic Activation During Cue-Induced Cocaine Craving«, *Am. J. Psychiatry*, 156, 1999, S. 11-18.
17 Ebd.

Anblick dieser Gegenstände und Situationen mit hoher evokativer Wertigkeit löste einen objektivierbaren Mangelzustand (*craving*) aus, der von der Aktivierung bestimmter Hirnregionen begleitet wird, und zwar genau jener, von denen wir meinen, daß sie an der Aktivierung von Inhalten von Phantasievorstellungen beteiligt sind: die Amygdala und frontale Regionen wie der anteriore zinguläre Kortex. Diese Aktivitätserhöhungen wurden trennscharf bei ehemaligen Drogenabhängigen beobachtet, während bei den Versuchspersonen der Kontrollgruppe oder bei ehemaligen Drogenabhängigen, denen Videos gezeigt wurden, die Dinge und Situationen enthielten, die nicht mit der Einnahme der Droge verbunden waren, diese Regionen nicht aktiviert waren.[18]

Der Begriff der Aktivierung des Szenarios von Phantasievorstellungen und des somatischen Zustands, der bei ehemaligen Drogenabhängigen damit assoziiert ist, ist insofern illustrativ, als er zumindest teilweise die Erhellung der neurobiologischen Substrate dieser reaktivierten Verhaltensweisen ermöglicht. Wahrscheinlich stellt die Aktivierung des Mangelzustands eine extreme Situation dar; gleichwohl gestattet sie, den Verhaltenskontext, die Dinge und Situationen, die mit einer somatischen Reaktion verbunden sind, auf präzise Weise experimentell zu kontrollieren.[19]

18 Ebd.
19 Man könnte sich vielleicht vorstellen, daß diese Art von Untersuchung auf andere Objekte und Situationen ausgedehnt werden könnte, die in der Lage sind, Szenarien von Phantasievorstellun-

Heißt das, daß die Schaltkreise in der Amygdala, die von einem äußeren Reiz aktiviert werden, zum Arbeitsgedächtnis, und damit zum Einsatz der Exekutivfunktionen, beitragen können? Mit anderen Worten, können die Erinnerungsspuren und die somatischen Zustände, die bei der Aktivierung der Amygdala durch ein sensorisches System ins Spiel kommen, ebenso wie die äußere Reizung zur Aktivierung des Arbeitsgedächtnisses beitragen?

Zahlreiche Arbeiten haben den präfrontalen Kortex als das neuroanatomische Substrat identifiziert, in dem das Arbeitsgedächtnis realisiert ist.[20] Drei Unterregionen sind vor allem beteiligt: der dorso-laterale, präfrontale Kortex, der mediane präfrontale Kortex oder anteriore zinguläre Kortex und der ventrale präfrontale Kortex, den man auch orbito-frontalen Kortex nennt. Diese drei Gebiete des präfrontalen Kortex sind eng miteinander verbunden, und Arbeiten, die sich sowohl auf Läsionen als auch auf Experimente mit funktionellen bildgebenden Verfahren stützen, haben gezeigt, daß sie bei der Aktivierung des Arbeitsgedächtnisses eingesetzt wer-

gen und bestimmte somatische Zustände bei den Personen zu aktivieren, die gerade eine Analyse machen, und zwar insofern die aktivierenden Objekte im Laufe der Analyse in Zusammenhängen auftreten, die deutlich weniger von psychopathologischen Konnotationen gefärbt, aber für die sich in einer Analyse befindliche Person gewiß sehr bedeutsam sind.

20 Fuster, J. M., »Prefrontal Neurons in Networks of Executive Memory«, a. a. O.; Goldman-Rakic, P. S., »The Physiological Approach. Functional Architecture of Working Memory and Disordered Cognition in Schizophrenia«, a. a. O.

den.[21] Man muß also annehmen, daß es Verbindungen zwischen der Amygdala und dem präfrontalen Kortex gibt, wenn man die Hypothese vertreten möchte, daß die Aktivierung des Szenarios von Phantasievorstellungen und der assoziierten somatischen Zustände zur exekutiven Funktion beiträgt, die vom Arbeitsgedächtnis unterstützt wird. Genau das ist nun aber der Fall. Die Amygdala, insbesondere das Zentrum der Amygdala, projiziert auf den anterioren zingulären und den orbito-frontalen Kortex. Beide haben starke Verbindungen mit der anderen Unterregion des präfrontalen Kortex, nämlich mit dem dorso-lateralen präfrontalen Kortex (*Abb. 13.1*).[22] Mit anderen Worten, die Amygdala überträgt durch ihre Projektionen auf zwei der drei Abteilungen des präfrontalen Kortex Informationen in das Arbeitsgedächtnis. Außerdem verbindet eine andere indirekte Schleife die Amygdala mit dem präfrontalen Kortex oder zumindest mit einer seiner Unterregionen: dem orbito-frontalen Kortex, der in erster Linie an der Registrierung somatischer Zustände beteiligt ist. Das bedeutet, daß, sobald die Amygdala von einem sensorischen Reiz aktiviert wird, der präfrontale Kortex die Informationen sowohl direkt von der Amygdala als auch indirekt von Afferenzen erhält, die Informationen über den somatischen Zustand zuführen, welche von inneren Organen kommen (*Abb. 13.1*).

21 Smith, E. E., Jonides, J., »Storage and Executive Processes in the Frontal Lobes«, a. a. O.
22 LeDoux, J., *Neurobiologie de la personnalité*, Paris, Odile Jacob, 2003.

Die heutige funktionelle Neuroanatomie gestattet also die Behauptung der Hypothese, daß das Szenario von Phantasievorstellungen in die Festlegung der Handlung eingreift, indem es den Regionen, die am Arbeitsgedächtnis beteiligt sind, Informationen liefert. Außerdem bestätigt sie die Vorstellung, daß das Szenario von Phantasievorstellungen und die assoziierten somatischen Zustände entscheidende Faktoren für das Handeln des Individuums sind. Das Eingreifen der unbewußten inneren Wirklichkeit bei der Festlegung der endgültigen Handlung findet hier eine Bestätigung.

Mehr noch, die Amygdala kann das Arbeitsgedächtnis auch durch andere als die direkten Bahnen modulieren, d. h. durch die Projektionen, die sie mit dem orbito-frontalen und zingulären Kortex verbinden. Sie projiziert ebenso zu den primären sensorischen Kortices – z. B. zum auditiven oder visuellen Kortex –, welche dem Arbeitsgedächtnis die Grundinformation über die äußeren Gegebenheiten liefern. Mit anderen Worten, die Amygdala liefert nicht nur dem Arbeitsgedächtnis Informationen auf der Grundlage des Szenarios von Phantasievorstellungen, sondern moduliert auch die Wahrnehmung der äußeren Wirklichkeit in den frühesten Stadien und beeinflußt so potentiell die Eigenart der Information, die durch die sensorischen Umschaltstationen bis zum Arbeitsgedächtnis übertragen wird.[23]

Die von uns dargestellte Perspektive weist der

23 Weinberger, N. M., »Physiological Memory in Primary Auditory Cortex: Characteristics and Mechanisms«, *Neurobiol. Learn.*

Amygdala eine zentrale Rolle bei der Konstitution des Szenarios von Phantasievorstellungen zu. Gewiß sind hier auch noch andere Regionen beteiligt, und wir möchten auch keinesfalls einen reduktionistischen oder lokalisationistischen Ansatz verfolgen, indem wir ausschließlich eine Lokalisierung des Szenarios von Phantasievorstellungen vorschlagen, die auf der Herstellung synaptischer Spuren in der Amygdala beruht. Jedenfalls ist es offensichtlich, daß die Amygdala eine wesentliche Schnittstelle zwischen der Wahrnehmung der äußeren Wirklichkeit, der Bestimmung somatischer Zustände und der Funktionsweise des Arbeitsgedächtnisses ist, d. h. schließlich und endlich der Verwirklichung der Handlung.

Außerdem ist es unserer Ansicht nach im Hinblick auf die entscheidende Bedeutung der Amygdala bei der emotionalen Belegung von Reizen, die aus der äußeren Wirklichkeit stammen, nicht unmöglich, daß die in der Amygdala aufgezeichneten Spuren das Substrat oder eines der Substrate der Szenarios von Phantasievorstellungen und der mit ihnen assoziierten somatischen Zustände sind, die das ausmachen, was wir die unbewußte innere Wirklichkeit nennen.

Aber der wichtigste Punkt ist die bestimmende Rolle dieser unbewußten inneren Wirklichkeit. Es ist klar, daß verschiedene Fragen noch offen sind, vor allem in bezug auf die unbewußte Natur dieser inneren Wirklichkeit. Die Wahrnehmung der Außenwelt, die über synaptische Umschaltstationen im Thalamus

Mem., 70 (1-2), 1998, S. 226-251; McDonald, A. J., »Cortical Pathways to the Mammalian Amygdala«, a. a. O.

bis zu den primären sensorischen Kortices führt, kann sich in Form synaptischer Spuren im Hippocampus, einer Region, die stark am expliziten Gedächtnis, d. h. am bewußt zugänglichen Gedächtnis, beteiligt zu sein scheint, konsolidieren;[24] aber die Wahrnehmungen über das somatosensorische System können auch ab den ersten Umschaltpunkten im Thalamus direkt die basolaterale Amygdala aktivieren und sich in Form von Spuren festigen, die zu dieser Zeit unbewußt blieben. Der gegenwärtige Standpunkt der kognitiven Neurowissenschaften besteht darin, diese Art von Gedächtnis als implizites Gedächtnis zu definieren, d. h. unter Umständen als unbewußtes Gedächtnis. Wir denken unsererseits jedoch, daß dieser Pfad nicht der einzige ist, auch wenn er teilweise zur Bildung des Szenarios von Phantasievorstellungen beitragen kann, und zwar weil die Spuren, die ursprünglich in den neuronalen Netzen der Amygdala niedergelegt wurden, sich miteinander assoziieren und neu einprägen können, so daß sie nicht mehr mit den äußeren Reizungen, die sie erzeugt haben, verbunden sind (siehe Kapitel 5). So gesehen würde das Unbewußte also nicht einfach aus den ursprünglichen Spuren hervorgehen, die unbewußt in die Schaltkreise der Amygdala eingeprägt wurden: Es würde vor allem aus Assoziationen zwischen den primären Spuren oder den Wahrnehmungszeichen hervorgehen (siehe Kapitel 5 und 6), und es könnte

24 Bear, M. F., Connors, B. W., Paradiso, M. A., *Neuroscience. Exploring the Brain*, a. a. O., S. 752-770.

folglich nicht auf das implizite Gedächtnis beschränkt sein.

Versuchen wir an dieser Stelle zusammenzufassen,
was wir bisher gesagt haben. Die unbewußte innere
Wirklichkeit und die somatischen Zustände, die mit
ihr assoziiert sind, greifen parasitär auf die Handlung
über, die im präfrontalen Kortex durch Prozesse des
Arbeitsgedächtnisses und die exekutiven Funktionen
bestimmt werden. Die Amygdala – an der Schnittstelle zwischen sensorischen Reizen und neurovegetativen oder endokrinen Systemen, die die Homöostase kontrollieren – scheint einen beträchtlichen
Beitrag zur Bildung dieser unbewußten inneren
Wirklichkeit zu leisten. Wir könnten daher postulieren, daß es ein empfindliches Gleichgewicht zwischen den verschiedenen Reizen gibt, die das Arbeitsgedächtnis aktivieren: Wahrnehmung der äußeren
Wirklichkeit, bewußte Gedächtnisspuren und unbewußte Szenarios von Phantasievorstellungen. Dieses
Gleichgewicht wäre ein physiologischer Zustand.
Unter pathologischen Bedingungen würde das Gewicht, das dem Beitrag des Szenarios von Phantasievorstellungen aus der unbewußten inneren Wirklichkeit zukommt, vorherrschen und das Subjekt immer
mehr von Informationen entfernen, die aus der äußeren Wirklichkeit stammen. Ebenso würden die Phantasievorstellungen die Aktivierung von unbewußten
Spuren verhindern, die wesentlich kognitiv sind: Die
innere Wirklichkeit wird zu einem parasitären System
gegenüber der Wahrnehmung der Außenwelt und gegenüber ihrer kontextabhängigen Ausgestaltung.

Das ist jedoch eine pessimistische Sichtweise. Man kann auch sagen, daß die unbewußte innere Wirklichkeit die Wahrnehmung der äußeren Wirklichkeit moduliert – um einen Begriff mit weniger negativem Beigeschmack zu gebrauchen – und zu einem stark individualisierten und für jede Person einzigartigen Beurteilungs- und Handlungsprozeß führt. Wenn diese innere Wirklichkeit nicht existierte, würden wir wahrscheinlich sehr einheitlich handeln, vielleicht nicht bloß reflexhaft und automatisch, denn die kognitiven und emotionalen Erinnerungen, die für die Erfahrung jedes einzelnen charakteristisch sind, wären ebenso einzigartig, aber doch weniger verschiedenartig und kreativ. Tatsächlich ist es gerade diese unbewußte innere Wirklichkeit, die aus uns einzigartige Wesen macht.

Kapitel 14
Die Stunde der Spuren
Das Unbewußte, Gedächtnis und Verdrängung

Wenn sich die unbewußte innere Wirklichkeit im Ausgang von einer Assoziation zwischen primären Spuren (siehe Kapitel 5) bildet, die zu neuen Spuren führen, die unbewußt bleiben; wenn die Verbindung zu den ursprünglichen Erfahrungen sich im Verlauf dieses Prozesses der Aufzeichnung, der Neuaufzeichnung und der Assoziation verliert; wenn es keine einfache und direkte Verbindung zwischen dem Signifikat der Außenwelt und dem in der unbewußten Innenwelt erzeugten Signifikat gibt, muß man dann schließen, daß man das Unbewußte nicht in eine direkte Beziehung mit der einen oder anderen Form des Gedächtnisses, dem expliziten, impliziten, prozeduralen Gedächtnis oder anderen Formen, die in der Terminologie der Neuropsychologie beschrieben werden, bringen kann?[1]

Tatsächlich sind die Spuren, die das Szenario von Phantasievorstellungen der unbewußten inneren Wirklichkeit ausmachen, sehr verschieden von einem bestimmten Gedächtnissystem. Eigentlich handelt es sich um neue Erinnerungsspuren, die dem Unbewußten eigentümlich sind und die nicht notwendig auf die eine oder andere Struktur zurückgeführt werden können, die für das Gedächtnis zuständig sind und die von

---

1 Bear, M. F., Connors, B. W., Paradiso, M. A., *Neuroscience. Exploring the Brain*, a. a. O., S. 740-742.

der kognitiven Neuropsychologie beschrieben und lokalisiert werden. Das Unbewußte ist also kein Gedächtnis, sondern ein System von rekonfigurierten Erinnerungsspuren, die kein Spiegelbild der äußeren Wirklichkeit sind, die sie hervorgebracht hat. Insofern wären die Einbrüche des Unbewußten eher eine Störung des Gedächtnisses . . .

Das Unbewußte wird als ein Netz von Assoziationen zwischen Spuren aktiviert, die durch spezifische somatische Markierungen charakterisiert sind, welche in verschiedene Hirnstrukturen eingeprägt sind, ohne daß man sie wirklich lokalisieren könnte.

In dieser Vorstellung hätten die Mechanismen der synaptischen Plastizität eine zweifache Funktion: die Bereitstellung der Mechanismen für eine relativ getreue Transkription der äußeren Wirklichkeit, während zugleich der Weg zur Bildung einer neugeschaffenen, einzigartigen und jeder Person eigentümlichen inneren Wirklichkeit eröffnet wird, die dann selbst zur Quelle von Reizen und neuen Wahrnehmungen wird. Insofern kann man wirklich sagen: »Jeder hat sein eigenes Gehirn«, aber jeder hat auch seine eigene unbewußte innere Wirklichkeit. Der Zugang dazu geht notwendigerweise über die analytische Arbeit (dieser Begriff soll hier ebenfalls in seinem eigentümlichen etymologischen Sinn verstanden werden!), die die Kette von Signifikanten zurückverfolgt, welche die unbewußte innere Wirklichkeit bilden, die das Subjekt ausmacht.[2] Es

2 Siehe Jacques Lacans Behauptung, daß ein Signifikant das Subjekt

handelt sich also vielmehr um eine dynamische Definition des Unbewußten als um eine lokalisationistische.

Die Spuren, die dieses Netz von Assoziationen des Unbewußten bilden, stehen nicht mehr in direkter Verbindung mit der ursprünglichen Erfahrung der Außenwelt. Über den Umweg vieler Neuassoziationen geht der direkte Zugang zur ursprünglichen Erfahrung verloren. Wir haben es vielmehr mit einem komplexen Szenario zu tun, das sich getrennt von der Wirklichkeit entwickelt hat. Die analytische Arbeit kann dazu führen, daß diese Trennung überwunden wird, indem sie das Szenario von Phantasievorstellungen offenlegt. Das ermöglicht dem Subjekt, sich von ihm zu befreien und eine direktere Beziehung zur Wirklichkeit zu finden. Die analytische Arbeit bietet auch die Möglichkeit, sich selbst zu verwirklichen, indem diese unbewußte Dimension integriert und benutzt und ihr zwanghafter Aspekt überwunden wird.

In diesem Zusammenhang ist es zu verstehen, daß man ein Szenario von Phantasievorstellungen nicht durch eine Verhaltenstherapie desensibilisiert. Diese kann in der Tat nur wirksam sein, wenn die Beziehung zwischen Wahrnehmung und Aufzeichnung in einer direkten und eindeutigen Form erhalten ist – mit anderen Worten, indem auf die primären Spuren eingewirkt wird, die in Kapitel 5 beschrieben wurden. Es handelt sich dabei gewissermaßen darum, die mit Bezug auf ein bestimmtes Ereignis gebahnten

für einen anderen Signifikanten vertritt. Lacan, J., »Position de l'inconscient« (1960, 1964), in: *Écrits*, a.a.O., S. 840.

Synapsen zu »entkonditionieren«. Dagegen haben die Verhaltenstherapien keinen Zugang zu den Assoziationen der sekundären Spuren, die das Szenario von Phantasievorstellungen ausmachen. Um an sie heranzukommen, muß man vielmehr versuchen, die Signifikanten »einzufangen«, die in dem Netz von Assoziationen vergraben sind, aus dem das Szenario von Phantasievorstellungen besteht.

Beispielsweise wäre es im Fall einer Tierphobie, die nicht notwendigerweise aus einem traumatischen Ereignis im Zusammenhang mit einem Tier hervorgegangen ist, naiv, wenn man denken würde, daß man das Subjekt durch die Darbietung von Tieren in einem nicht traumatisierenden Kontext entkonditionieren könnte, um es gegenüber einer solchen Situation zu desensibilisieren. An irgendeiner Stelle kann ein beliebiges wirkliches Objekt, das nicht mehr in Beziehung zu dem fraglichen Tier steht, ein Netz von Assoziationen der inneren unbewußten Wirklichkeit aktivieren und die Manifestation der Phobie auslösen. Es geht nicht um ein phobisches Objekt, sondern vielmehr um einen phobischen Signifikanten, der polyfunktional ist.[3]

Das Szenario von Phantasievorstellungen stört je-

---

3 Man könnte hier etwa den Fall des kleinen Hans zitieren, bei dem die Pferdephobie sich in mehreren Versionen abzuwandeln scheint, von der Angst vor dem Umfallen der Pferde bis zur Angst vor dem Schwarzen vor ihrem Mund, was ihn auf das Rätsel des Weiblichen verweist. Siehe Freud, S., »Analyse der Phobie eines fünfjährigen Knaben« (1909), *Gesammelte Werke*, Bd. 7, a. a. O., S. 283-288 und den Kommentar von Jacques Lacan in »La Relation d'objet«, *Le Séminaire*, Buch IV (1956-1957), Paris, Seuil, 1994, S. 199-408.

den direkten Zugang zur Erfahrung gerade durch den Prozeß seiner Bildung. Es besteht aus Spuren und Assoziationen von Spuren, die sich von der ursprünglichen Erfahrung entfernt haben, und man kann nicht mehr in eine unmittelbare Beziehung mit der gewesenen Erfahrung treten: Die Erfahrung hat sich in den Abläufen ihrer Aufzeichnung in Form einer unbewußten inneren Wirklichkeit verloren. Und weil das psychische Schicksal der Erfahrung darin besteht, sich im Prozeß seiner Aufzeichnung zu verlieren, ist das Unbewußte keine Form von Gedächtnis. Es ist kein explizites Gedächtnis, da dieses per definitionem bewußt ist. Es ist auch kein prozedurales Gedächtnis: Wenn das prozedurale Gedächtnis auch automatisch ist und uns eine ganze Reihe von Handlungen auszuführen ermöglicht, ohne daß wir uns dessen bewußt werden müssen (wie beispielsweise beim Autofahren), so beruht es doch auf kognitiven Mechanismen, die dem Bewußtsein völlig zugänglich sind und die in Wirklichkeit nichts mit dem Unbewußten im Sinne Freuds zu tun haben. Die Art und Weise, wie wir uns selbst auf das Unbewußte beziehen, nämlich durch die Vorstellung einer inneren unbewußten Wirklichkeit, schließt einen besonders bedeutsamen Begriff ein, nämlich den der Wirklichkeit. Durch die Mechanismen der Transkription und der Assoziation entsteht eine innere Wirklichkeit, die von der mit der äußeren Wirklichkeit verbundenen Erfahrung entfernt, ja sogar völlig von ihr abgeschnitten ist. Durch diesen Mechanismus der Distanzierung verliert man, so könnte man sagen, die

Spur des Ursprungs der Erfahrung. Die ursprüngliche Erfahrung ist vergraben, verdeckt, sie bleibt aber äußerst aktiv und fähig, das Handeln der Person zu beeinflussen: Es gibt zwar eine »Wirklichkeit«, sie ist jedoch innerlich und unbewußt, in ihren Maschen ist die Erfahrung der äußeren, nicht wieder auffindbaren Wirklichkeit versteckt.

Das Szenario von Phantasievorstellungen ist daher eine Aufbereitung von Spuren, die als »Bausteine« (*building blocks*) für die unbewußte innere Wirklichkeit dienen. Das bedeutet, daß das Unbewußte kein Spiegel der äußeren Wirklichkeit ist. Es untersteht einer anderen Logik als das Ereignis oder die erlebte Erfahrung. Die unbewußte innere Wirklichkeit erzeugt ihre eigenen Reize, die im Handeln der Person in Erscheinung treten. Wenn das Unbewußte auch kein direktes Abbild der äußeren Wirklichkeit ist, so ist es doch auch nicht bloß das Produkt von Mechanismen, die Bestandteile der unbewußten Wirklichkeit vom Bewußtsein fernhalten, wie etwa die Verdrängung.[4] Das Unbewußte ist vor allem eine Neuanordnung von Spuren innerhalb eines Szenarios von Phantasievorstellungen, wobei diese Spuren keine Beziehung mehr zu der äußeren Erfahrung haben, die sie erzeugt hat. Diese Charakterisierung der unbewußten inneren Wirklichkeit beschreibt eine er-

---

4 Eine zu ausschließliche Sichtweise des Unbewußten als Folge der Verdrängung von Informationen, die für das Bewußtsein unerträglich sind, scheint uns eigentlich das primäre Unbewußte als System von Spuren auszuschließen. Was verdrängt wird, muß zunächst einmal in der unbewußten inneren Wirklichkeit aufgezeichnet werden.

ste Form des Unbewußten: ein primäres Unbewußtes, das aus Spuren besteht, die als »Bausteine« neu angeordnet werden. Ein Bild dieses primären Unbewußten könnte die Skulptur *L'Heure des traces* von Alberto Giacometti sein, den wir schon in unserem Vorwort erwähnt haben, wo er sagte, daß er Elemente seines Unbewußten dargestellt habe, die sich auf gleichsam zufällige Weise angeordnet haben und jedenfalls in keiner Weise irgendeine äußere Wirklichkeit widerspiegelten. In unserem Buch hätten wir ebenso von Skulpturen des Unbewußten sprechen können, was eine neue Art der Bezeichnung für die Werke der Plastizität wäre, hier jedoch mit direktem und konkretem Bezug auf die bildenden Künste!

Wenn man eine therapeutische Perspektive einnimmt, kann man sagen, daß die analytische Behandlung darauf abzielt, die Signifikanten (Wahrnehmungszeichen oder synaptische Spuren, siehe Kapitel 5) zu suchen und »einzufangen«, die in ihrer Assoziation mit anderen Signifikanten eine neue unbewußte Spur hervorbringen, um zu einem der Bausteine der unbewußten inneren Wirklichkeit zu werden. Diesen primären Signifikanten – sowohl in bezug auf die äußere Wirklichkeit, die ihn erzeugt hat, als auch in bezug auf die Signifikantenkette, die dem Szenario von Phantasievorstellungen eigentümlich ist – versucht die analytische Arbeit aufzudekken. Indem man diesen doppelgesichtigen Signifikanten identifiziert, der an der Schnittstelle zwischen innerer und äußerer Wirklichkeit liegt, eröffnet man einen Zugang zum Szenario von Phantasievorstellungen, das für die unbewußte innere Wirklichkeit charakteristisch ist. Diese Entdeckung, diese Demaskierung stellt das, was schon kristallisiert war und sich in einem zwanghaften Szenario verfestigt hatte und was wiederholt die Handlung des Subjekts ohne sein Wissen bestimmt, in Frage und bringt es in Bewegung.[5] Die Tatsache der Identifikation eines Signifikanten, der an der Schnittstelle zwischen der äußeren Wirklichkeit, aus der er hervorgegangen ist, und der inneren Wirklichkeit liegt, zu der er gehört, bedeutet nicht notwendig, daß man eine direkte Kausalität zwischen einem Element der Phantasievorstellung und der äußeren Wirklichkeit findet. Gleichwohl ermöglicht die Identifikation dieses Signifikanten dem Subjekt, in einer kreativen Bewegung und einem neuen Aufschwung etwas anderes mit ihm anzustellen, indem es auf die Doppeldeutigkeit des Signifikanten setzt, um jene innere Konstruktion zu überwinden, in der dieser Signifikant sich verfangen hatte. Anstatt das Opfer einer von Faktoren seines eigenen Lebens induzierten Kausalität zu sein, kann sich das Subjekt, indem es diesen Signifikanten identifiziert, von den Zwängen des Szenarios von Phantasievorstellungen befreien und seine eigenen Reaktionen erfinden, für die es schließlich verantwortlich ist. Die Logik der Analyse ist also

---

5 Der deutsche Ausdruck »unbewußt« enthält auf explizitere Weise als der entsprechende französische Ausdruck (*inconscient*), einen Bezug auf das Nicht-Gewußte.

mehr eine Logik der Reaktion als eine Logik der Ursache.

Wenn auch das Szenario von Phantasievorstellungen auf das Bewußtsein übergreift und die Wahrnehmung der Wirklichkeit und die Steuerung der Handlung stört, so gelangen doch bestimmte Elemente, die aus dem Szenario von Phantasievorstellungen hervorgegangen sind, nicht bis zum Arbeitsgedächtnis und damit auch nicht ins Bewußtsein. Sie bleiben innerhalb dieser unbewußten inneren Wirklichkeit zurück. In der Freudschen Theorie ist der zentrale Mechanismus der Verdrängung für diese Fernhaltung verantwortlich. Warum jedoch werden diese Regungen, die aus dem Szenario von Phantasievorstellungen hervorgehen, durch den Mechanismus der Verdrängung vom Bewußtsein ferngehalten? Was ist der Grund für dieses Fernhalten? Die Freudsche Erklärung, die man von einem neurobiologischen Standpunkt aus vertreten kann, besteht darin, daß das Bewußtwerden dieser Triebregungen, die sich aus der Phantasievorstellung ergeben, eine unerträgliche Unlust für das Subjekt mit sich bringt. Aus diesem Grund sind das Motiv und der Zweck der Verdrängung nichts anderes als die Vermeidung von Unlust.[6]

Da der Begriff des Triebes ein Grenzbegriff zwischen dem Somatischen und dem Psychischen ist, d.h., da er aus einem Element des Szenarios von Phantasievorstellungen und dem damit assoziierten somatischen Zustand besteht (siehe *Abb. 9.1*), stellt

6 Freud, S., »Die Verdrängung« (1915), *Gesammelte Werke*, Bd. 10, a.a.O., S. 256.

sich die Frage, ob die Verdrängung global auf diese Gesamtheit einwirkt oder getrennt auf die beiden wesentlichen Bestandteile des Triebs. Freuds Antwort ist, daß die Verdrängung getrennt auf den Repräsentanten des Triebs (ein Element des Szenarios von Phantasievorstellungen) und darauf einwirkt, was er den Affektbetrag nennt (der mit dem Trieb assoziierte somatische Zustand).[7]

Heute können wir im Lichte der jüngeren Befunde der Neurobiologie die Verdrängung dieser beiden Komponenten des Triebs, nämlich des Elements des Szenarios von Phantasievorstellungen und des assoziierten somatischen Zustands, erneut diskutieren. Für Freud kann das Schicksal des Repräsentanten des Triebs (was in unserer Terminologie einem Element des unbewußten Szenarios von Phantasievorstellungen entspricht) kaum etwas anderes sein, als aus dem Bewußtsein zu verschwinden, wenn er zuvor bewußt war, oder vom Bewußtsein ferngehalten zu werden, wenn er im Begriff war, bewußt zu werden. Aufsätze aus jüngerer Zeit[8] liefern Elemente für ein neurobiologisches Verständnis bezüglich der Unterdrückung unerwünschter Erinnerungen. Spezifische neu-

<hr />

7 »Wir werden von nun an, wenn wir einen Fall von Verdrängung beschreiben, gesondert verfolgen müssen, was durch die Verdrängung aus der Vorstellung und was aus der an ihr haftenden Triebenergie geworden ist.«, Freud, S., »Die Verdrängung« (1915), *Gesammelte Werke*, Bd. 10, a.a.O., S. 255.

8 Anderson, M.C., Green, C., »Suppressing Unwanted Memories by Executive Control«, *Nature* 410, 2001, S. 366-369: Anderson, M.C. et al., »Neural Systems Underlying the Suppression of Unwanted Memories«, *Science* 303, 2004, S. 232-235.

ronale Mechanismen scheinen beim Fernhalten des Bewußtseins von Erinnerungen, die sich auf das deklarative Gedächtnis beziehen, identifizierbar zu sein, und Untersuchungen mit bildgebenden Verfahren zeigen, daß die Regionen, die an dieser Unterdrückung beteiligt sind – die man in Freudschen Begriffen Verdrängung von nicht erwünschten Erinnerungen nennen könnte –, eine Aktivierung der dorso-lateralen präfrontalen Regionen und eine Reduktion der Aktivität im Hippocampus beinhalten. Mit anderen Worten, es würde eine mögliche aktive Kontrolle vermittelt durch spezifische neuronale Schaltkreise existieren, um unerwünschte Erinnerungen zu unterdrücken (freudianisch ausgedrückt, verdrängen). Man kann annehmen, daß dieser Mechanismus eingesetzt wird, um die Verdrängung von Elementen des Szenarios von Phantasievorstellungen zu realisieren, die mit dem Trieb verbunden sind.[9]

Dennoch betrifft ein solches Modell nur kognitive Prozesse, gegenüber denen ein bewußter Wille ausgeübt wird. Wir sind also sehr weit von der Verdrängung entfernt, die sich eigentlich auf unbewußte geistige Prozesse bezieht. Es ist in der Tat schwierig,

9 Ein interessanter Aspekt der Arbeiten von Anderson et al. besteht in dem Nachweis, daß die Wiederholung des Mechanismus der Unterdrückung unerwünschter Erinnerungen einen negativen Effekt auf das Behalten dieser Erinnerungen hat. Wenn diese Verdrängungsmechanismen betätigt werden, wird die spätere Erinnerung der unangenehmen Eindrücke noch schwieriger. Der Grad des Vergessens der unangenehmen Erinnerungen steigt mit der Anzahl von Vorgängen, bei denen der Zugang zum Bewußtsein durch den Mechanismus der Verdrängung verhindert wurde.

sich vorzustellen, daß ein bewußter Wille auf der Ebene des Szenarios von Phantasievorstellungen eingreifen kann, um den Zugang bestimmter Elemente des Szenarios zum Bewußtsein aktiv zu verhindern. Gleichwohl ist es nicht ausgeschlossen, daß Mechanismen, die den bei der willkürlichen und bewußten Unterdrückung von unerwünschten Erinnerungen nachgewiesenen analog sind, auch bei der unbewußten Verdrängung wirksam sein könnten.[10] Unsere Kritik hat nicht zum Ziel, die Bedeutung dieser Experimente zu schmälern, die auf kognitive und bewußte Prozesse ausgerichtet sind, sondern soll daran erinnern, daß die Verdrängung von Elementen des unbewußten Szenarios von Phantasievorstellungen sich ohne das Wissen des Subjekts vollzieht und daß die verdrängten Elemente mit bedeutsamen somatischen Zuständen assoziiert sind, die die Ausübung eines bewußten Willens auch stören können.

Betrachten wir also das Schicksal jenes anderen Triebelements, das Freud[11] den quantitativen Faktor des Triebrepräsentanten oder Affektbetrag (der mit dem Trieb assoziierte somatische Zustand) nennt. Freud beschreibt dieses Schicksal in dreifacher Weise: Entweder wird der Trieb unterdrückt, so daß man keine Spur von ihm findet; oder er manifestiert sich in Form eines Affekts, der mit irgendeiner quantitativen

---

10 Levy, B. J., Anderson, M. C., »Inhibitory Processes and the Control of Memory Retrieval«, *Trends in Cognitive Sciences*, 6, 2002, S. 299-305.

11 Freud, S., »Die Verdrängung« (1915), *Gesammelte Werke*, Bd. 10, a. a. O., S. 255.

Färbung ausgestattet ist; oder er wird schließlich in einen Affekt verwandelt, den das Subjekt deutlich als Angst erkennt. Während man möglicherweise zugeben kann, daß derselbe neurobiologische Mechanismus, der für das willkürliche, bewußte Vergessen charakteristisch ist, bei der unbewußten Verdrängung des Triebrepräsentanten (ein Element des Szenarios von Phantasievorstellungen) eine Rolle spielt, so ist es doch weniger wahrscheinlich, daß dieser Mechanismus auch bei der Verdrängung der Wirkung des somatischen Zustands (der Freudsche Affektbetrag) wirksam sein sollte. Übrigens wird Freud zufolge die Verdrängung des Triebrepräsentanten in Situationen verwirklicht, in denen die Verdrängung des Affektbetrags nicht stattfindet. Wenn wir diese Idee weiterverfolgen, könnte man sagen, daß die Verdrängung des somatischen Zustands, der mit einem Element der Phantasievorstellung assoziiert ist, deutlich weniger wirksam ist. Ein gestörter, unangenehmer somatischer Zustand würde also fortbestehen, auch wenn die Verdrängung des Triebrepräsentanten wirksam wäre und etwas erzeugen würde, das man vom emotionalen Standpunkt einen Zustand von Angst, Traurigkeit oder Frustration bezeichnen könnte. Die Tatsache, daß die Verdrängung des somatischen Zustands viel weniger wirksam und eher zum Scheitern verurteilt ist als die Verdrängung des Elements der Phantasievorstellung, das mit diesem somatischen Zustand verbunden ist, würde die sehr große Auswirkung von Angstzuständen besser verstehen lassen, mit denen man in der Klinik konfrontiert ist.

Betrachten wir hier ein Beispiel, das Freud angeführt hat, um die Dissoziation zwischen der mehr oder weniger erfolgreichen Verdrängung des Triebrepräsentanten und der Tatsache nachzuweisen, daß sie nicht auf den Affektbetrag wirkt. Es handelt sich um eine Tierphobie,[12] deren Analyse zeigt, daß die Triebregung eine libidinöse Einstellung gegenüber dem Vater ist. Die Verdrängung löscht sie aus dem Bewußtsein, und der Vater erscheint nicht mehr als Objekt der Libido, sondern man findet an entsprechender Stelle einen Ersatz in Form eines Tieres, das mehr oder weniger geeignet ist, als Objekt der Angst zu fungieren. Nach Freud vollzieht sich die Bildung eines solchen Ersatzes durch Verschiebung, indem bestimmte Verbindungen auf eine besondere Weise verfolgt werden. Dennoch ist das quantitative Element nicht verschwunden: Es hat sich in Angst verwandelt. Das Ergebnis ist eine Angst vor dem Wolf anstelle einer an den Vater gerichteten Forderung nach Liebe. Es handelt sich also um eine im Grunde mißlungene Verdrängung. Selbst wenn die Verdrängung der Vorstellung im Zusammenhang mit dem unbewußten Szenario von Phantasievorstellungen auch wirklich stattfindet, schlägt der Affektbetrag, der mit ihm assoziiert ist, eine andere Richtung ein. Er wird nicht wirklich verdrängt und kehrt gemäß des von Freud identifizierten zentralen Gesetzes in Form von Angst wieder: Was verdrängt wurde, kehrt wieder zurück und stört vom Unbewußten her auf

12 Ebd., S. 257 f.

bedeutsame Weise das bewußte Leben des Subjekts (*Abb. 14.1*).

Kommen wir nun zur unbewußten inneren Wirklichkeit, die durch ursprünglich bewußte Spuren gebildet wird, welche durch das Spiel der Assoziationen und der Umschreibungen neue unbewußte Spuren schaffen. Man könnte sich ohne weiteres vorstellen, daß bestimmte primäre Spuren, die aus der Wahrnehmung der äußeren Welt hervorgehen, sich direkt unbewußt einprägen, ohne den Umweg über die Assoziationen und sekundären Umschreibungen zu nehmen. Man könnte hier an die Spuren denken, die sich in die Schaltkreise der Amygdala über die primären sensorischen Bahnen einprägen können, die direkt vom Thalamus zur Amygdala projizieren (*Abb. 13.1*). Es ist bekannt, daß diese Bahnen Wahrnehmungen unterstützen, die unbewußt bleiben.[13] Die Vorstellung scheint naheliegend, daß diese Wahrnehmungen, die auf unbewußte Weise geschehen, auch synaptische Spuren hinterlassen können, die – ohne den Umgestaltungen und den Assoziationen zu unterliegen, die wir zuvor behandelt haben – auf Anhieb ein unbewußtes Szenario von Phantasievorstellungen speisen und zu konstitutiven Bestandteilen dieser unbewußten inneren Wirklichkeit werden.

Dieser Überblick über die konstitutiven Elemente der inneren Wirklichkeit scheint nahezulegen, daß sie ständig innerpsychische Reize ohne logische Verbindung mit der äußeren Wirklichkeit produzieren.

13 Siehe LeDoux, J., *The Emotional Brain*, a.a.O.

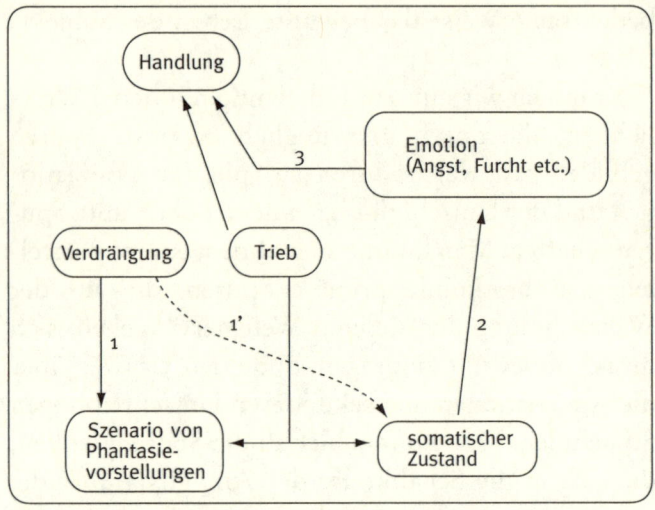

Abbildung 14.1: Verdrängung, Szenario von Phantasievorstellungen und somatischer Zustand.

1 Die Verdrängung wirkt mit relativem Erfolg auf die Elemente des Szenarios von Phantasievorstellungen ein (Triebrepräsentant im Sinne Freuds).

1' Scheitern der Verdrängung des somatischen Zustands (Affektbetrag).

2 Dieser somatische Zustand (Affektbetrag) wird vom Subjekt als eine unangenehme Emotion erkannt, beispielsweise in Form von Angst.

3 Der emotionale Zustand stört die Ausführung der Handlung.

Wenn die Verdrängung nicht auf die Elemente der Phantasievorstellung und den assoziierten somatischen Zuständen wirkt, greift die Triebregung ständig in das Handeln der Person ein (siehe Abb. 9.1).

Diese unbewußte innere Wirklichkeit greift parasitär auf die exekutiven Funktionen des Subjekts über oder reaktiviert über die Verdrängung somatische Zustände, die vom Subjekt als unangenehm und schwer auszuhalten wahrgenommen werden, wie etwa Angst oder innere Unruhe. Wenn man die Konstitution dieser unbewußten inneren Wirklichkeit und ihre Beziehungen zu den Symptomen und dem Verhalten des Subjekts untersucht, wird man einmal mehr ihrer klinischen Bewandtnis gewahr. Die Störung der exekutiven Funktionen, die sich daraus ergibt, kann zu unangemessenen Handlungen führen, die unendliche Schwierigkeiten für das Individuum mit sich bringen. Die Auswirkung des Scheiterns der Verdrängung auf den somatischen Zustand erzeugt eine ganze Reihe von unangenehmen Emotionen, die die Person ebenfalls in ihrem Verhalten, ihren Entscheidungen und ihrem Handeln stören. Jedenfalls zeigen alle diese Phänomene die vorherrschende Stellung der unbewußten inneren Wirklichkeit im Leben des Subjekts: Die Neurowissenschaften müssen das berücksichtigen und zugleich offen sein für eine neue und notwendige Verbindung zu dem, was den eigentlichen Gegenstand der theoretischen und klinischen Psychoanalyse ausmacht.

Kapitel 15
Der Ferrari und der Anhänger
Jenseits des Szenarios der Phantasievorstellungen

Was determiniert die Assoziationen zwischen den primären Spuren, so daß neue Spuren entstehen, die die unbewußte innere Wirklichkeit ausmachen? Dieser Prozeß bleibt rätselhaft. Man könnte vermuten, daß es sich um einen zufälligen Prozeß handelt, durch den auf völlig kontingente Weise zwei primäre Spuren miteinander assoziiert werden, um eine neue Spur hervorzubringen. Man könnte sich auch eine Dynamik vorstellen, die die Assoziation der Spuren ausrichtet, so daß dabei ein Szenario von Phantasievorstellungen entsteht. Eine andere Möglichkeit, die Frage zu stellen, besteht darin, ob das Szenario der Phantasievorstellungen eine Funktion hat: Entspricht das Szenario der Phantasievorstellungen einer psychischen oder gar neurobiologischen Notwendigkeit?

Die Phantasievorstellung stellt eine Lösung angesichts einer komplexen Situation dar, die voller Fragezeichen ist. Sie gestattet das Denken des Undenkbaren, die Integration dessen, was Lacan unter der Kategorie des Realen versteht.[1] Angesichts des Rea-

---

1 Lacan definiert das Reale als »den Bereich dessen, was außerhalb der Symbolisierung existiert«. Lacan, J., »Réponse au commentaire de Jean Hyppolite sur la *Verneinung* de Freud« (1954), in: *Écrits*, Paris, Seuil, 1966, S. 388. Daher charakterisiert er auch das Subjekt als »Antwort auf das Reale«. Lacan, J., »L'Étourdit« (1972), *Scilicet*, 4, Paris, Seuil, 1973, S. 15. Siehe hierzu auch Miller, J. A., »Les ré-

len konstruiert das Kind alle möglichen Arten von Fiktionen, wie beispielsweise die kindlichen Theorien des Sexuellen, die in unbewußter Form fortbestehen: Es stellt sich vor, daß der Mensch durch das Ohr befruchtet und aus dem Bauchnabel oder irgendeiner anderen Öffnung geboren wird. Diese kindlichen Theorien der Sexualität sind zahllos.[2] Die Phantasievorstellung ist die Lösung, die das Kind findet – das Kind als Forscher im Sinne der Freudschen Definition.[3] Es urteilt auf der Grundlage dessen, was es umgibt. Es denkt im Ausgang von seinem Körper. Es denkt, indem es von dem ausgeht, was für es rätselhaft ist.

Betrachten wir einen Fall aus der klinischen Erfahrung. Wir finden dort die folgende Konstellation: den Vater, den Bruder des Vaters, ein Kind von vier bis fünf Jahren (das Subjekt) und seinen kleinen Bruder. Der Vater ist der zweite in der Geschwisterreihe; er hat eine sehr schlechte Erfahrung mit der Vortrefflichkeit seines älteren Bruders gemacht und wurde gewissermaßen davon erdrückt. Die Botschaft, der Befehl, den der Vater seinem ältesten Sohn gibt, besteht darin, daß dieser den kleinen Bruder, der gerade geboren wurde, nicht erdrücken soll, wie er selbst er-

ponses du réel«, in: *Aspects du malaise dans la civilisation, Psychanalyse au CNRS*, Paris, Navarin, 1987, S. 9-22.

2 Freud, S., »Über infantile Sexualtheorien« (1908), *Gesammelte Werke*, Bd. 7, a. a. O., S. 171-188.
Siehe auch Ansermet, F., *Clinique de l'origine. L'enfant entre la médecine et la psychanalyse*, Lausanne, Payot, 1999.

3 Freud, S., »Eine Kindheitserinnerung des Leonardo da Vinci« (1910), *Gesammelte Werke*, Bd. 8, a. a. O., S. 151.

drückt wurde. Der kritische Punkt ist, daß diese Familie nur solche Personen umfaßt, die beruflich oder gesellschaftlich sehr erfolgreich sind. Der kleine Junge befindet sich also in einem Widerspruch, der für ihn völlig unauflösbar ist: er soll genauso vortrefflich wie seine Vorfahren sein, ohne seinen kleinen Bruder zu überragen. Wie soll er sich aus dieser Sackgasse befreien?

An dieser Stelle taucht eine Phantasievorstellung auf, die im Ausgang von Elementen der äußeren Wirklichkeit geschaffen wird. Diese Elemente werden nach einer viel subtileren Logik, als man es sich *a priori* vorstellen könnte, neu angeordnet, und die Phantasievorstellung führt durch alle möglichen Arten von Assoziationen im Ausgang von Wahrnehmungen der Außenwelt – jedenfalls solchen, über die das Kind zu dieser Zeit verfügt – zu einer Phantasievorstellung des Versagers, d. h. eines Kindes, dem alles mißrät, was es tut, und das den Herausforderungen, die es sich zu meistern vornimmt, nicht gewachsen sein wird. Der Junge wird also ständig von einem Gefühl der Unzufriedenheit übermannt, einem Gefühl, das eine neutralisierende Rolle für den Erfolg spielt, den er trotzdem erreicht. Tatsächlich handelt es sich um ein Kind, das in der Schule hervorragt, gut im Sport ist und das die Herausforderungen, mit denen es in der Linie der Familientradition konfrontiert ist, erfolgreich meistert. Aber die Wahrnehmung, die es von seinen Erfolgen hat, ist wie durch den Filter eines Gefühls des Scheiterns und der Nichtigkeit gefärbt, welches die Funktion hat, eine hinreichend große Ambiguität zu erzeugen, um dem Kind zu gestatten, dem Befehl des Vaters zu entsprechen, während es zugleich die Familientradition der Vortrefflichkeit fortsetzt.

Wir sehen hier, daß die Phantasievorstellung wie eine Lösung für eine Situation wirken kann, die andernfalls unmöglich zu handhaben wäre. Das Kind hat einige relativ beschränkte Elemente in seiner äußeren Wirklichkeit gefunden, um einer untragbaren Aufforderung nachzukommen. Diese Elemente haben wahrscheinlich das Netz von Assoziationen seiner Phantasievorstellung ausgerichtet, das keinen Zufallscharakter hat, sondern einer ihm eigentümlichen Dynamik gehorcht. Durch die Phantasievorstellung ist das Kind in der Lage, Lust und Unlust koexistieren zu lassen – eine Lust, die mit dem Erfolg verknüpft ist, die aber auch durch die Phantasievorstellung des Versagers, durch die es sich als inkompetent erlebt, gefärbt ist, auch wenn das nicht streng seiner Wirklichkeit entspricht. Im vorliegenden Fall gibt es eine Art von Ersatz der Unlust, der relativ harmlos ist, insofern er nicht zu stark mit der an den Erfolg gebundenen Lust interferiert, der jedoch den Vorteil hat, durch eine Art von Selbsttäuschung der väterlichen Aufforderung nachzukommen. Wenn wir die Begriffe der Lust und der Unlust gebrauchen, beziehen wir uns natürlich auf die somatischen Zustände, die mit diesen bewußten und unbewußten Bewegungen assoziiert sind. Ein angenehmer somatischer Zustand wird mit dem Erfolg verbunden sein, und ein mit Unlust verknüpfter Zustand wird mit der

Wahrnehmung von sich selbst als inkompetent verbunden sein, und zwar so, daß die mit dem Erfolg
verbundene Lust gemäßigt und die vom Vater aufer-
legte Mission, den kleinen Bruder nicht zu erdrük-
ken, erfüllt wird. Anhand dieser Verkettung wird das
Subjekt dazu geführt, sich das Bild eines Ferraris vorzustellen, der einen schweren Anhänger zieht.

In diesem Beispiel enthüllt und verbirgt die Phantasievorstellung. Sie ist zugleich Lösung und Sackgasse. Sie gibt der Wirklichkeit einen beschränken-
den Rahmen, der die Verpflichtung enthält, seine Zeit
damit zu verbringen, die Welt durch die Brille der
Phantasievorstellung zu betrachten. Sie führt dazu,
jeden Erfolg in solchen Begriffen zu interpretieren,
die von der Vorstellung eines auf hinterhältige Weise
gegenwärtigen oder möglicherweise bevorstehenden
Scheiterns affektiv geprägt sind. Diese Unlust stellt
für das Subjekt eine Art von Steuer dar, die es für
seine Erfolge zahlen muß. Aber diese Seite der Zah-
lung in Form von Unlust ist auch zugleich funktional, insofern sie dem Subjekt gestattet, positiv in seinem Leben vorwärtszukommen und mit Erfolg die
Herausforderungen zu bestehen, die es sich stellt.

Im allgemeinen hilft uns die Analyse des Inhalts
der Phantasievorstellung, die Prinzipien zu erkennen, die die Assoziationen der primären Spuren untereinander geleitet haben, um die unbewußte innere
Wirklichkeit zu konstituieren. Es handelt sich, wie
gesagt, nicht um einen Zufallsprozeß, sondern um einen, der einer inneren Ökonomie entspricht, da er
gegenüber allem die Bewahrung der Lust ermöglicht,

auf die Gefahr hin, daß damit eine Unlust assoziiert wird, die jedoch erträglich ist und nicht mit der Handlung und den Zielen des Subjekts interferiert. Eine Phantasievorstellung, die sich auf solche Weise entwickelt, ist trotz allem funktional und kann als eine Antwort auf eine unmögliche Frage angesehen werden, die aus der Konfrontation des kleinen Kindes mit einer Wirklichkeit hervorgeht, mit der es subjektiv nicht umzugehen weiß.

Anhand dieses Beispiels läßt sich erkennen, bis zu welchem Punkt die Phantasievorstellung zugleich ein eingeprägtes und beschränkendes Szenario, aber auch eine Lösung ist – wahrscheinlich die am wenigsten schlechte –, ein Trick, um aus einer unvorstellbaren Sackgasse herauszukommen. Man sieht auch, daß es das Prinzip Lust-Unlust und die assoziierten somatischen Zustände sind, die bestimmte Assoziationen zwischen primären Spuren in Form eines Netzes von sekundären Spuren einrichten, die für die Bildung der Phantasievorstellung als Ausweg aus der Sackgasse charakteristisch sind. Es handelt sich also um eine Lösung aufgrund einer Phantasievorstellung, die in gewissem Sinn erfolgreich und im Hinblick auf die verschiedenen Anforderungen ausgeglichen ist, deren zerstörerisches Potential sich für das Subjekt in den Vordergrund hätte schieben können.

In anderen Situationen hat die Phantasievorstellung dagegen nicht den Wert einer Lösung, wie ein Beispiel zeigt, das Freud 1919 mit Bezug auf eine Reihe von Fällen von Schlagephantasien diskutiert.

Freud macht mehrere Phasen an dieser Phantasievorstellung aus.[4] In der ersten sieht das Kind, wie der Vater das andere Kind schlägt, das es selbst haßt. Das ist eine erlebte Erfahrung, die bewußt wahrgenommen wird und mit einer sadistischen oder zumindest aggressiven Befriedigung einhergeht. Eine zweite unbewußte Phase, die in der Analyse rekonstruiert wurde, bietet ein anderes Szenario dar: Die schlagende Person, d. h. der Vater, bleibt dieselbe, aber das geschlagene Kind ist dieses Mal das Subjekt selbst. Diese Version hat zweifellos einen masochistischen Charakter, den Freud in diesem Text als einen gegen sich selbst gekehrten Sadismus interpretiert.[5] 1919 hat Freud den Begriff eines primären Masochismus, d. h. einer Lust, die man auch in der Unlust findet und die über das Lustprinzip hinausweist, noch nicht entwickelt; er führt ihn erst mit der Hypothese des Todestriebs ein.[6] Lacan wird aus dem Jenseits des Lustprinzips den Begriff des Genießens schöpfen, das der Lust entgegengesetzt ist. Das Genießen reißt das Subjekt im Fluß seiner Triebregungen mit sich fort. Es wird zum Gegenstand des Genießens, einschließlich eines selbstzerstörerischen Genusses. Im vorangehenden Fall hatte die Phantasievorstellung

4 Freud, S., »Ein Kind wird geschlagen« (1919), *Gesammelte Werke*, Bd. 12, a. a. O., S. 197-226.
5 Welchen Freud anschließend 1924 in seinem Aufsatz »Das ökonomische Problem des Masochismus« postulierte, *Gesammelte Werke*, Bd. 13, a. a. O., S. 371-283.
6 Um die Überschrift von Freuds Schlüsselartikel zu dieser Frage wiederaufzunehmen: Freud, S., »Jenseits des Lustprinzips« (1920), *Gesammelte Werke*, Bd. 13, a. a. O.

eine bestimmte Funktionalität, das Subjekt blieb in der Logik der Lust und der Unlust; im Fall der Phantasievorstellung »ein Kind wird geschlagen« kann die zweite Phase, wo das Subjekt vom Vater geschlagen wird, unbewußt Verhaltensweisen bestimmen, die das Ziel haben, sich in einem selbstzerstörerischen Genuß zu verfangen. Die Triebregung gewinnt die Oberhand, reißt das Subjekt mit sich, das ihr Gegenstand wird, und bestimmt die Handlung, selbst wenn das Subjekt gar nichts davon weiß.[7]

Verweilen wir bei dieser zweiten Phase der Phantasievorstellung, nämlich »Ich werde vom Vater geschlagen«. Obwohl sie jetzt unbewußt ist, ist sie wirksam, auch wenn sie niemals eine Entsprechung in der Wirklichkeit hatte. Nach unserem Modell kann man sagen, daß sich Assoziationen im Ausgang von primären Spuren – dem Bild des schlagenden Vaters, dem Bild des anderen Kindes, das geschlagen wird, und anderer Kontextelemente – einstellen, die zu einer Reihe von sekundären Spuren führen, die sich zu einem relativ einfachen Szenario von Phantasievorstellungen organisieren, in dem das Subjekt selbst zum Gegenstand der Aggression des Vaters in einer Konstellation wird, die nicht mehr der äußeren Wirklichkeit entspricht. Eine unbewußte innere Wirklichkeit, die an markierende somatische Zustände gebunden ist, hat sich so konstituiert. In ihr ist

---

7 Ausgedrückt in den Begriffen der *Abbildung 9.1* aus Kapitel 9: »Die Handlung 2 dominiert jenseits der konflikthaften Dialektik zwischen Handlung 1 und der Handlung 1'.«

das Subjekt zum Opfer geworden, das diese Rolle zugleich genießt.

Freud beschreibt dann eine dritte Phase, die eine gewisse Ähnlichkeit mit der ersten aufweist und deren Formel lautet: »Ein Kind wird geschlagen.« Das ist die dritte Version dieser Phantasievorstellung, und sie wird von Freud als besonders häufig bei bestimmten Analysen von Hysterien und Zwangsneurosen angesehen. Sie wird manchmal auch auf ihrem Höhepunkt von einer onanistischen Befriedigung begleitet, zunächst mit der Zustimmung des Subjekts, dann aber auch mit einem zwanghaften Charakter, der gegen den Willen des Subjekts gerichtet ist: Das Subjekt ist zum Gegenstand seines eigenen Genießens geworden. Es fand eine Entsubjektivierung statt. Das Subjekt wurde zum Objekt. Die schlagende Person ist nicht mehr der Vater; die geschlagene Person ist unbestimmt und undifferenziert geworden: Sie ist nicht mehr das andere Kind, das das Subjekt haßt, und auch nicht das Subjekt selbst, sondern »irgendein« Kind ohne Identität. Diese letzte Version des Szenarios hat allein Zugang zum Bewußtsein.

Dieses Beispiel zeigt eine Verwendung der Phantasievorstellung, die keine Lösung ist. Die unbewußte zugrunde liegende Phantasievorstellung, die von ganz besonderen Befriedigungen und deshalb von einem spezifischen somatischen Zustand begleitet wird, besteht darin, vom Vater geschlagen zu werden. Sie wurde von einer Erfahrung erzeugt, die darin bestand, daß man gesehen hat, wie der Vater ein verhaßtes Kind schlug. Sie wird jedoch in unsicherer, obwohl zwingender Form bewußt, nämlich als die nicht aus dem Sinn gehende Vorstellung, ein Kind von jemandem geschlagen zu sehen, dessen Identität man nicht kennt, um eine unbewußte Befriedigung zu erreichen und aufrechtzuerhalten. Man sieht also in diesem besonderen Fall, wie sich das Szenario der Phantasievorstellungen anhand primärer Spuren zu neuen sekundären Spuren organisiert, wie es sich auf eine unwirksame, aber zwingende Ökonomie des Subjekts zubewegt und schließlich im Ausdruck eines perversen Merkmals mündet. Diese Phantasievorstellung kann also als zwingende Lösung verstanden werden. Sie ist eher die Narbe davon, was für das Subjekt eine Sackgasse geblieben ist, eine Nachwirkung eines abgelaufenen Prozesses.[8]

Betrachten wir das Ganze noch mal von vorn. Ein Kind wird mit dem Rätsel konfrontiert, das es für sich selbst darstellt. Bei seiner Suche stößt es in bestimmten Augenblicken auf Un-Sinn. Seine Stellung gegenüber dem, was vor ihm war, sein Geborenwerden, sein Geschlecht, das Funktionieren seines Körpers: Alles ist ihm zugleich vertraut und fremd. Um diese Wirklichkeit zu handhaben, benutzt es Bilder und Fiktionen, die aus den Assoziationen zwischen den primären Spuren gebildet sind, welche von der äußeren Wirklichkeit herstammen, aber in einem

---

8 Wie Freud sagt: Die Schlagephantasie und andere perverse Fixierungen wären dann auch nur Niederschläge des Ödipuskomplexes, gleichsam Narben nach dem abgelaufenen Prozeß ...«, Freud, S., »Ein Kind wird geschlagen« (1919), *Gesammelte Werke*, Bd. 12, a. a. O., S. 214.

Szenario von Phantasievorstellungen organisiert sind, das der unbewußten inneren Wirklichkeit entspricht. Dieses Szenario von Phantasievorstellungen hat gewiß viele Nachteile, schon einfach deshalb, weil es zwanghaft ist. Man kann aber auch sagen, daß es die einzig mögliche Lösung ist, um die Rätsel oder die Widersprüche aufzulösen, denen das Kind ausgesetzt ist.

Selbst in positiveren Situationen erhält die Phantasievorstellung ihren Status einer Lösung, wofür das Subjekt einen bestimmten Preis zahlen muß, der jedoch insgesamt gestattet, mit den negativen Konsequenzen der Phantasievorstellung zu leben, die etwa in neurotischen Einstellungen bestehen. Dagegen wird in anderen Fällen die Phantasievorstellung äußerst zwanghaft und bringt Verhaltensweisen hervor, die die soziale Interaktion problematisch werden lassen und zu einer schwer erträglichen Last werden: Dann ist die Lösung dysfunktional.

In allen Fällen zielt die analytische Arbeit darauf ab, daß das Subjekt sich des Phantasiecharakters des Szenarios, das es selbst konstruiert hat und das ihm die Wirklichkeit durch die kleine Dachluke seiner Phantasievorstellung vorführt, bewußt wird. Sie versucht, das Subjekt von der Phantasievorstellung als alleiniger Lösung zu befreien. Durch eine neuerworbene Freiheit gegenüber den Zwängen der Phantasievorstellung sollte der Verlauf einer Psychoanalyse dem Subjekt ermöglichen, die Wirklichkeit unter neuem Blickwinkel anzusehen und vom Zwang einer unbewußten inneren Wirklichkeit zu einem Zugang zu den Möglichkeiten, die in jeder Situation ruhen, überzugehen.

Die Tatsache, daß die Aufzeichnung der Erfahrung durch die Mechanismen der Plastizität von der Erfahrung trennt, gibt dem Subjekt paradoxerweise eine bestimmte Freiheit. Sie gibt ihm Spielraum, die Fähigkeit, sich zu verwandeln, sich zu verändern, der Urheber und Akteur eines anderen Werdens zu werden als desjenigen, das durch seine Determinanten vorgeschrieben ist. Die neuronale Plastizität ist daher eine Bedingung einer möglichen Plastizität des Werdens. Die Plastizität ist also schließlich dasjenige, was dem Subjekt mit Hilfe einer Psychoanalyse erlaubt, sich vom Zwang eines erstarrten Szenarios von Phantasievorstellungen zu befreien oder dessen Lösungsfunktion anders zu gebrauchen, anstatt sich von ihm in Dienst nehmen zu lassen.[9] Kurz, diese Erörterungen könnten uns dazu bringen, den Psychoanalytiker als einen Praktiker der Plastizität zu beschreiben, d. h. als jemand, der auf die Potentialitäten der Plastizität setzt, um erneut das Feld der Möglichkeiten zu eröffnen, ohne das Gewesene zu verwerfen, sondern indem er sich vielmehr auf dieses Gewesene stützt, um dem Subjekt zu ermöglichen, etwas anderes daraus zu gestalten.

9 Diese Behauptung würde eine detailliertere Erörterung der schwierigen Frage nach dem Ende einer Analyse verlangen. Unsere Ausführungen zielen hier jedoch zunächst nur auf die Bedingungen ab, die sie ermöglichen. Zu dieser Frage siehe: Freud S., »Die endliche und die unendliche Analyse« (1937), *Gesammelte Werke*, Bd. 16, a. a. O., S. 59-99.

Nachwort

Am Ende dieser Neuerforschung der Freudschen Theorien sind wir von der Tatsache überrascht, daß Begriffe, die zunächst als abstrakte Elemente einer theoretischen Konstruktion wahrgenommen werden könnten, ohne Anstrengung und auf konkrete Weise physiologische Grundlagen durch die Tatsache der neuronalen Plastizität bekommen. Die Frage nach der Spur, die im Zentrum des Phänomens der Plastizität steht, befindet sich genau an der Schnittstelle zwischen Neurobiologie und Psychoanalyse und legt nahe, die psychische Spur und den Signifikanten einander entsprechen zu lassen, wie wir es in diesem Buch getan haben.[1] Durch die Assoziation der von der Erfahrung hinterlassenen Spuren mit den somatischen Zuständen finden die psychoanalytischen Begriffe des Unbewußten und des Triebs eine neurobiologische Resonanz. Sie erweisen sich in zwei Gebieten als Grundbegriffe – Psychoanalyse und Neurowissenschaften –, die wir jedoch zu Beginn dieser Abhandlung als inkommensurabel ausgegeben haben.

Die Frage nach dem biologischen Status des Unbewußten und des Triebs ist daher offen. Warum das

---

1 Siehe hierzu auch die bemerkenswerten Ausführungen von Jacques-Alain Miller, der sich der Biologie vom Feld der Psychoanalyse aus nähert, insbesondere über die Frage des prägenden Einflusses der Sprache auf den Körper. Miller, J.-A., »Biologie lacanienne et événement de corps«, *La Cause freudienne*, 44, 2000, S. 7-59.

Unbewußte? Warum der Trieb? Was ist ihre biologische Funktion? Diese Fragen sind vielleicht nicht die naheliegendsten, die sich für die Psychoanalyse stellen. Von einem klinischen Standpunkt aus betrachtet, bezieht man sich auf das Unbewußte und den Trieb zunächst, um herauszufinden, was im Leben des Subjekts sich in Form einer Sackgasse entwickelt hat. In diesem Zusammenhang können das Unbewußte und der Trieb nützliche Begriffe bleiben, ohne daß sich die Frage nach ihrer Existenz oder ihrer biologischen Funktion stellt. Man könnte sogar sagen, daß diese Frage am Ende in der klinischen Psychoanalyse gar nicht wirklich von Bedeutung ist. Diese kann auch wirksam arbeiten, ohne daß man sich die Frage stellt. Sobald man dagegen dem Unbewußten und dem Trieb einen biologischen Status zuschreibt, tritt die Frage nach ihrer Funktion in den Vordergrund und verdient eigentlich eine gemeinsame und kritische Arbeit von Neurobiologie und Psychoanalyse.[2]

Eine Biologie des Unbewußten und des Triebs ist heute durch die jüngsten Fortschritte der Neurowissenschaften, auf die wir uns in diesem Buch bezogen haben, möglich geworden. Letzteres wird vielleicht dazu beitragen, sie weiterzuführen und zugleich der

2 Wir schließen uns hier völlig den Thesen an, die von Eric Kandel formuliert wurden und die in den Beziehungen zwischen der Biologie und der Psychoanalyse einen neuen begrifflichen Rahmen sehen. Siehe hierzu: Kandel, E.R., »A New Intellectual Framework for Psychiatry«, *Am. J. Psychiatry*, 155, 1998, S. 457-469; Kandel, E.R., »Biology and the Future of Psychoanalysis: A New Intellectual Framework for Psychiatry Revisited«, *Am. J. Psychiatry*, 156, 1999, S. 505-524.

Psychoanalyse die Bestätigungen anzubieten, die Freud vor vielen Jahrzehnten von der Biologie[3] erwartete, und den Neurowissenschaften einen neuen Zugang zu spezifischen Fragen des Forschungsfeldes zu verschaffen, das die Hypothese des Unbewußten eröffnet. Es geht jedoch nicht darum, sich einzig und allein einer Logik des Beweises zu verschreiben – die Psychoanalyse durch die Neurowissenschaften zu beweisen oder die Neurowissenschaften davon zu überzeugen, daß sie die Thesen der Psychoanalyse berücksichtigen –, sondern vielmehr darum, nach und nach die Folgerungen aus dem Paradigmenwechsel zu ziehen, den die Tatsache der Plastizität impliziert, in der sich die außergewöhnlichen Möglichkeiten offenbaren, die die kontingente Erfahrung bereithält, und zwar sowohl was das Werden jeder Person als auch die Entwicklung jedes Gehirns angeht!

3 Um zu Freuds Zitat in »Jenseits des Lustprinzips« (1920) zurückzukehren, das in Anmerkung 7 des Vorworts erwähnt wurde, *Gesammelte Werke*, Bd. 13, a. a. O., S. 65.

Bibliographie*

Aggleton, J.P. (Hg.), *The Amygdala. A Functional Analysis*, School of Psychology, Cardiff University, Oxford University Press, 2000.

Anderson, M.C., Green, C., »Suppressing Unwanted Memories by Executive Control«, *Nature*, 410, 2001, S. 366-369.

Anderson, M.C. et al., »Neural Systems Underlying the Suppression of Unwanted Memories«, *Science*, 303, 2004, S. 232-235.

Ansermet, F., *Clinique de l'origine. L'enfant entre la médecine et la psychanalyse*, Lausanne, Payot, 1999.

Atlan, H., *La fin du »tout génétique«? Vers de nouveaux paradigmes en biologie*, Paris, INRA éditions, 1999.

Baddeley, A., »Working Memory«, *C. R. Acad. Sci. Paris, Sciences de la vie / Life Sciences*, 321, 1998, S. 167-173.

Bear, M.F., »Bidirectional Synaptic Plasticity: From Theory to Reality«, *Phil. Trans. R. Soc. Lond. B*, 358, 2003, S. 649-655.

Bear, M. F, Connors, B.W., Paradiso, M.A., *Neuroscience. Exploring the Brain*, Baltimore, Lippincott, Williams & Wilkins, 2001, 2. Aufl.

---

* Diese Bibliographie erhebt keinen Anspruch auf Vollständigkeit, sondern beschränkt sich bewußt auf einige wichtige und illustrative Titel. Dasselbe gilt für die Anmerkungen.

Bernard, C., *Introduction à l'étude de la médecine expérimentale* (1865), Paris, Delgrave, 1889.

Blake, D. T., Byl, N. N., Merzenich, M., »Representation of the Hand in the Cerebral Cortex«, *Behavioral Brain Research*, 135, 2002, S. 179-184.

Bliss, T. V., Collingridge, G. L., Morris, R. G. M., »Long-term Potentiation: Enhancing Neuroscience for 30 Years«, *Philosophical Transactions of the Royal Society*, Nr. 1432, 2003.

Bliss, T. V., Collingridge, G. L., »A Synaptic Model of Memory: Long-term Potentiation in the Hippocampus«, *Nature*, 361, 1993, S. 31-39.

Bliss, T. V., Lomo, T., »Long-lasting Potentiation of Synaptic Transmission in the Dentate Area of the Anaesthetized Rabbit Following Stimulation of the Perforant Path«, *J. Physiol.*, 232, London, 1973, S. 331-356.

Bonhoeffer, T., Yuste, R., »Spine Motility. Phenomenology, Mechanisms and Function«, *Neuron*, 12, 35 (6), September 2002, S. 1019-1027.

Brodal, P., *The Central Nervous System. Structure and Function*, New York, Oxford, Oxford University Press, 1992, S. 386-388.

Carew, T. J., Sahley, C. L., »Invertebrate Learning and Memory: From Behavior to Molecules«, *Annual Review of Neuroscience*, 9, 1986, S. 435-487.

Castellucci, V. F., Kandel, E. R., »A Quantal Analysis of the Synaptic Depression Underlying Habituation of the Gill-withdrawal Reflex in Aplysia«, *Proceedings of the National Academy of Sciences*, USA 77, 1974, S. 7492-7496.

Changeux, J.-P., *L'Homme de vérité*, Paris, Odile Jacob, 2002.

Cheung, V. G., Spielmann, R. S., »The Genetics of Variation in Gene Expression«, *Nature Genetics Supplement*, 32, 2002, S. 522-525.

Childress, A. R. et al., »Limbic Activation During Cue-Induced Cocaine Craving«, *Am. J. Psychiatry*, 156, 1999, S. 11-18.

Craig, A. D., »How Do You Feel? Interoception: The Sense of the Physiological Condition of the Body«, *Nature Reviews Neuroscience*, 3, 2002, S. 655-666.

Damasio, A. R., *Descartes' Irrtum. Fühlen, Denken und das menschliche Gehirn*, München, List, 1995.

Damasio, A. R., »Feelings of Emotion and the Self«, *Ann. N. Y. Acad. Sci.*, 1001, 2003, S. 253-261.

Drews, G., »Endocrine Pancreas«, in: R. Greger, U. Windhorst (Hg.), *Comprehensive Human Physiology*, Berlin, Springer, 1996, S. 1345-1368.

Edelman, G. M., *Göttliche Luft, vernichtendes Feuer*, München, Piper, 1995.

Eichenbaum, H. B. et al., »Learning and Memory: Systems Analysis«, *Fundamental Neurosciences*, San Diego, Academic Press, 1999, S. 1455-1486.

Etchegoyen, R. H., Miller, J.-A., *Silence brisé. Entretien sur le mouvement psychanalytique*, Paris, Seuil, 1996.

Freud, S., *Zur Auffassung der Aphasien* (1891), Studienausgabe, Bd. III, Frankfurt/M., S. Fischer Verlag, 1975.

Freud, S., »Entwurf einer Psychologie« (1895), *Aus*

den Anfängen der Psychoanalyse, Frankfurt/M., S. Fischer Verlag, 1962.

Freud, S., Breuer, J., *Studien über Hysterie* (1895), 5. Aufl., Frankfurt/M., Fischer Taschenbuch Verlag, 2003.

Freud, S., »Manuskript K vom 1. 1. 1896«, *Briefe an Wilhelm Fließ 1887-1904*, Frankfurt/M., S. Fischer Verlag, 1986.

Freud, S., »Brief 112 an Wilhelm Fließ vom 6. 12. 1896«, *Briefe an Wilhelm Fließ 1887-1904*, Frankfurt/M., S. Fischer Verlag, 1986.

Freud, S., »Brief 136 an Wilhelm Fließ vom 14. 8. 1897«, *Briefe an Wilhelm Fließ 1887-1904*, Frankfurt/M., S. Fischer Verlag, 1986.

Freud, S., »Manuskript M vom 25. 5. 1897«, *Briefe an Wilhelm Fließ 1887-1904*, Frankfurt/M., S. Fischer Verlag, 1986.

Freud, S., »Brief 137 an Wilhelm Fließ vom 18. 8. 1897«, *Briefe an Wilhelm Fließ 1887-1904*, Frankfurt/M., S. Fischer Verlag, 1986.

Freud, S., »Brief 139 an Wilhelm Fließ vom 21. 9. 1897«, *Briefe an Wilhelm Fließ 1887-1904*, Frankfurt/M., S. Fischer Verlag, 1986.

Freud, S., »Zum psychischen Mechanismus der Vergeßlichkeit« (1898), *Gesammelte Werke*, Bd. 1, 5. Aufl., Frankfurt/M., S. Fischer Verlag, 1977.

Freud, S., »Die Traumdeutung« (1900), *Gesammelte Werke*, Bd. 2/3, 7. Aufl., Frankfurt/M., S. Fischer Verlag, 1987.

Freud, S., »Vergessen von Eigennamen«, *Zur Psychopathologie des Alltagslebens* (1901), *Gesammelte*

Werke, Bd. 4, 7. Aufl., Frankfurt/M., S. Fischer Verlag, 1978.

Freud, S., »Über infantile Sexualtheorien« (1908), *Gesammelte Werke*, Bd. 7, 6. Aufl., Frankfurt/M., S. Fischer Verlag, 1976.

Freud, S., »Analyse der Phobie eines fünfjährigen Knaben« (1909), *Gesammelte Werke*, Bd. 7, 6. Aufl., Frankfurt/M., S. Fischer Verlag, 1976.

Freud, S., »Eine Kindheitserinnerung des Leonardo da Vinci« (1910), *Gesammelte Werke*, Bd. 8, 7. Aufl., Frankfurt/M., S. Fischer Verlag, 1978.

Freud, S., »Formulierungen über die zwei Prinzipien des psychischen Geschehens« (1911), *Gesammelte Werke*, Bd. 8, 7. Aufl., Frankfurt/M., S. Fischer Verlag, 1978.

Freud, S., »Schlußwort der Onaniediskussion« (1912), *Gesammelte Werke*, Bd. 8, 7. Aufl., Frankfurt/M., S. Fischer Verlag, 1978.

Freud, S., »Das Interesse an der Psychoanalyse« (1913), *Gesammelte Werke*, Bd. 8, 7. Aufl., Frankfurt/M., S. Fischer Verlag, 1978.

Freud, S., »Triebe und Triebschicksale« (1915), *Gesammelte Werke*, Bd. 10, 7. Aufl., Frankfurt/M., S. Fischer Verlag, 1981.

Freud, S., »Das Unbewußte« (1915), *Gesammelte Werke*, Bd. 10, 7. Aufl., Frankfurt/M., S. Fischer Verlag, 1981.

Freud, S., »Die Verdrängung« (1915), *Gesammelte Werke*, Bd. 10, 7. Aufl., Frankfurt/M., S. Fischer Verlag, 1981.

Freud, S., »Ein Kind wird geschlagen« (1919), *Ge-*

sammelte Werke, Bd. 12, 5. Aufl., Frankfurt/M., S. Fischer Verlag, 1978.

Freud, S., »Jenseits des Lustprinzips« (1920), *Gesammelte Werke*, Bd. 13, 8. Aufl., Frankfurt/M., S. Fischer Verlag, 1976.

Freud, S., »Das Ich und das Es« (1923), *Gesammelte Werke*, Bd. 13, 8. Aufl., Frankfurt/M., S. Fischer Verlag, 1976.

Freud, S., »Das ökonomische Problem des Masochismus« (1924), *Gesammelte Werke*, Bd. 13, 8. Aufl., Frankfurt/M., S. Fischer Verlag, 1976.

Freud, S., »Die Verneinung« (1925), *Gesammelte Werke*, Bd. 14, 5. Aufl., Frankfurt/M., S. Fischer Verlag, 1976.

Freud, S., »Notiz über den Wunderblock« (1925), *Gesammelte Werke*, Bd. 14, 5. Aufl., Frankfurt/M., S. Fischer Verlag, 1976.

Freud, S., »Hemmung, Symptom und Angst« (1926), *Gesammelte Werke*, Bd. 14, 5. Aufl., Frankfurt/M., S. Fischer Verlag, 1976.

Freud, S., »Das Unbehagen in der Kultur« (1929), *Gesammelte Werke*, Bd. 14, 5. Aufl., Frankfurt/M., S. Fischer Verlag, 1976.

Freud, S., »Die endliche und die unendliche Analyse« (1937), *Gesammelte Werke*, Bd. 16, 5. Aufl., Frankfurt/M., S. Fischer Verlag, 1978.

Freud, S., »Abriß der Psychoanalyse« (1938), *Gesammelte Werke*, Bd. 17, 6. Aufl., Frankfurt/M., S. Fischer Verlag, 1978.

Fuster, J.M., »Prefrontal Neurons in Networks of Executive Memory«, *Brain Research Bulletin*, 52, 5, 2000, S. 331-336.

Garcia, R., Voulmba, R.-M., Baudry, M., Thompson, R. F., »The Amygdala Modulates Prefrontal Cortex Activity Relative to Conditioned Fear«, *Nature*, 402, 1999, S. 294-296.

Gracián, B., »Le Criticón« (1651-1657), Kap. 4, in: *Homo homini lupus ou l'homme détrompé*, Les documents de la Bibliothèque de l'École de la Cause freudienne, 3, nouvelle série, 1994.

Goldman-Rakic, P. S., »The Physiological Approach. Functional Architecture of Working Memory and Disordered Cognition in Schizophrenia«, *Biological Psychiatry*, 46, 1999, S. 650-661.

Guttmacher, A. E., Collins, F. S., »Welcome to the Genomic Era«, *New England Journal of Medicine*, 349, 2003, S. 996-998.

Hebb, D. O., *The Organization of Behavior*, New York, John Wiley & Sons, 1949.

Héritier, F., »Réflexions pour nourrir la réflexion«, in: *De la violence I*, Paris, Odile Jacob, 1996, S. 11-53.

Humeau, Y., Shaban, H., Bissière, S., Lüthi, A., »Presynaptic Induction of Heterosynaptic Associative Plasticity in the Mammalian Brain«, *Nature*, 426, 2003, S. 841-845.

Insel, T. R., Collins, F. S., »Psychiatry in the Genomics Era«, *Am. J. Psychiatry*, 160 (4), 2003, S. 616-620.

James, W., *Principles of Psychology* (1890), New York, Dover, 1950.

Jones, T. A., Greenough, W. T., »Behavioral Experience-dependent Plasticity of Glial-neuronal Interactions«, in: *The Tripartite Synapse Glia in Syn-*

aptic Transmission, Oxford, Oxford University Press, 2002, S. 248-265.

Jungermann, K., Barth, C. A., »Energy Metabolism and Nutrition«, in: R. Greger, U. Windhorst (Hg.), *Comprehensive Human Physiology*, Berlin-Heidelberg, Springer, 1996, S. 1425-1457.

Kandel, E. R., »Cellular Mechanisms of Learning and the Biological Basis of Individuality«, *Principles of Neural Science*, New York, McGraw-Hill, 2000, S. 1247-1289.

Kandel, E. R., »Psychotherapy and the Single Synapse: The Impact of Psychiatric Thought on Neurobiological Research«, *J. Neuropsychiatry Clin. Neurosci.*, 13:2, 2001, S. 290-300.

Kandel, E. R., »The Molecular Biology of Memory Storage: A Dialogue between Genes and Synapses«, *Science*, 294, 2001, S. 1030-1038.

Kandel, E. R., »A New Intellectual Framework for Psychiatry«, *Am. J. Psychiatry*, 155, 1998, S. 457-469.

Kandel, E. R., »Biology and the Future of Psychoanalysis: A New Intellectual Framework for Psychiatry Revisited«, *Am. J. Psychiatry*, 156, 1999, S. 505-524.

Kempermann, G., Wiskott, L., Gage, F. H., »Functional Significance of Adult Neurogenesis«, *Current Opinion in Neurobiology*, 14, 2004, S. 186-191.

Koizumi, K., »The Role of the Hypothalamus in Neuroendocrinology«, in: R. Greger, U. Windhorst (Hg.), *Comprehensive Human Physiology*, Berlin, Heidelberg, Springer, S. 379-402.

Koob, G. F., »Neuroadaptive Mechanisms of Addiction: Studies on the Extended Amygdala«, *Eur. Neuropsychopharmacol.*, 13 (6), 2003, S. 442-452.

Krafft-Ebing, R. von, *Psychopathia sexualis* (1912), München, Matthes & Seitz, 1984.

Kuhn, T. S., *Die Struktur wissenschaftlicher Revolutionen*, Frankfurt/M., Suhrkamp, 1967.

LaBar, K. S., Gatenby, J. C., Gore, J. C., LeDoux, J. E., Phelps, E. A., »Human Amygdala Activation During Conditioned Fear Acquisition and Extinction: A Mixed-Trial fMRI Study«, *Neuron*, 20, 1998, S. 937-945.

Lacan, J., »L'agressivité en psychanalyse« (1948), in: *Écrits*, Paris, Seuil, 1994.

Lacan, J., »Réponse au commentaire de Jean Hyppolite sur la *Verneinung* de Freud« (1954), in: *Écrits*, Paris, Seuil, 1966.

Lacan, J., *Das Ich in der Theorie Freuds und in der Technik der Psychoanalyse* (1954-1955), Olten und Freiburg, Walter-Verlag, 1980.

Lacan, J., »D'une question préliminaire à tout traitement possible de la psychose« (1955-1956), in: *Écrits*, Paris, Seuil, 1966.

Lacan, J., »La Relation d'objet«, in: *Le Séminaire*, Buch IV (1956-1957), Paris, Seuil, 1994, S. 199-408.

Lacan, J., *Die Ethik der Psychoanalyse* (1959-1960), Weinheim, Quadriga, 1996.

Lacan, J., »Position de l'inconscient« (1960,1964), in: *Écrits*, Paris, Seuil, 1966.

Lacan, J., »L'Angoisse«, *Le Séminaire*, Buch X (1962-1962), Paris, Seuil, 2004.

Lacan, J., *Die vier Grundbegriffe der Psychoanalyse* (1964), Weinheim, Quadriga, 1996.

Lacan, J., »La Science et la vérité« (1966), in: *Écrits*, Paris, Seuil, 1966.

Lacan, J., »Allocution sur les psychoses de l'enfant« (1967), *Autres écrits*, Paris, Seuil, 2001.

Lacan, J., »L'étourdit« (1972), *Scilicet*, 4, Paris, Seuil, 1973.

Lamprecht, R., LeDoux, J., »Structural Plasticity and Memory«, *Nature Reviews Neuroscience*, 5, 2004, S. 45-54.

LeDoux, J., *Neurobiologie de la personnalité*, Paris, Odile Jacob, 2003.

LeDoux, J., *The Emotional Brain*, New York, Simon & Schuster, 1996.

LeDoux, J., »Emotional Brain, Fear, and the Amygdala«, *Cell. Mol. Neurobiol.*, 23, 2003, S. 727-738.

LeDoux, J., »Emotion, Memory and the Brain«, *Scientific American*, 270, 1994, S. 50-57.

Levy, B. J., Anderson, M. C., »Inhibitory Processes and the Control of Memory Retrieval«, *Trends in Cognitive Sciences*, 6, 2002, S. 299-305.

Lüscher, C., Nicoll, R. A., Malenka, R. C., Muller, D., »Synaptic Plasticity and Dynamic Modulation of the Postsynaptic Membrane«, *Nature Neuroscience*, 3, 6, Juni 2000, S. 545-550.

Magistretti, P., Pellerin, L., Rothman, D. L., Shulman, R. G., »Energy on Demand«, *Science*, 283, 5401, 1999, S. 496-497.

Malabou, C., *L'Avenir de Hegel. Plasticité, temporalité, dialectique*, Paris, Vrin, 1996.

Malabou, C. (Hg.), *Plasticité*, Paris, L. Scheer, 2004.

Malenka, R. C., »The Long-term Potential of LTP«, *Nature Reviews Neuroscience*, 4, 2003, S. 923-926.

Markram, H., Lubke, J., Frotscher, M., Sakmann, B., »Regulation of Synaptic Efficacy by Coincidence of Postsynaptic APs and EPSPs«, *Science*, 275, 1997, S. 213-215.

Mattay, V. S. et al., »Catechol o-methyltransferase val[158]-met Genotype and Individual Variation in the Brain Response to Amphetamine«, *PNAS*, 100, 10, 2003, S. 6186-6191.

McDonald, A. J., »Cortical Pathway to the Mammalian Amygdala«, *Progress in Neurobiology*, 55, 1998, S. 257-332.

McEwans, B. S., »Hormones Modulate Environmental Control of a Changing Brain«, in: *Comprehensive Human Physiology*, a. a. O., S. 473-493.

McGaugh, J. L., »The Amygdala Modulates the Consolidation of Memories of Emotionally Arousing Experiences«, *Annu. Rev. Neurosci.*, 27, 2004, S. 1-28.

Miller, J.-A., »Les réponses du réel«, in: *Aspects du malaise dans la civilisation, Psychanalyse au CNRS*, Paris, Navarin, 1987, S. 9-22.

Miller, J.-A., »Biologie lacanienne et événement de corps«, *La Cause freudienne*, 44, 2000, S. 7-59.

Morris, J. S., Öhman, A., Dolan, R. J., »Conscious and Unconscious Emotional Learning in the Human Amygdala«, *Nature*, 393, 1998, S. 467-470.

Morris, J. S., Öhman, A., Dolan, R. J., »A Subcortical Pathway to the Right Amygdala Mediating ›unseen‹ Fear«, *Proc. Natl. Acad. Sci.*, USA 96, 1999, S. 1680-1685.

Morris, R. G. M. et al., »Elements of a Neurobiological Theory of the Hippocampus: the Role of Activity-dependent Synaptic Plasticity in Memory«, *Phil. Trans. R. Soc. Lond. B*, 2003, 358, 773-786.

O'Brien, C. P., »Research Advances in the Understanding and Treatment of Addiction«, *Am. J. Addict.* 12, Suppl. 2, 2003, S. 36-47.

Pawlow, I. P., *Conditioned Reflexes: An Investigation of the Physiological Activity of the Cerebral Cortex* (1927), New York, Dover, 1960.

Prigogine, I., *La Fin des certitudes*, Paris, Odile Jacob, 1996.

Ramón y Cajal, S. *Histologie du système nerveux de l'homme et des vertébrés*, Paris, A. Maloine, 1909-1911.

Platon, *Symposion*, übers. v. Fr. Schleiermacher, Hamburg, Rowohlt, 1957.

Sandi, C. et al., »Modulation of Hippocampal NCAM Polysialylation and Spatial Memory Consolidation by Fear Conditioning«, *Biological Psychiatry*, 54, 2003, S. 599-607.

Schmith, V. D. et al., »Pharmacogenetics and Disease Genetics of Complex Diseases«, *Cell. Mol. Life Sci.*, 60 (8), 2003, S. 1636-1646.

Shors, T. J., Miesegaes, G., Beylin, A., Zhao, M., Rydel, T., Gould, E., »Neurogenesis in the Adult is Involved in the Formation of Traces of Memories«, *Nature*, 410, 2001, S. 372-376.

Singer, W., »Synchrony, oscillations and relational

code«, in: Chalupa, L. M., Werner, J. S. (Hg.), *The Visual Neurosciences*, Bd. 2, Cambridge, MA, MIT Press, 2004, S. 1665-1668.

Smith, E. E., Jonides, J., »Storage and Executive Processes in the Frontal Lobes«, *Science*, 283, 1999, S. 1657-1661.

Solms M., Turnbull O., *The Brain and the Inner World: An Introduction to the Neuroscience of Subjective Experience*, New York, Other Press, 2003.

Van Praag, H., Christie, B. R., Sejnowski, T. J., Gage, F. H., »Running Enhances Neurogenesis, Learning, and Long-term Potentiation in Mice«, *Proc. Natl. Acad. Sci.*, 96, 23, 1999, S. 13427-13431.

Vernant, J.-P., *L'Univers, les dieux, les hommes. Récit grec des origines*, Paris, Seuil, 1999.

Weinberger, N. M., »Specific Long-term Memory Traces in Primary Auditory Cortex«, *Neuroscience* 5, 4, 2004, S. 279-290.

Weinberger, N. M., »Physiological Memory in Primary Auditory Cortex: Characteristics and Mechanisms«, *Neurobiol. Learn. Mem.*, 70 (1-2), 1998, S. 226-251.

Danksagung

Wir danken Bertrand Cramer und Bernard Golse für die Herausforderung, die Möglichkeiten des Dialogs zwischen Neurowissenschaften und Psychoanalyse aufzugreifen, sowie Leslie Ponce, dem freundschaftlichen und analytischen Begleiter. Wir sind ebenfalls Catherine Cornaz sehr dankbar für ihre Geduld und ihre Unermüdlichkeit bei der Transkription des Manuskripts. Sylvain Lengacher sei gedankt für seine Hilfe und seine Kompetenz bei der Erstellung der Schaubilder und Abbildungen.

Namenregister